La vida cotidiana de los españoles e

Planeta Historia

Amando de Miguel

La vida cotidiana
de los españoles
en el siglo XX

 Planeta

© Amando de Miguel, 2001
© Editorial Planeta, S. A., 2001
   Còrsega, 273-279, 08008 Barcelona (España)

Diseño de la colección: Compañía de Diseño
Realización de la cubierta: Departamento de Diseño de Editorial Planeta
Ilustración de la cubierta: «El piropo», de F. Català-Roca, Sevilla, 1962

Primera edición: febrero de 2001
Segunda edición: abril de 2001
Depósito Legal: B. 17.721-2001
ISBN 84-08-03776-5
Composición: Foto Informàtica, S. A.
Impresión: Hurope, S. L.
Encuadernación: Lorac Port, S. L.
Printed in Spain - Impreso en España

Índice

Para Iñaki y Charina

Introducción

Me propongo hacer ver cómo viven y sienten los españoles actuales en contraste con los de hace 50 o 100 años. Esos antepasados cercanos pertenecían a un tipo de sociedad que podríamos considerar como tradicional. Son dos formas de instalarse en el mundo, pero ambas manifiestan la constancia de referirse a esa abstracción que llamamos España. No me refiero tanto al «reino de España», el sujeto político internacional, como, de puertas adentro, a la sociedad española. Es la sociedad de la que puedo dar cuenta con más conocimiento y experiencia. Sucede, además, que es una sociedad que verdaderamente ha pasado de uno a otro estadio en menos de un siglo. Es un ritmo desusadamente rápido. De forma convencional, se puede admitir que, hasta la segunda mitad del siglo XX, España mantenía muchos rasgos de una sociedad tradicional. Algunos han desaparecido y otros se han transformado. La evolución no ha sido lineal sino a trancas y barrancas. Ahora que la sociedad española es otra, se puede asegurar muy bien lo que representa la tradición secular.

Este es un libro, por necesidad, de muchas y variadas lecturas. Pero no se abrume el lector. Las referencias serán las imprescindibles, a veces no tanto para traer a colación argumentos de autoridad como para rechazar el conocimiento cristalizado. Parece mentira que sobre un asunto tan corriente como la vida cotidiana se escriban a veces tópicos tan sonrojantes. Cierto es que nadie puede ser un diablo Cojuelo tan eficiente que acierte a levantar los tejados de las casas para certificar el estado completo de sus habitantes. Bastante tendría con verificar algunas calas superficiales a la población que se deja examinar.

Si algún sesgo tienen las páginas que siguen es que se refieren con más detenimiento al ambiente de clase media urbana. (Parece que el diablo Cojuelo hacía la misma selección, entonces menos justificada.) La razón es eminentemente práctica. Puesto que se quiere comparar la situación tradicional con la del presente, hay que hacerlo con lo que verdaderamente cambia. Por eso hay que fijarse en los estratos intermedios y urbanos, que por otra parte son cada vez más amplios. Ahí es donde se ha producido la verdadera transformación de la sociedad tradicional. En cambio, los dos extremos, ricos y pobres, son más parecidos en ambos tipos de sociedad, la tradicional y la moderna. Simplemente, el tiempo ha hecho que mejore el tenor de vida de unos y otros. Está por ver si también ha cambiado la mentalidad.

El texto que sigue se escribe en tercera persona como corresponde a un disciplinado observador y a un curioso lector. No obstante, en ocasiones se desliza la subjetividad de la primera persona, por la que el autor hace de memorialista. El testimonio personal es un privilegio de la edad y de la circunstancia de la época en que me ha tocado vivir. En efecto, el siglo XX ha sido en España el de la gran transformación. Quien tenga memoria de los años cuarenta de ese siglo, en la España rural y urbana, ha conocido la sociedad tradicional y luego la moderna. La vivencia de ese contraste, común a los compatriotas de mi generación, resulta excepcional. En esas condiciones, al llegar a cierta edad, uno tiene la sensación de haber vivido dos veces.

Cuando aquí se habla de «sociedad tradicional» se refiere al promedio de los españoles hasta mediados del siglo XX y también a algunos reductos chapados a la antigua después de esa fecha. Se le opone el estrato «moderno», que antes se identificaba con las clases profesionales y hoy constituye el grueso de la población. En la sociedad tradicional había muy pocos propietarios, condición básica para clasificar a las personas. En la sociedad actual casi todos son propietarios, al menos de la vivienda y del automóvil, pero muchos también de tierras y de acciones en la Bolsa. Por eso mismo, el hecho de la propiedad ya no distingue tanto a la población de la sociedad actual. El equivalente de la propiedad como criterio clasificatorio es hoy el título educativo y sobre todo la capacidad para contratarse en el mercado laboral. La diferencia básica entre la sociedad de antes y la de ahora no está tanto en la riqueza por habitante como en la variedad y complejidad de las relaciones sociales. Por eso me refiero tantas veces a la mentalidad, que es algo cambiante, no cristalizado.

Es muy corriente una forma de escribir sobre España que supone una especie de «alma» nacional, por la que los rasgos definitorios de la conducta colectiva están presentes hoy y hace mil años. Parece excesiva simplificación, a no ser que reduzcamos esos rasgos a los comunes de la naturaleza humana, frente a la de los primates, por ejemplo. Tampoco hay que rechazar que, efectivamente, los españoles actuales y los primitivos compartan ciertas formas de conducta que podríamos considerar típicas. Como es lógico, el pasado estará más o menos cercano según sea la distancia temporal y la posición del observador. Esa identidad de cada momento se afirma con respecto a las características de otros pueblos europeos de la misma época. Lo rechazable es que los españoles de hoy son totalmente diferentes, por su manera de ver el mundo y de actuar en él, de sus antepasados de hace uno o dos siglos. Ese pasado, por muy tradicional que sea, resulta bastante cercano. Así pues, mi tesis es que hay algunos rasgos del comportamiento colectivo (como promedio) que permanecen al menos durante el último siglo. Como contraste, hay otras formas de conducirse que responden al estímulo de la actual sociedad compleja.

En cada caso se trata de precisar qué es lo que permanece y lo que cambia. Por ejemplo, se puede adelantar que la inveterada austeridad española, el tradicional desprecio por el trabajo, poco o nada tiene que ver con el comportamiento típico de los españoles actuales. Recordemos que el territorio español no se halla bien dotado de materias primas, de tierras fértiles, de ríos navegables. Hasta hace poco tiempo ha sido considerable el atraso educativo respecto a otros países europeos. Pues bien, a pesar de esos inconvenientes, España es uno de los países del mundo que más se ha desarrollado durante el último medio siglo. Es evidente que ese notable crecimiento económico no hubiera podido realizarse de haber conti nuado la tradicional pereza de los españoles, la famosa «abulia», que decían hace un siglo. Sin embargo, se puede rastrear una cierta mentalidad común en la forma de ver el mundo de los españoles actuales y de los de hace un siglo, por lo menos. Estas páginas van a dar cuenta de muchas de esas «continuidades».

Lo que se llama «ética de trabajo» tiene que ver poco con la religiosidad; algo más con la mentalidad moderna, sea protestante, católica, judía o agnóstica. Consiste en esforzarse al máximo hasta el punto de no poder disfrutar de todos los bienes poseídos, de todo el dinero ganado. Esa es la base psicológica de lo que se llamó capitalismo y ahora se etiqueta como economía de mercado. El esfuerzo personal es algo más que el trabajo visible de cada uno. Consiste en organizar la vida familiar de tal manera que los padres dejen a los hijos más recursos de los que ellos recibieron. Ese es el ahorro y, por tanto, el capital. El esfuerzo comprende también la organización de actividades empresariales y de cooperación social, la administración del hogar. Seguramente todas las sociedades admiten esas funciones. Lo que caracteriza a la sociedad moderna es la especial intensidad con que se aplica ese esfuerzo. Hay también un factor acumulativo. Cuando una sociedad se mueve en los bordes de la estricta supervivencia, el trabajo no es suficiente para lograr el ahorro y la capitalización. No es de extrañar que ese tipo de sociedades se corresponda con un sistema dual de clases. El cual consiste en que unos pocos viven gozosos sin esforzarse mucho y el resto trabaja hasta el agotamiento sin lograr mejorar su suerte. España ha vivido todas esas fases, como otras sociedades europeas. Se ha incorporado tarde a la última de intensa capitalización, digamos, hace algo más de un siglo y, de forma más decidida, durante la segunda mitad del siglo XX. Paradójicamente, en el estadio de la gran acumulación de capital, hay lugar para un consumo masivo, para la generalización de muchas actividades de ocio, antaño exclusivas. Viajar, navegar, cazar, practicar otros muchos deportes, coleccionar modestas obras artísticas, ya no son, como antes, actividades minoritarias. Por primera vez en la Historia, la vida cotidiana de la mayoría de la población es algo más que trabajar o vegetar.

Las costumbres educativas nos han llevado a una impresión engañosa. Nos fuerzan a distinguir netamente los estudios que realizan los historiadores, arqueólogos y paleontólogos sobre el pasado de los que llevan a cabo los otros científicos sociales sobre el presente. Ha sido muy productiva esa división del trabajo académico, sobre todo porque delimita las parcelas laborales, donde encontramos trabajo los investigadores y profesores. El problema es que hemos llegado a creer que esa distinción se corresponde mecánicamente con la realidad. Es decir, se ha exagerado el contraste entre el modo de vida de los europeos (y los españoles en particular) de antaño y los de hogaño. En algún caso las diferencias son evidentes, pero en otros no hay tanta distancia entre el modo de vida tradicional y el del presente. Antiguos y modernos participan de los mismos sentimientos, de parecidas pasiones o querencias. Los estímulos de la vida material son distintos, pero las adaptaciones puede que confluyan en soluciones parecidas. Sea como sea, menester es ponerse a escudriñar el asunto. Como sociólogo, mi oficio es el de tratar de entender a mis compatriotas contemporáneos. Como persona que cultiva el intelecto, me intereso también por la vida de los antiguos, aunque solo sea por los más cercanos en el tiempo y en el espacio. Este libro es el fruto de ambas preocupaciones. En ambos casos me refiero, además, a lo que no suele ser central en los libros de Historia o de Sociología, los sucesos mínimos de la vida cotidiana. Me refiero a los aspectos que no se derivan inmediatamente de la vida material, pues esos sí que se han alterado, y mucho. Es cuestión de ponerse a recapitular algo de lo que se sabe. El lector podrá aportar también sus personales experiencias, sobre todo si tiene algunos años y ha conocido la vida del campo y la de la ciudad. Esa doble sensación es una especie de privilegio histórico. En una misma biografía se pueden juntar las experiencias del modo de vida tradicional y moderno.

Los antropólogos nos han acostumbrado a la visión de «nuestros contemporáneos primitivos». Esto es, estudian la vida de los pueblos que actualmente viven más alejados de las sociedades urbanas. De esa manera se presume que los rasgos estudiados corresponden, más o menos, a los que tendrían los antepasados de los actuales urbanícolas. Es un punto de vista interesante, pero cabe otro complementario. Se trataría de recoger la información relevante sobre la vida cotidiana o común de una misma sociedad en distintas épocas. La presunción es que ni aquellos antepasados eran tan primitivos, ni nosotros somos tan modernos (no digamos posmodernos) como a veces pretendemos. Simplemente hay una misma naturaleza en unos y otros. Si eso es así, al menos llegaremos a sentar la idea de que hay una especie humana. Cuando no se tiene esa noción, se cometen muchas barbaridades. Por ese lado, nunca ha estado tan claro que el conocimiento es virtud.

El historiador económico Norman J. G. Pounds resalta que la noción de progreso se deriva de la comparación con el modo de vida de las generaciones anteriores. Los pueblos primitivos carecían de esa noción, por lo que les resultaba ajena la consideración de si su vida mejoraba o no respecto a sus antepasados. No hay que llegar a ese extremo. Los españoles actuales aparecen encandilados por el progreso, pero solo se comparan con la situación de ellos mismos unos pocos años antes. Más allá de ese contraste inmediato, «las comparaciones son odiosas», como suele decirse. Esa resistencia a estimar el progreso es un rasgo de la cultura española actual. Se manifiesta popularmente en la confusión de fechas de los acontecimientos del pasado lejano. Un tesoro que se encuentre en un pueblo, el vulgo lo puede asignar indistintamente al «tiempo de los moros» o al «de Napoleón», como si fueran intercambiables. No hay que asombrarse de ese efecto acordeón, por el que el tiempo remoto se contrae. Es un rasgo típicamente infantil, quizá sea por la ignorancia, que en los adultos se hace culpable. Tampoco hay que llegar a la experiencia de los campesinos ignaros. Dentro del cuerpo del estudiantado universitario actual, se puede comprobar cómo «bailan» las fechas respecto a los grandes acontecimientos del pasado.

Hasta hace poco más de un siglo eran muchos los europeos convencidos de que la Historia entera de la Humanidad no tenía más allá de cuatro o cinco mil años. Hoy sabemos que ese lapso apenas abarca el reciente episodio de la escritura. Antes está la difusa edad prehistórica, con uno o dos millones de años, por lo menos, de evolución humana o por lo menos homínida. Tenemos tan poca evidencia de ese dilatado período que, cuando hablamos aquí de «primitivos», nos referimos más bien a nuestros antepasados de solo hace unos pocos siglos. Mayor realidad tienen los «primitivos» que viven hoy casi como entonces, en contraste con la civilización urbana. Pero ni siquiera hay que ir tan lejos. La mayor parte de las comparaciones que aquí voy a establecer se realizan entre el grueso de los españoles actuales y, como mucho, los de hace tres o cuatro generaciones. La generación es una unidad temporal de cómputo que equivale a 25 o 30 años, aproximadamente los que separan la edad de los padres y los hijos. De modo aún más estricto se verán contrastes entre los adultos de hoy y los de la generación anterior.

Hace una generación publiqué una liviana introducción a la *Sociología de la vida cotidiana*, con pretensiones académicas. Era realmente la «lección magistral» de una oposición a cátedra, en la que, por cierto, fui reprobado. La táctica del opositando era entonces la de ofrecer, por sorpresa, una «lección magistral» (ejercicio con tema libre) que se alejara de su especialidad. De esa forma, daba la impresión al tribunal (y al público) de que su formación era enciclopédica. Por entonces mi especialidad era la Sociología empírica, en el sentido de numérica. Así que me dispuse a chapuzarme en la Sociología de la vida cotidiana, que era cualitativa, cercana a las escuelas fenomenológica o psicoanalítica. Como ocurre con frecuencia, la táctica se vengó del estratega. Lo que aparecía como un recurso para salir del paso, acabó siendo un interés real de mi dedicación sociológica. Junto a las fuentes numéricas, que abastecían de contenido los cursos de licenciatura, me sumergí en las literarias que me servían para los cursos de doctorado. El interés por la vida cotidiana se redobló por una proyección de mi actividad profesional que yo no sospechaba al principio de mi carrera: la de comentarista de prensa, radio y eventualmente televisión. Ahora mismo continúa «digitalmente» a través de la red. Todo ello junto ha hecho que oriente mi curiosidad intelectual hacia distintos aspectos de la vida corriente. Su comprensión ya no puede basarse sólo en estudios empíricos, en opiniones de los colegas. Además de todo eso, hay que aportar lo que parece fácil y no lo es; a saber, la vivencia personal. Por eso, indefectiblemente, el análisis de la vida cotidiana acaba siendo sobre la sociedad española, la mía. Seguramente sus rasgos no son únicos, ni siquiera peculiares, la mayor parte de las veces; tan originales no somos. En ese caso el ejemplo español nos puede servir para entender a otros pueblos cercanos en el espacio, el tiempo o la cultura.

Lo fundamental es que la orientación de la Sociología de la vida cotidiana tiene que escribirse en primera persona, aunque solo sea de forma latente. No basta con analizar los datos que otro haya podido levantar. Es menester que el sociólogo saque partido a la «vividura» personal de la sociedad que describe y que por eso comprende de modo más completo. Adoptará muchas veces un tono distante, más que nada para no ser arbitrario, pero al final serán decisivas las impresiones personales. El lector dirá si esos requisitos se han cumplido en el texto que sigue. Por lo menos posee la frescura que significa no tener que hacer méritos ante ningún tribunal de oposiciones a cátedra. Por eso mismo, son mínimas las referencias académicas, solo las imprescindibles para que el lector curioso pueda seguir explorando el territorio aquí desbrozado. Lleva muchos años de ejercicio la aparente facilidad que supone escribir de corrido. Lo esencial es el número de ideas aprovechables por página. Eso es lo difícil, por lo que el lector habrá de ser comprensivo y tendrá que poner algo de su parte.

CAPÍTULO I

La pequeña Historia

Es difícil escribir la crónica de la vida cotidiana de los españoles durante el último siglo, más o menos, por un exceso de información. De las épocas pasadas los documentos que se conservan se refieren a los héroes, las personas egregias, los que pasan a los textos de las escuelas. Pero a mediados del siglo XIX empieza a cristalizar la sociedad de clase media. El movimiento coincide con dos novedades de esa época: los ferrocarriles y la instrucción obligatoria. A partir de ese momento, abundan las piezas periodísticas, fotografías, cartas, novelas, memorias y diarios, todo ello referido a personas del común. Esa inmensa acumulación de datos incluye los de la vida cotidiana de muchos individuos que históricamente son anónimos. Cierto es que predominan los ambientes urbanos, de los que se sabe mucho más que de la masa de los campesinos. El núcleo rural ha sido el más alejado de la letra impresa y el menos cultivado por la fotografía. Pero al menos se dispone de información suficiente, hasta excesiva, del estrato urbano, con espesor creciente y con influencia notoria. El problema es cómo organizar, interpretar y dar un sentido a todo ese cúmulo de datos que nos inunda. Por un momento, podemos llegar a creer que ya no hay personalidades egregias, que los héroes son anónimos.

En la actual enseñanza de las primeras letras se ha atenuado muchísimo, hasta desaparecer, el método de los «modelos». Ya no hay libros de instrucción parecidos al *Juanito* o a la *Flora* de hace un siglo. En ellos se presentaba una criatura idealizada que marcaba la pauta, con su ejemplo, de lo que se debía hacer. Ni siquiera se utilizan hoy en las escuelas los héroes o heroínas del pasado para marcar las biografías deseables. En todo caso, lo que falta es esa pauta de heroicidad que pudiera servir para todas las escuelas españolas. Hace tiempo que dejaron de ser escuelas «nacionales», también en ese sentido de proponer modelos a imitar por todos los niños que van a manejar pesetas. En realidad, la misma palabra «modelo» pierde categoría en la sociedad actual. Se refiere a una persona joven, esbelta, con un físico sumamente atractivo, que es fotografiada para anunciar ropa y otros artículos de índole estética. Se trata de una modelo (es más bien mujer) profesional. Fuera de esa reducción, apenas hay personas o conductas que se puedan presentar como imitables. Obsérvese que ese sentido de la palabra «modelo» está en desuso. En su lugar, se habla de «referencia», incluso de «referencia obligada». No es casualidad esa suplantación. Llena la misma necesidad de proponer conductas deseables, pero ha desaparecido la noción de principio moral que acompañaba a lo que antes aparecía como un modelo a seguir. En su lugar, las «referencias» obligan porque presionan, tienen poder, desplazan otras posibles fuerzas atractivas. Hay que leer a tal autor porque es de la «cuadra» de tal periódico, el cual prescribe lo que es «más moderno». El conjunto es una «referencia obligada», guste o no guste, sea o no egregia.

Las condiciones de vida del cercano pasado no se deben juzgar exclusivamente desde la posición actual del observador. De otra forma, se puede caer en uno de estos dos errores: 1) Puesto que el tiempo marca un progreso, el pasado se juzga con severidad, como la miseria y el atraso. 2) Dado que a los españoles les gusta ser pesimistas, cabe también la idealización del pasado, la nostalgia de lo primitivo. Aunque parezca increíble, los dos errores opuestos suelen darse a la vez. Para evitarlos, lo más razonable es interpretar las condiciones de vida de cada época de acuerdo con las posibilidades y expectativas de ese momento. Cabe también introducir las diferencias entre unos y otros grupos o zonas dentro de la misma sociedad. Lo más interesante y difícil de realizar es la operación de rastrear lo que de común hay en el pasado que latentemente se compara con la actualidad.

El acontecimiento que ha cambiado más el modo de vida de los españoles del siglo XX ha sido la guerra civil del 36 con el añadido de la larga posguerra. No se piense en batallas, heroicidades y represiones. Eso es lo de menos a los efectos del comportamiento colectivo. Importa más la desmoralización general que supuso la vivencia de esos años tan duros. Por ejemplo, la generalización del mercado negro (el «estraperlo», como se llamó entonces) supuso que casi todos los españoles participaran en la rueda del engaño mutuo. Lo ha documentado muy bien la crónica de José Martí Gómez. Había que «estraperlear» para sobrevivir. Esa necesidad acostumbró a la población a lo que, por otra parte, era un recurso inveterado: el general incumplimiento de las normas jurídicas y morales. La pavorosa escasez de los años cuarenta contrastaba con la «riqueza rápida de los privilegiados» (Francisco Franco emplea esa expresión como denuncia). Durante los años ochenta, con la coyuntura opuesta de la general abundancia, se habla del «pelotazo», el enriquecimiento súbito de los negocios a la sombra del poder. Estamos en lo mismo. Se acentúa la sensación de que las normas están para ser incumplidas. Literalmente son a menudo tan complicadas y enmarañadas que su estricto cumplimiento significaría un pequeño desastre. Esa impresión se halla tan extendida que provoca el tinte de hipocresía y cinismo con que se desenvuelven las relaciones sociales durante las dos últimas generaciones. Otra consecuencia de la general desmoralización es que los españoles descubren, cultivan y aprecian su vida particular. Es el aspecto más paradójico y positivo.

Es un lugar común decir que España es «diferente» respecto a otros países europeos. La verdad es que, o todos son «diferentes», o esa supuesta diferencia no quiere decir gran cosa si abstraemos el grado de desarrollo en cada caso. Lo interesante es calibrar qué rasgos de una sociedad son verdaderamente peculiares, supuesto un mismo nivel de desarrollo. De forma parecida, la sociedad española actual es muy distinta de la de hace un siglo. Realmente pocos países europeos han cambiado tanto en ese lapso. La razón es que la España de finales del siglo XIX llevaba un considerable retraso respecto al desarrollo de los países centrales europeos. Aun así, tampoco se puede decir que la España actual (secularizada, urbana, moderna) sea muy diferente de la que completó la red ferroviaria o inauguró la luz eléctrica. Se han alterado radicalmente los medios materiales, la actividad de los españoles, pero subsisten muchos elementos de la vida tradicional. Precisamente porque existe esa continuidad, podemos hablar de España como nación, o si alguien se molesta, como sociedad. No es solo el nivel de desarrollo lo que condiciona el modo de pensar o de conducirse de un pueblo. La continuidad se establece mejor a través del aspecto privado de la vida colectiva, seguramente el menos estudiado. Cuando se habla de «España», sin más, suele significarse el aspecto público, no tanto el integral de las vidas particulares de los españoles. Conviene remediar ese reduccionismo. Hay que descubrir el encanto de la pequeña Historia.

Los grandes procesos sociales, que describimos con sonoros títulos abstractos, se pueden entender también a través de minúsculos detalles de la vida cotidiana. Por ejemplo, la secularización no es más que la tranquila evaporación de lo sagrado en la vida diaria. Los ateos militantes de antaño se empeñaron en eliminar la fórmula del «adiós» como despedida. No lo consiguieron. Sin embargo, ahora está desapareciendo con naturalidad. Es raro que los jóvenes se despidan con esa palabra, que a su vez es la contracción del «queda con Dios». Por lo mismo, los nombres propios reproducían antes los del santoral. Ahí está la espléndida floración de los nombres femeninos de vírgenes: Rocío, Amor, Soledad, Consuelo, Inmaculada, Piedad, Esperanza, Dolores. Es difícil imaginar una mayor belleza onomástica. Cada vez es más frecuente la adopción de nombres propios extraídos de las películas o de las onomatopeyas, sin significado aparente. Todo eso no significa que la religión se haya evaporado de la vida española. Puede, incluso, que hoy sea una religión más íntima, personal y en conciencia que nunca para la fracción de la sociedad a la que afecta. Pero lo que se ha desvanecido es la huella religiosa en los episodios del discurrir cotidiano. Las fiestas religiosas son vacaciones, los sacramentos son celebraciones familiares. Puede que esta forma de vivir la religión sea más auténtica de lo que parece. En el valle de Josafat lo sabremos.

Extrañamente, se confunde a veces la vida cotidiana con las noticias que dan cuenta de un país los medios informativos de otros países. Ese interés se refiere muchas veces a lo extravagante, lo insólito, por tanto lo que más se aleja de la vida cotidiana, que es la común. De otro modo, los extranjeros con escasas noticias sobre España pueden acabar creyendo que aquí es costumbre dominguera tirar cabras desde el campanario de las iglesias. Precisamente al visitante extranjero no le interesa lo cotidiano sino lo pintoresco. Lo encuentra en seguida porque es lo que venía buscando.

La imagen que aquí se proyecta del vivir de los españoles contemporáneos se aleja bastante de la retratada por los escritores extranjeros y enamorados de España. Tom Burns Marañón ha analizado muy bien ese género, desde George Borrow hasta Gerald Brenan, todos ellos tocados de *hispanomanía*. Lo ha hecho, además, incrustando valiosos testimonios personales y recuerdos familiares. Es un excelente estudio para comprobar que la vida de los españoles actuales dista mucho de la de sus antepasados, especialmente los héroes románticos. Cabe, incluso, la duda de si esa figura literaturizada, «por quien dobla la campana», representa el promedio del carácter español contemporáneo. Me temo que no.

Algunos escritores que han viajado por España en distintas épocas han relatado después los rasgos peculiares que han creído encontrar en la vida corriente de los españoles. Suelen acumular dos sesgos. Uno, que observan la realidad con los ojos de la pasión literaria o histórica. Dos, que sus observaciones se basan en el reducido muestrario de personas que encuentran los turistas en sus viajes. Ambos desvíos dan lugar a una interpretación muy parcial de la vida española. Un caso eminente de ese tipo de literatura de viajes es el libro de Havelock Ellis *El alma de España*, escrito en 1909. El autor, médico de profesión, pasa por ser cronológicamente el primer sexólogo. Además de esa especialidad, es un gran ensayista, un poco al estilo de la que iba a representar Gregorio Marañón Moya unos años más tarde. La obra de Ellis sigue la huella de los hispanistas enamorados del objeto de su interés. Es una suerte de entusiasmo por todo lo español, especialmente lo pintoresco. Los hispanistas han gozado siempre de una extraordinaria estima en España, al menos por parte de la grey intelectual. Precisamente, Ellis observa, a principios del siglo XX, que los españoles manifiestan un «exceso de admiración por todo lo extranjero». Ese es un rasgo que ha cambiado poco.

Lo fundamental de Ellis es que troquela una forma del temperamento español que nos sirve muy bien para determinar la vida cotidiana de lo que llamo aquí la sociedad tradicional. En algún caso anticipa algún elemento que todavía subsiste, por lo que merece considerarlo como parte de un carácter social algo más duradero. Por ejemplo, Ellis se refiere a la estudiada «indiferencia por las personas y los intereses que se hallan al margen del círculo de su propia vida», la del español medio. En cambio, la observación de los españoles indolentes, parásitos, sobrios, poco sensuales, no resistiría hoy la comprobación empírica.

A nuestro autor le parece admirable el sentido de independencia y de afirmación de la personalidad que significa la costumbre española de poder elegir el apellido de la madre por delante del paterno. Aduce el ejemplo del pintor Velázquez. No es un feminismo anticipado. Simplemente, a los españoles no les gusta la monotonía de los apellidos y anteponen a veces el de la madre porque resulta más sonoro. Por lo mismo, la decisión de las mujeres de conservar el apellido de soltera cuando se casan (que también maravilla a Ellis) no es una afirmación de independencia femenina. El apellido de soltera suele ser el paterno.

El rasgo más sobresaliente del carácter español, para Ellis, sigue teniendo una gran vigencia. Se refiere a «las enormes reservas de energía vital que la raza española conserva y que se manifiestan en innumerables pormenores cotidianos». Si el lector persevera, encontrará más adelante numerosos testimonios que avalan esa intuición del curioso viajero inglés. Y eso que le tocó conocer la España de la «abulia», como se decía a finales del siglo XIX.

El carácter social de los españoles tradicionales a través de los refranes demuestra que el perfil está muy lejos de corresponder al retrato romántico, idealizado. De esa forma nos han visto los escritores extranjeros, aunque más los viajeros que los investigadores, todo hay que decirlo. Pero el repertorio de los refranes nos habla más bien de un temperamento frío, calculador, pesimista, un punto envidioso. Claro es que la forma de ser equivale a una media de los individuos anónimos. Quizá los héroes, las figuras excéntricas o simplemente destacadas sean otra cosa. Es lógico que a los escritores de otros países les llame la atención los guerrilleros, las cigarreras, los bandoleros, los arrieros, los gitanos, los toreros, los milicianos y otros tipos igual de pintorescos. Pero lo más llamativo no es lo más real. La polémica sobre el modo de ser tampoco resuelve mucho. Más que el carácter colectivo, interesa el comportamiento, la forma de atender a las solicitudes de la relación social cotidiana. El asunto es menos «literario» (en el sentido de imaginar lo llamativo) y más de observación detallada, con parsimonia y humildad, las cualidades del científico.

Los españoles llevan muchos años diciendo que su país ya no es diferente, como antes se decía para atraer, con su exotismo, a los turistas extranjeros. Alguna diferencia persistirá, porque el hecho es que el número de turistas que llegan no deja de crecer. No basta con el argumento de que España tiene mucho sol y precios asequibles. El sol abunda en todo el mundo. El argumento de los precios no resiste la comparación con la mayor parte de los países. Subsiste, pues, el atractivo de la diferencia. Algo tiene el tipo de vida que se percibe en España para que atraiga tanto a los extranjeros. No siempre son los mismos atractivos que reconocen los españoles. Por ejemplo, los nacionales se quejan de la escasa seguridad ciudadana, pero a los extranjeros les parece más que suficiente, y eso que los ladrones hacen su agosto con los turistas foráneos. No es menos cierto que el atractivo de España funciona también para la delincuencia organizada. Un madrileño tiene la idea de que su ciudad es un monstruo de asfalto y cemento, sin espacios verdes, pero un turista proveniente de cualquier ciudad del mismo tamaño observará la abundancia de árboles que tiene Madrid. De hecho, fuera del Retiro, los demás parques contienen una bajísima densidad de visitantes. Aun así, la queja de los madrileños es que en su ciudad faltan zonas verdes. Muchas de las cuales han de ser regadas para que medren, operación que no precisan las de Londres o Estocolmo. Por eso es todo un lujo mantener un parque en Madrid, Sevilla o Alicante.

Naturalmente, todos los países son diferentes, más aún cuando el observador viene de muy lejos. La cuestión está en precisar si la diferencia es mayor o menor que la esperada. En España es mayor; de ahí la sorpresa del viajero. Se supone que es ya un país como todos los principales de Europa, pero subsisten y se cultivan muchos rasgos propios. Tampoco cabe decir que esos rasgos sean restos de país subdesarrollado. No siempre. También podríamos afirmar que Estados Unidos es un país subdesarrollado porque conserva y ensalza la pena de muerte. No sería una conclusión correcta.

En el aspecto económico es fácil demostrar que las trayectorias de la coyuntura española se asemejan mucho a la de los países centrales. Pero ese paralelismo no tiene por qué extenderse a otros dominios. Francis Fukuyama asegura que «en Estados Unidos y en Europa, la mayoría de la gente expresaba su confianza en su gobierno y en sus conciudadanos a finales de los [años] cincuenta [del siglo XX]; en cambio, sólo una pequeña minoría lo hacía a principios de los noventa». España está en Europa y matiza algo la tendencia general. La razón principal es que el lapso considerado significa el paso de un régimen autoritario a otro democrático. Lógicamente ese salto significa un aumento de la confianza en los gobernantes. Dentro del período democrático, desde 1976, hay alguna evidencia sobre el aumento de la desconfianza respecto a la gente en general. El dato puede resultar sorprendente. Merece una explicación. Al menos en España, es claro el hecho de una creciente separación entre el «círculo íntimo» y el resto de la gente. La confianza se restringe cada vez más a los que se sienten cercanos a uno. Es una especie de nuevo individualismo grupal. Consecuencias llamativas de ese hecho pueden ser el auge de las empresas familiares y la gran permisividad para los casos de corrupción política. Como puede verse, se trata de resultados antagónicos.

La confianza ciega en el «círculo íntimo» permite una amplia desconfianza respecto a la sociedad y sus instituciones. Ese es el caso extremo, y extremista, de la violencia criminal organizada. Es un fenómeno que llena la Historia contemporánea de España. Recordemos la serie: bandolerismo, anarquismo, pistolerismo, represión durante la guerra civil y los años posteriores, terrorismo, grupos «ultras» de tipo deportivo, político o racista. Todos ellos tienen de común la confianza fanática en los conmilitones, el «círculo íntimo» de corto radio. Fuera de ese límite, todo les parece podredumbre o los deja indiferentes. La peculiar psicología de esos criminales se completa con la erosión del mínimo sentimiento de culpa. Esa insensibilidad es típica de la personalidad narcisista.

Lo anterior es sólo un caso extremo, realmente extravagante. Lo normal es que la fidelidad al «círculo íntimo» sea compatible con un mínimo de respeto a las normas de la sociedad más amplia. La primacía del «círculo íntimo» arropa al individuo con un sentimiento del «nosotros» que da sentido a su vida. Por alguna razón la vida española del último siglo, sea tradicional o moderna, tiende a concentrarse en ese corto radio de sentimientos. La empalizada de afectos que rodea a cada individuo hace que pueda resistir bien la hostilidad exterior.

A veces se entiende como «vida cotidiana» lo que los periódicos entienden como «sucesos» o lo que introducen en las páginas de «sociedad». La equivalencia es solo aproximada. Las noticias de los periódicos, por serlo, se convierten en vida pública. La vida cotidiana es lo que está por debajo, lo que no suele ser noticia o por lo menos no alcanza el mérito de un gran titular. Por eso no suele atraer mucho a los periodistas o a los historiadores convencionales. Pero interesa a todos los demás.

CAPÍTULO II

Los españoles frente a frente

Es discutible que exista un carácter social fijo, cristalizado, común a los españoles de antes y de ahora. Subsisten algunos elementos y otros han cambiado. Pero al menos se percibe una continuidad en el modo que tienen los españoles de relacionarse unos con otros. Se manifiesta a través de la conversación corriente, actividad de la que todo el mundo cree ser un buen especialista. Estamos ante la famosa extraversión de los españoles. Es la condición para entender otras muchas circunstancias vitales.

Se ha suscitado muchas veces la cuestión del sorprendente ímpetu transformador, vitalista, de la cultura europea. Cuenta mucho, desde luego, la religión cristiana, más aún la versión protestante, que hace que las personas se sientan permanentemente insatisfechas. Se aduce, precisamente, el caso de España, una sociedad católica a machamartillo, que ha evolucionado con retraso frente al especial dinamismo de los países transpirenaicos. Bien, eso es así, pero, entonces, ¿cómo explicar la sorprendente capacidad de cambio de la sociedad española durante la última generación? Sería demasiado fácil aducir que «España ha dejado de ser católica», como quiso percibir, anticipadamente, Manuel Azaña. Aunque hubiera dejado de ser católica *practicante*, la gran libertad religiosa que ahora existe no ha conseguido la aceptación esperada del protestantismo. La explicación de la enorme capacidad transformadora de la sociedad española hay que buscarla por otro lado. Se trata de un rescoldo tradicional que alienta el cambio incesante, una vez que asoma el brote de la industrialización. Viene a ser una especial sensibilidad para la opinión ajena, el qué dirán de los que están próximos. Lo que pudo ser un freno para la innovación, ha llegado a ser también un aliciente para el cambio. El español se siente representando una función, a la que asisten todos los demás conocidos como críticos espectadores. Ante ese severo tribunal permanente, no tiene más remedio que bordar su papel. Por eso cuida tanto el atuendo, la apariencia. Sin haber tocado el protestantismo, el español de la segunda mitad del siglo XX cultiva una notable moral del éxito. Es algo más que el triunfo profesional. Se trata de que uno pueda salir airoso de muchos trances. Esa es la base del espíritu de superación. Claro que no es oro todo lo que reluce en el activismo del español inconformista. Se cuela también la desmesura, la falta de respeto, el «caiga quien caiga» y el «no sabe con quién está usted hablando». Es la arrogancia, rasgo del español tradicional que no lleva trazas de desaparecer. Recuérdese que «chulo» o «golfo» son palabras insultantes, pero también ponderativas. Esa misma ambivalencia la tiene el «orgullo». Uno es orgulloso frente a los demás y está bien que lo sea. Solo es criticable el que se cultive el orgullo para sí mismo.

Muchos escritores han observado un rasgo paradójico del carácter de los españoles. Aguantan lo indecible las inclemencias generales, incluso las injusticias y los atropellos que puedan venir de las instancias poderosas. Por ese lado, destaca la sumisión, el servilismo. Pero esos mismos españoles se encrespan, puntillosos, ante el más ligero roce a su dignidad producido por alguna afrenta personal.

Es posible que los españoles de otros tiempos fueran orgullosos, apasionados defensores de sus ideas. Algo han tenido que cambiar, pues, fuera de las discusiones futbolísticas, no se revela muy bien ese presunto temperamento apasionado. Por lo menos, en las conversaciones cotidianas es hasta de mal gusto revelar estados de ánimo extremos, sean la felicidad o el infortunio. El criterio admitido de la simpatía obliga a no contar a los demás las desgracias de uno, tampoco los triunfos. Se considera bien el talante de estudiada queja, pero sin entrar en detalles íntimos. Puede que sea para no alimentar la envidia, tanto la que se alegra del mal ajeno como la que se entristece con el éxito del otro. Una obra literaria de premio es la que transmite pesimismo y melancolía.

El estado anímico de pesimismo melancólico es compatible con la expresión de una gran vitalidad. Se demuestra, por ejemplo, en la bulliciosa vida de los españoles hacia afuera. Es así porque a los españoles les gusta representar en todo momento la comedia de su vida. Ese talante da una apariencia de energía que suele maravillar a los extranjeros cultos que escriben sobre España.

Una forma de recrear muchas relaciones sociales del pasado, de comprobar las que realmente duran, es a través de las prohibiciones. Por ejemplo, en 1930 el alcalde de Madrid dictó un bando prohibiendo los «mirones», los grupos de personas que se paraban a contemplar las muchas obras que por entonces había en la ciudad. Lo cuenta el estupendo libro de Reyes García de Valcárcel y Ana María Écija Moreno. Todavía hoy puede comprobarse esa extraña querencia de los madrileños (quizá también de otros españoles) por pararse en la calle a contemplar las tareas de los obreros de la construcción. Más grave fue la costumbre de ir a presenciar los fusilamientos durante la guerra civil y aun en los años posteriores. También hubo que prohibirla. En algunas tabernas de hace algunos decenios se podía ver el letrero de «prohibido blasfemar, cantar y hablar de política». Seguramente eran tres hábitos muy comunes. A veces, ese tipo de prohibiciones consiguen reforzar o fomentar la conducta que proscriben. De ahí el adverbio «terminantemente» que solo se emplea para el verbo «prohibir». Es un pleonasmo tan inútil como calificar a las «condenas del terrorismo» como «enérgicas».

Junto a las prohibiciones están los mandatos. El libro citado recoge el dato de una campaña de salud pública, recién terminada la guerra civil. Se dan estos elementales consejos: evitar que las moscas se posen sobre los alimentos y bañarse en agua sucia. Los años cuarenta no son sólo los del hambre, los de la doliente posguerra, sino los de las prohibiciones más arbitrarias. No se deben solo al peculiar régimen político, sino, paradójicamente, a que los españoles redoblaron entonces la inveterada tendencia a saltarse las normas. Aunque solo fuera por eso, resulta difícil referirse al régimen de esa época como totalitario. Más bien habría que calificarlo de arbitrista. Véase, por ejemplo, el decreto de 26 de julio de 1939 sobre «la prohibición absoluta de homenajes, banquetes y recepciones, cualquiera que sea quien los proponga». Era fácil de prever la inanidad de tal prohibición. Por lo mismo, fueron estériles las normas que se dictaron en los años de la posguerra sobre lo que se podía comer o no comer según los días, el lugar o el tipo de alimentos. El «día del plato único», establecido por el bando nacional durante la guerra, fue tan hipócrita como inoperante. Años más tarde las estrictas «normas de decencia» para el atuendo en las playas simplemente se ignoraron. Los usos sociales fueron discurriendo a su aire.

Una prohibición reiteradamente incumplida durante mucho tiempo ha sido la de fumar. La resistencia se debe a que el tabaco es un gran vehículo de comunicación, el que facilita las relaciones interpersonales, por lo menos a la tercera parte de los adultos. El hábito de fumar tabaco es tan general como polémico. Es difícil una actitud neutral o indiferente. Los fumadores aprecian el estímulo que les da el tabaco, mientras que los no fumadores se sienten cada vez más molestos por el humo ajeno. Nadie discute que el tabaco sea nocivo, pero los fumadores encuentran que les facilita la vida de relación y la tranquilidad del ánimo, de forma parecida al alcohol. Por cierto, los aficionados al tabaco suelen serlo también a las bebidas alcohólicas. Las razones de salud fuerzan a muchas personas de cierta edad a abandonar el «vicio» del tabaco. Pero al tiempo, las nuevas promociones de jóvenes entran con creciente decisión en la cofradía de los fumadores; las mujeres más que los varones. Se puede sospechar que también son grandes fumadores los inmigrantes extranjeros. El resultado es que, durante los últimos lustros, apenas se modifica la proporción total de fumadores en España. Se produce una ligera tendencia a la baja, pero más que nada por el envejecimiento de la población. Edad por edad, lo que destaca es la tendencia estable. La cual hay que interpretarla como un gran fracaso de las medidas restrictivas promovidas por las «autoridades sanitarias», con ese plural que difumina un tanto su responsabilidad. Por mucho que adviertan de los peligros para la salud, pesan más las razones estimulantes, que naturalmente las aceptan mejor los jóvenes y más aún si son mujeres. La persona que fuma sostiene que el hábito del tabaco le supone una suerte de escape para las tensiones de la vida activa y de relación. No se puede pretender que se igualen las condiciones sociales de varones y mujeres sin que se acerquen también sus comportamientos respecto al tabaco. No se deben minimizar los efectos relajantes del tabaco con el argumento de que son meramente psicológicos. Lo psicológico es también real.

A primera vista, parece que el hábito del tabaco tendría que repartirse al azar, después del condicionamiento del sexo y de la edad que queda expuesto. Sin embargo, no es así. Por ejemplo, con independencia del sexo y de la edad, las personas fumadoras aumentan conforme pasamos de las católicas practicantes a las arreligiosas. Es una relación sorprendente, que se reproduce en distintas encuestas.

La polémica del tabaco se plantea respecto a su dimensión social. El fumador disfruta del tabaco junto a otras personas a quienes el humo puede molestar. Se acepta la prohibición del tabaco en los recintos más cerrados: ascensores, vehículos de transporte público, locales de espectáculos, etc. A la mayor parte de los españoles que no fuman les parece improcedente que se fume en un local donde está prohibido hacerlo. Pero solo una pequeña fracción despliega una reacción de queja o de protesta explícita; suelen ser personas de cierta edad. Los jóvenes que no fuman son más permisivos respecto a la conducta de los que fuman junto a ellos.

La norma de oro para regular las relaciones interpersonales, desde las más nimias hasta las más empingorotadas, es la de procurar la simetría. Ese principio se exige todavía más en la sociedad desarrollada. Lo equitativo es dar a cada uno lo suyo, es decir, reponer una especie de igualdad ideal por la que toda dádiva requiere su correspondencia. Cuando no es posible esa reciprocidad material, cabe el recurso simbólico de decir «muchas gracias». Se reprime el caso extremo del delincuente porque su acción resulta desproporcionada. La excepción es que se justifique una especie de moral del bandolero romántico por la que «se quita a los ricos para dárselo a los pobres». En la sociedad actual se considera paternalista (y por tanto vitando) que alguien dé algo sin recibir nada a cambio, simplemente por el deseo de hacer el bien. Es una ruptura del principio de la simetría. En cuyo caso, lo que pudiera parecer una dádiva, se viste de obligación legal. O también, se interpreta la donación como cumplimiento de un indiscutible principio de solidaridad. Ambas respuestas tratan de convertir la acción unilateral en la expresión de un deber cívico.

La población se compone, aproximadamente, de un número parecido de mujeres y de varones. En la sociedad actual, el equilibrio secular se rompe por la mayor supervivencia de las mujeres. Añádase el creciente papel de la mujer en la vida extradoméstica y se tendrá el interesante fenómeno de la presencia femenina cada vez más manifiesta en la sociedad actual. De modo especial, el mundo infantil aparece hoy dominado por papeles femeninos. La madre (trabaje o no fuera del hogar) suele estar más tiempo con los hijos. En la enseñanza primaria predominan las profesoras. De acuerdo con las leyes demográficas, los niños tienen más abuelas que abuelos. En los casos de divorcio, la prole suele quedarse con la madre. Desde el punto de vista infantil, el mundo está dominado por las mujeres. Sólo los conductores de los autobuses escolares suelen ser mayoritariamente varones. Puede que, agobiados por esa mayor presencia femenina, los niños acudan ansiosos a la televisión, donde los héroes suelen ser figuras masculinas. Es una pobre sustitución del padre ausente.

Un rasgo peculiar de las relaciones interpersonales de los españoles es que se gobiernan por un permanente sentido del ridículo. Es como una suerte de envaramiento por el que no se tolera fácilmente que uno mismo desentone de los usos establecidos o que se llame la atención. La consecuencia es el castigo de la innovación, el premio a las conductas sumisas. Uno de los pocos refranes que se han acuñado en la segunda mitad del siglo XX es el de «no hay parto sin dolor, ni hortera sin transistor». La comparación busca sólo un efecto cómico a través de la rima forzada. Lo fundamental es que se denigra al hortera, esto es, a la persona que aparenta lo que no es. No se refiere al dependiente de comercio, pues ese sentido de «hortera» desapareció con la última guerra civil, como tantas otras cosas. Nadie piense, por tanto, en que los dependientes de comercio sean aficionados a la radio portátil o transistor, el invento maravilloso de los años cincuenta. Lo que se ridiculiza es el tipo de persona que desea llamar la atención por un consumo extravagante o desmedido. Para alardear de ese modo, nada mejor que un transistor. En Estados Unidos era el adminículo de los negros o hispanos presumidos, por lo general un varón joven y jactancioso. En España la exhibición de un transistor en la calle, el paseo o la playa, convertía a su portador en hortera.

Durante los últimos lustros, el transistor ha pasado a ser el *walkman*, una marca de un minúsculo aparatito de radio o música cuyo portador lo acopla al oído. Como no hay ruido, la cosa resulta más discreta. Más que hortera, afecta a un tipo humano introvertido, casi autista, o por lo menos define la persona que quiere aprovechar el tiempo. La sensación de ridículo disminuye mucho en relación al transistor de la anterior generación.

Vista la liberalidad con que se elige hoy el atuendo, diríase que los españoles han superado el tradicional sentido del ridículo. Es más, se sospecha que no queda ya ni rastro de ese sentimiento cuando se ve a tantas personas contar sus intimidades y sus miserias ante las cámaras de televisión. Todo por unas pesetillas o, quizá mejor, por unos contados minutos de popularidad.

Las conversaciones entre amigos reproducen muchas veces las declaraciones que se consideran admirables. Por ejemplo, es corriente asistir a la exposición de la persona que se considera tímida, pero que no se arrepiente de nada. Parecen dos rasgos del temperamento un tanto contradictorios, pero se dan realmente. Puede que detecten algo muy común en la vida española, que las relaciones corrientes se desenvuelvan mal. Ese déficit de afecto o de comprensión provoca una sensación de inseguridad. Por eso la timidez y su remedio: no arrepentirse de nada. La inseguridad resultante lleva a guiarse por el juicio de los demás para conducirse de un modo u otro. Puede que empiecen a arrepentirse de algunas cosas y a no ser tan tímidos como sus próximos antepasados.

Hoy como ayer, la vida social española se halla interpenetrada por el alto valor que se concede al sentido de la apariencia. Es un resto de la sociedad tradicional que convive perfectamente con la actual sociedad compleja. Varían solo las formas, las manifestaciones externas, pero el principio sigue vigente. El culto a la apariencia se puede interpretar como disimulo o hipocresía desde arriba y como resentimiento desde abajo. Con el fin de mantener la apariencia, se cultiva el sentido del ridículo. Todo consiste en tener siempre como norma el «qué dirán» o el juicio pendiente de los demás. Por eso cuenta tanto la indumentaria pretenciosa, el tipo de coche que puede desatar envidias, el consumo aparatoso fuera de casa. Todo eso parece cosa del pasado, pero la sociedad actual cultiva nuevas formas de apariencia. Por ejemplo, se infla el currículum para parecer que uno tiene más méritos o experiencias. El turismo y los viajes se alimentan de la necesidad de contar lo mucho que el sujeto disfruta. No olvidemos que ese es el fin fundamental del viaje de novios o del envío de los escolares a otro país para aprender el idioma. En su día la tarjeta postal satisfizo esa necesidad de contar a los demás el viaje del sujeto.

Hay que ver también el lado saludable del disimulo y la hipocresía, el que facilita la convivencia. La buena educación, el saber estar, consiste muchas veces en disimular una situación desagradable para que los demás no la noten. Los manuales de urbanidad repiten el ejemplo del vino que se derrama sobre el mantel. El anfitrión con «mundología» sabe quitar importancia al lance, al señalar que el vino derramado trae buena suerte. Nadie discute el mecanismo por el que se produce esa venturosa conexión.

La hipocresía facilita la vida a costa de una cierta incoherencia moral. Es una salida que no solo se atribuye a las relaciones sociales de una sociedad tradicional. En un texto de etiqueta de 1989 se explica que, cuando se invita a una pareja a casa de uno, se debe procurar que puedan dormir juntos, aunque no estén formalmente casados. Hasta aquí el principio de la tolerancia, pero acompañado por el de la hipocresía. El mismo texto añade que, si alguien de la familia pudiera sentirse escandalizado, se procurará que la pareja duerma en dos habitaciones contiguas. De esa forma, el asunto se remedia con «la impunidad de la noche». Es un modo de proceder que hasta no hace mucho seguían algunas familias cuando invitaban a los hijos emparejados y no casados legalmente. Preciso es reconocer que, en ese caso, la norma de la hipocresía ha sido ampliamente superada por la del afecto.

Para el antropólogo inglés Julian Pitt-Rivers «el español es endémicamente incapaz de *minding his own business*», expresión que él mismo ve imposible de traducir. Vendría a ser lo de «meterse en sus asuntos», si no fuera porque la frase en español resulta muy despectiva. Hasta ese punto llega el uso social que consiste en enaltecer la afición por enterarse de lo que le ocurre al prójimo, por meterse donde a uno no le llaman. El alto aprecio por la conversación (mejor si es comiendo o bebiendo algo) se deriva de ese principio. Para el antropólogo inglés el mejor símbolo de la curiosidad por lo que le ocurre a los demás es el mirador de la casa urbana tradicional. Hay otras opciones, como el reiterado uso del teléfono, las varias formas de tertulia, las sobremesas, la charla en el paseo o el bar. El éxito de las «revistas del corazón» se debe a su especialización en enterarse de lo que le pasa a los demás, realmente un reparto de contadas personas, pero muy interesantes.

Las tertulias radiofónicas son tan populares porque no se proponen tanto hablar de política como de los políticos, de sus dimes y diretes. Son populares porque reproducen la forma en que se desenvuelven otras muchas tertulias y corrillos de la gente corriente. Pitt-Rivers señala con ironía que la afición de los españoles por las tertulias es tal que incluso se forman en torno al lecho del enfermo agonizante, y añade, con la usual fórmula de «todos hablando y nadie escuchando». A los ingleses los pone muy nerviosos esa capacidad de los españoles por mantener varias conversaciones al mismo tiempo. Digamos que cada interlocutor maneja una distinta «longitud de onda» para que, al entrecruzarse las voces, la confusión sea manejable. Es una rara habilidad. Realmente, más que una conversación, los españoles practican el divertido género de la conferencia simultánea. Cada tertuliano desea que le escuchen todos los demás, o al menos más de uno. Se entiende que el deseo sea difícil de cumplir, pues todos aspiran a lo mismo. De ahí el recurso al chiste o a la difusión del rumor, artificios para que el resto de los tertulianos escuchen al mejor decidor. Quien cuenta mejores chistes o propaga los rumores más inverosímiles recibe la general estima del pequeño auditorio. Cuando no se tiene esa especial gracia, se impone la jerarquía: habla más quien tiene una posición social más eminente. La facundia refuerza la sensación de que uno está bien situado. A la inversa, el que está bien situado, para demostrarlo, acapara el tiempo que le toca de la conversación. Es una extraña aplicación del principio del mérito. El que está bien situado debe tener siempre un buen repertorio de cosas que contar.

Los españoles actuales tienen muchas razones para estar satisfechos con la vida, tanto si se comparan con el pasado como si el contraste se establece con los países vecinos. Por cierto, cuando se dice «países vecinos», pocos españoles piensan en Marruecos o Argelia. Se entiende que, si la comparación se establece con «Europa» (es decir, los países europeos más adelantados), la conclusión sea un tanto deprimente. En lugar de la satisfacción vital, el talante más visible es el de un cierto pesimismo, una supervivencia de las condiciones materiales de la sociedad tradicional. Al que le van bien las cosas, el comentario es «no puedo quejarme», casi lamentando de que no haya muchas razones para quejarse. El descontento se refuerza al plantearse objetivos inalcanzables o poco realistas. Tomemos, por ejemplo, los resultados de una reciente encuesta sobre el lugar donde los españoles prefieren vivir. A la mayor parte de los consultados les gustaría vivir en una zona rural, todo lo más, en una pequeña ciudad. Pero la realidad nos dice que la mayoría vive en ciudades, por lo general bastante populosas. A su vez, si se habla de ciudades, la preferencia es por vivir en algún pueblo de los alrededores, una urbanización. Otra vez la realidad es obstinada, pues la mayor parte de los urbanícolas residen en el casco congestionado de la ciudad. Son precisamente esos «metropolitanos» los más deseosos de vivir en «ciudades medias», no tanto en un ambiente rural. Es evidente el sentimiento de frustración que debe de generar tal contraste entre las preferencias y la realidad. El ejemplo se puede extender a otras varias situaciones.

El desarrollo material de la sociedad española ha sido notabilísimo durante la segunda mitad del siglo XX. Pocos países lo habrán igualado. Sin embargo, el talante general de desasosiego es lo que priva. Se justifica por la querencia a elevar las expectativas, los deseos. De ese modo siempre queda una parte de aspiraciones que no se cumplen. El cociente de frustración se eleva, aunque se compensa un poco porque, también por ese camino, se manifiesta una gran vitalidad. Así se cierra la paradoja. Los españoles actuales serán pesimistas respecto a las condiciones de la vida social, de la sociedad en su conjunto, pero cada uno de ellos es un activista. La frustración no genera pasividad. Antes bien, el espíritu insatisfecho suele ser imaginativo y creador.

Estamos a un paso del famoso individualismo español. El «individuo» quiere decir «lo que no se puede dividir más». Así pues, «cada uno es cada uno», como dice la frase popular, con aparente exceso retórico, tan común en la lengua castellana. Habría que ver en cada caso si el individualismo no es más bien insolidaridad.

En la España actual tenemos un sentido de la individualidad que no siempre distinguía a nuestros antepasados. A una persona del común, en la sociedad tradicional, no le importaba mucho compartir la cama de una venta o pensión con un desconocido. Esa conducta sería hoy inconcebible. Por lo mismo, en los figones y casas de comidas de esa sociedad tradicional los comensales se iban sentando unos junto a otros en mesas corridas. Hoy toleramos esa práctica en las sidrerías vascas por lo que tiene de peculiar, pero en los restaurantes comunes los comensales quieren mesas separadas. La mejora de los hoteles y restaurantes a lo largo del siglo XX consiste en la introducción de esas prácticas que podríamos llamar «individualismo espacial». Hoy, dos amigos que viajen juntos, y tengan que pernoctar, exigen una habitación para cada uno. Ni se menciona que la habitación sea con baño, algo que hace un siglo era un lujo inalcanzable, incluso para personas acomodadas. Por muy lleno que esté un restaurante de tipo medio, hoy no se puede esperar que le sienten a uno en la plaza libre que tiene una mesa. Muy «popular» tiene que ser la taberna para que se ejercite esa familiaridad. Aceptamos que el extraño se siente a nuestro lado en un avión o en un tren, pero es inaceptable que comparta la mesa de un restaurante y no digamos la cama de un hotel. En los aviones o los trenes no sería funcional la estricta separación física de los compañeros de viaje. Lo que se hace es manejar simbólicamente la distancia. Cuando sacamos un billete en clase «preferente» o «business» ya sabemos que el compañero de viaje va a estar alejado unos centímetros más que si fuéramos en la clase «turista». Si se mira bien, esos pocos centímetros de diferencia representan un monto considerable de dinero, lo que indica el gran aprecio que se concede a la noción de distancia. Claro que muy pocos de la clase «business» pagan el billete con su propio dinero. Los españoles siempre han sido rumbosos con la «pólvora del rey».

Es común el comentario de que los españoles son insolidarios, no les interesa nada de lo que ocurra más allá del término municipal, todo lo más, autonómico. Según y cómo. Hay razones para suponer que los españoles se interesan por los sufrimientos del ancho mundo. Pocos países como España darán tantos misioneros y «cooperadores», instalados en los más lejanos territorios. En las catástrofes de los países pobres siempre se da la noticia de un grupo de monjitas españolas allí residentes. Las colectas para remediar esas desgracias exóticas levantan millones de pequeños donativos. Cualquier observador se percata de la cantidad de pobres que hay en las calles, en las estaciones de metro. Muchos son extranjeros. La explicación de esa mendicidad no puede ser otra que la munificencia del público. En el plano sanitario son abundantes las muestras de solidaridad. El ejemplo más llamativo es el de la tasa de donaciones de órganos para trasplantes, que alcanza una de las cotas más altas de todo el mundo, desde luego, sin retribución. Otra cosa es que haya una buena porción de españoles que no se crea tal noticia. Pero ahí se introduce el escepticismo y el pesimismo, rasgos del carácter que los españoles cultivan con cuidado. Dentro ya del «círculo íntimo», son actos comunes y solidarios el prestar dinero sin interés, el velar a los enfermos hospitalizados. Solidarios son los esfuerzos continuados de muchos vecinos que colaboran con las cofradías de Semana Santa o las asociaciones de festejos. Es larga y creciente la lista de matrimonios que se disponen a adoptar niños.

La solidaridad se practica en España con los extraños (la proverbial cortesía con los extranjeros) o más intensamente con las personas cercanas del «círculo íntimo». Entre medias queda una amplia capa de lo que para cada uno es verdaderamente el prójimo. Ahí es donde se despliegan las múltiples formas de una relación tensa y desconfiada, en definitiva, el conflicto social.

Los libros de Historia nos han acostumbrado al relato de una España muy conflictiva, llena de agitaciones, algaradas y guerras civiles. Eso era antes. Llevamos ya mucho tiempo disfrutando de una insólita paz política, fuera del exabrupto terrorista. Por debajo de esa capa de respetable tranquilidad está el transcurso de cada día con múltiples incomprensiones. La vida de relación en

España sigue siendo particularmente difícil. Los conflictos se enconan más allá de lo que desean los contendientes. La actitud defensiva es muy corriente. Se dice como hipérbole que «la sangre no llega al río» para indicar que la pelea ha sido soportable. Es corriente entablar un pleito no tanto para tener razón como para quitársela al contrario. Cierto es que esa disposición era más frecuente en el ambiente campesino tradicional. Aunque hoy no existen huelgas violentas como en el pasado, se tolera la «pequeña» violencia de molestar todo lo posible a los trabajadores que no secundan la convocatoria. Los llamados «piquetes informativos» no son lo que dicen; no informan, coaccionan. Es asombrosa la resignación de los españoles ante la decisión de molestar al público en que se resuelven muchas huelgas. Los sindicatos, como los partidos políticos, no tienen muchos afiliados, pero atraen a muchos simpatizantes.

El habla castellana registra una notable diferencia respecto del inglés y otros idiomas europeos: apenas se nota el acento según la clase social. Ese rasgo del habla ayuda a amortiguar muchos conflictos interpersonales. Simplemente las clases humildes tienen menos palabras o algunas las pronuncian mal, pero, con un poco de esmero, pueden hablar lo mismo que una persona de la clase distinguida. La condición es que ambos sean de la misma región. Porque lo que sí existe es el acento regional. Allí donde se habla otra lengua (gallego, vasco, catalán y sus respectivas variaciones), se nota todavía más el acento regional cuando se recurre a la lengua común, el castellano. Por lo general, cuando un español sube de categoría, sea por ingresos o por estudios, procura disimular el acento regional. Hay una notabilísima excepción: la de los andaluces. No es que se tolere el acento andaluz; más bien se cultiva. Por lo menos no se disimula. Esa circunstancia obedece al estereotipo de inteligente, o por lo menos de ingenioso, que se concede al andaluz. El cual, por serlo, parece que tiene un activo cuando se dedica a la vida pública. Es la trayectoria secular que va de Antonio Cánovas a Javier Arenas, pasando por Felipe González.

A través de las películas norteamericanas o inglesas nos llega la costumbre de que el rasgo definitorio de una persona, para conversar con ella, es saber su nombre. En España no es realmente una cualidad necesaria. En cambio, la característica principal que define a un español para que interese a los demás es el lugar de nacimiento. Incluso, más que ese dato, interesa el de procedencia de la familia que le da los apellidos. Es proverbial, por ejemplo, la inmediata asociación con el lugar de origen que se asigna a los toreros o los políticos. Se supone que esa cualidad no es nada azarosa. Antes bien, el lugar de procedencia asigna misteriosas cualidades a la persona en cuestión. Se llega a creer que es un mérito.

Los españoles de todos los tiempos han cuidado mucho la conversación como un modo de relacionarse para minorar los posibles conflictos. Hay que evitar las fuentes de disensión, por lo que se huye de plantear cuestiones de religión o de política. En su lugar, un tema que satisface a todos es el tiempo atmosférico, sobre cuyas incidencias es muy fácil ponerse de acuerdo. También cumple esa función pacificadora el fútbol o los otros deportes de espectáculo. Si los interlocutores pertenecen a distintas clientelas deportivas, y por tanto rivales, el aparente conflicto dialéctico desplaza otros que podrían ser más graves.

Los manuales de etiqueta tradicionales prescribían que en las conversaciones placenteras entre amigos se evitaran los temas conflictivos. Tales eran la religión, la política, las enfermedades, el dinero, los sucesos desagradables, el fútbol. No deja de ser curioso que esa lista de prohibiciones es lo que constituye el índice de los asuntos reiterados en los informativos de la radio o la televisión. Se supone que es lo que interesa al público. Así pues, la prohibición de los manuales no ha servido de nada. Los españoles son grandes conversadores. Les gusta hablar lógicamente de los asuntos polémicos, así como de los graciosos, pero sobre todo referirse a personas que conocen los participantes en la conversación.

En la España actual hay un asunto netamente político, el del terrorismo, incluso el del nacionalismo, que constituye un objeto de conversación muy socorrido. A pesar de la sustancia criminal o disgregadora, cumple muy bien el propósito de integrar a los que conversan, naturalmente en el caso de que no sean nacionalistas. Es una gran paradoja, pero el terrorismo y el nacionalismo de los vascos ha hecho que se unan todos los demás españoles no nacionalistas, que son los más. No me refiero a pactos y comportamientos políticos, sino a su traducción en la vida de relación cotidiana que

LOS ESPAÑOLES FRENTE A FRENTE

caracteriza a las personas del común. Habría que ver también si el disgusto respecto a «lo español» (como despectivo) une del mismo modo a los españoles que no quieren serlo, es decir, los nacionalistas.

Se ha observado muchas veces la singular disposición de los españoles de mirar fijamente a la cara de la otra persona que tienen cerca, aunque no estén hablando con ella. En otros países transpirenaicos esa actitud sería más bien insolencia, incluso agresión. En España, la disposición de «mirar a la cara» del interlocutor se considera un signo de nobleza, gallardía, sinceridad. También puede ser la reacción ante el temor de que el interlocutor intente engañar. Nada como mirar a los ojos del otro para saber si está mintiendo. Ya se sabe, cree el ladrón que todos son de su condición.

Las conversaciones entre iguales se someten en España a un déficit inquietante: la falta de ironía. No lo parece porque se ve desplazada por la broma, la simpatía, el comentario chistoso. La ironía es algo más sutil, algo así como no tomarse en serio a uno mismo. Esa capacidad es incompatible con otros rasgos de la relación cotidiana, como la preocupación por el qué dirán o un cierto aire dramático en la «presentación del yo». No puede haber ironía si uno no se da cuenta del disfraz que adopta en la comedia de la vida, si no sabe ponerse mentalmente en el lugar del otro. Es lo que se llama «empatía». Agustín Sánchez Vidal nos relata algunas situaciones divertidas en las que trasluce la incapacidad de los españoles para ponerse en el lugar del otro. Una de ellas es la del automovilista que pregunta a un viandante por la dirección que va buscando. La descripción suele ser ininteligible, porque el que se dispone a informar, con toda la simpatía del mundo, no sabe hacerlo. Suele concluir con la síntesis de «no tiene pérdida». El que informa no puede imaginar que el forastero ignore los detalles del plano de la ciudad que visita, la que a él le resulta tan familiar. No hay mala intención ni ignorancia en la incapacidad para contestar a la pregunta del viajero. La prueba es que muchas veces, el indígena le dice: «Déjeme que me suba con usted y yo le iré diciendo por dónde hay que ir.» El hombre interrumpe su paseo o sus quehaceres para tomarse esa molestia, que el turista agradece encantado y, si es extranjero, asombrado. Pero lo que ha ocurrido es simplemente que el viandante no ha sabido ponerse en el lugar del turista. Menos mal que el exceso de simpatía compensa la incapacidad de empatía.

El éxito en los negocios, en la profesión y en la vida personal se basa en la constitución de una buena red de relaciones sociales satisfactorias. La sociedad española de todos los tiempos estima mucho la virtud de la simpatía. La deben desplegar las personas que se consideran con éxito. Su obligación es la de manifestar que tienen muchos amigos. Para lo cual deben «cuidar su imagen», lo que significa presentar siempre la mejor cara. Sin embargo, la existencia de «gabinetes de imagen» o «expertos de relaciones públicas» indica que la operación de «cuidar la imagen» no es fácil. Lo que se llama vida social o profesional, mundo de los negocios o de la política, se percibe como una red de egoísmos, traiciones e infidelidades. Una palabra obscena muy repetida es la de «putada» para referirse a ese mundo en el que se trata de triunfar o por lo menos de situarse. Se comprende que una salida defensiva ante ese mundo hostil sea el cultivar el «círculo íntimo» de parientes y amigos. Al menos sirve para que uno se desahogue.

CAPÍTULO III

El amor, el sexo y los afectos

La vida cotidiana se condensa en vida íntima cuando andan por medio los afectos. En castellano no se emplea mucho el verbo «amar», a pesar de que se aprende como modelo de la primera conjugación. En su lugar se recurre al verbo «querer». Es una extraña manera de introducir la voluntad en el asunto amoroso, o quizá sea una forma desvergonzada de confesar el deseo de posesión. Pero también se quiere a los amigos, a los parientes. Puede que la expresión «te quiero» sea el apócope de «te quiero bien» que se dice en gallego. Lo cierto es que se trata de un verbo voluntarista, que quizá apunta al carácter selectivo que tiene el elenco de las personas merecedoras de afecto.

Los usos del lenguaje en torno a lo que antes se llamaba «amor» se han alterado profundamente. Para empezar, la misma palabra «amor», tan universal, parece fenecer a manos de otras, como «afecto», «deseo», «sexo», incluso «complicidad». Es curiosa esta transmutación de la «complicidad». Ha significado siempre la asociación, más o menos oculta, para el crimen. De ahí ha ido derivando hacia el entendimiento secreto entre dos personas para cualquier fin. Aunque los diccionarios de uso todavía no lo registren, el sentido actual es el de que ese fin, para el que dos se coaligan, sea el amoroso. Al final, la dichosa palabra sirve para lo contrario de lo que pretendía originariamente. Cuando se produce una alteración tan brusca del habla, es por algo. La razón es que aquí la relación amorosa se hace más difícil que nunca, con temor de que no sea duradera. Lo que antes era el ideal de «entrega», ahora se interpreta como una especie de anulación de la personalidad. Ese temor afecta especialmente a las mujeres que perciben el amor como una cesión de su conquistada liberación. Ante ese indeseable destino, los enamorados prefieren una relación ocasional, íntima, secreta incluso. El caso extremo es el de la relación homosexual, casi siempre ambivalente respecto a su reconocimiento social. Se entiende así el recurso a la «complicidad» para abarcar todas esas situaciones.

A primera vista, nada más universal y eterno que el sentimiento amoroso. Otra cosa es cómo se expresa. Ahí es donde entran los usos amatorios, los cuales se han alterado profundamente durante el último siglo. He dedicado un libro entero a exponer la situación anterior, *El sexo de nuestros abuelos*, o de los bisabuelos, para los lectores más jóvenes. Ahora se trata, como somero contraste, de señalar los cambios. Los biznietos mantienen ideas bastante distintas respecto al amor, sus derivados y alcaloides.

Hace un siglo, los españoles se disponían a la aventura amorosa con los recursos que habían aprendido en la literatura, sobre todo el teatro, que entonces era tan popular como los toros. Por esa razón, los usos amatorios eran un tanto afectados, retóricos. El amor imaginado estaba fuera del matrimonio. «Hacer el amor» era cortejar con bellas palabras. Hoy tenemos un parentesco parecido. Los usos amatorios que practican los españoles los han visto en las películas, cada vez más en la televisión. La novedad fundamental es que los dos amantes pueden serlo sin apenas conocerse, como sucede, curiosamente, en la prostitución. Hoy «hacer el amor» es el coito o su apariencia de tal, sin mucho palique, con la fugacidad de los primates.

La sexualidad acapara de tal modo la atención del público actual que se olvida su inclusión en un concepto más amplio del amor o de la amistad. Sería una reducción excesiva referirnos a la sexualidad y no a la familia o a los amigos. Por eso es mejor hablar de afectos.

Es corriente la aseveración de que «la familia está en crisis». Puede que sea cierta, pero en ese caso se trata de una larguísima crisis, lo que demuestra lo saludable que es la institución. Es muy difícil dar cuenta de la vida, o simplemente de las andanzas, de un adulto sin aludir a los dos tipos de familia que normalmente le acompañan: la de origen y la de la elección. Son dos familias que pueden resultar cooperadoras o conflictivas, pero ambas son inevitables. Piense cada uno en los sucesos más amables o los especialmente tristes de su vida. Lo más probable es que se asocien con alguna escena familiar, sea la familia de la que uno procede o la que contribuye a fundar. Quizá sea así en todas partes y no haya que maravillarse de tal coincidencia. Se puede añadir algo peculiar de la sociedad española, la de antes y la de ahora. Esa constante es el añadido de los amigos, se entiende, los íntimos. A veces se produce una extraña coincidencia: los amigos son también parientes. Recuérdese la pareja amistosa de Manuel Azaña y su cuñado Cipriano Rivas Cherif, por poner un ejemplo literario. Es corriente ver a los pequeños empresarios que forman una sociedad con el hermano o el cuñado. Suele ser objeto de admiración social el hecho de que dos hermanos se casen con dos hermanas. No parece preocupar mucho la confusión de papeles que surge de esa doble alianza. Tanto es así que las dos parejas pueden llegar a ocupar sendos pisos en la misma casa.

El círculo íntimo que forman los parientes (no todos; puede que solo los cercanos y los seleccionados) y los amigos se distingue por ser el lugar natural de la generosidad, el altruismo. Esa reducción es compensatoria de la general actitud de distanciamiento que el español mantiene respecto a las personas ajenas a su círculo íntimo. La máxima expresión de cortesía es hacer ver al extraño que se le acepta dentro del círculo íntimo de la persona que así lo decide. De ahí la fórmula de cortesía «estás en tu casa», que dice el anfitrión al invitado. No hace falta invitarle a casa; basta con acompañar esa expresión a la entrega de la tarjeta donde figura el domicilio.

La solidaridad *intra muros* del núcleo familiar lleva a que los padres realicen grandes sacrificios por el bienestar de la prole. El cambio del último siglo ha sido la reducción del número de hijos, hasta llegar al mínimo de todos los tiempos. Pero se mantiene la constante del sacrificio que hace una generación por la otra. A los viajeros de otros países que llegaban a la España tradicional les llamaba la atención la especial condescendencia que los padres tenían respecto a los hijos. No sólo eran indulgentes con sus travesuras, sino que mantenían con sus hijos pequeños una relación de verdadero mimo. Esa actitud se ha reforzado en la sociedad actual, donde los menores de edad necesitan aún más protección. No es infrecuente que los padres de clase media se sacrifiquen para dar estudios a los hijos por encima de los medios que razonablemente puede aportar el hogar. La sociedad ve con gusto que una familia se empeñe para organizar una primera comunión o una boda por todo lo alto. Esa misma familia emprende con orgullo la compra de un piso para que el hijo, y sobre todo la hija, pueda casarse. Todos esos actos de altruismo tampoco es que sean muy meritorios, puesto que la sociedad, que hace de espectadora, los premia con su aplauso. No se vea solo el aspecto idílico de esas relaciones. Puede que la falta de capacidad creadora que a veces ostenta la sociedad productiva se deba precisamente al exceso de mimo y regalo con el que han sido educados los niños. Por sociedad productiva se entiende la que debe aportar su esfuerzo para estudiar, trabajar, dirigir o cooperar.

El gran novelista Pío Baroja (acaso el más influyente de la primera mitad del siglo XX) establece una sutil distinción entre la familia y el hogar. La familia vendría a ser el haz de intereses inmediatos que determina la posición social del sujeto, sus relaciones sociales de mayor provecho. El hogar sería la parte más personal de los afectos. El amargo comentario de Baroja es que en España (la de hace un siglo para nosotros) hay familias pero no hogares.

Un rasgo peculiar de la vida familiar española de todos los tiempos ha sido la alta tasa de soltería, fuera incluso de la que se orienta hacia el celibato religioso. La entrañable figura del solterón o de la solterona se explica muchas veces por un exceso de afecto derivado de la familia de origen. Digamos que en esos casos el ambiente de los padres llena tanto que el sujeto no se siente acuciado a fundar la otra familia, la de procreación. En la sociedad tradicional se veía con buenos ojos que una de las hijas se quedara soltera para cuidar a los padres ancianos. La soledad de esa hija se compensaba con prácticas piadosas. Por eso se decía que «se había quedado para vestir santos». Era otra forma de celibato religioso.

En la literatura y en las conversaciones se habla muchas veces de «conflicto generacional» para referirse a las peleas o incomprensiones entre padres e hijos adolescentes o jóvenes. Las encuestas recientes no lo detectan mucho. Más bien se refieren a su ausencia, a un clima de buena inteligencia entre padres e hijos, lo que se llama amor filial. Sobre todo la relación es óptima con la madre. Puede que haya una dosis de ocultamiento en esas declaraciones de paz familiar. Precisamente la norma de la familia como núcleo solidario impone que se oculten al extraño las desavenencias entre sus miembros. Visto así el espectáculo, se colige el aspecto más negativo del familismo reinante. La familia aparece como la gran escuela de hipocresía, donde las sucesivas promociones de españoles aprenden a disimular, a mentir. La ocultación de la verdad llega a ser un arte. El perjurio no es delito. El testigo falso no es una figura socialmente rechazable. El estudiante que copia un examen se ve ensalzado por listo. Como se verá, del familismo derivan aspectos positivos y negativos, plausibles y rechazables para la buena marcha de la sociedad. Es otro capítulo en el que se aprecia una gran continuidad entre la sociedad tradicional y la moderna.

Tampoco se puede concluir que las relaciones de padres e hijos sean idílicas. A pesar del ocultamiento, las encuestas recientes revelan algunos matices de interés. Por ejemplo, el conflicto afecta especialmente a los hogares modestos en los que los hijos estudian más allá del bachillerato. En donde se demuestra que la movilidad social a través de los estudios puede ser una fuente de conflictos familiares. Los cuales se enconan cuando se produce la típica disonancia entre la intensa religiosidad de la madre y el descreimiento de los hijos.

El llamado conflicto generacional tiende a ocultarse por una razón práctica. Los hijos crecidos siguen necesitando la intendencia del hogar, y los padres aspiran a proyectarse sobre sus hijos. Llega un momento en el que los adultos hablan más de sus hijos que de ellos mismos. Ante ese vínculo recíproco, se impone la coexistencia pacífica, por recurrir a un viejo eufemismo de la política internacional. Simplemente las dos generaciones conviven bajo un mismo techo, pero con distintos horarios, con diferentes canales de comunicación. Los jóvenes exageran la disparidad de gustos y apetencias para reafirmar su personalidad. El desarrollo de la personalidad de los jóvenes se ve contenido por la reciente tendencia a prolongar la estancia en el hogar de los padres más allá de la mayoría de edad.

Un texto de 1900, titulado con acierto *Nuestras costumbres*, de Pedro Gotor de Burbáguena, reconoce que «afortunadamente el amor es el móvil menos frecuente de los matrimonios». El adverbio lo subraya el autor para indicar que el casamiento por amor suponía más males que bienes. La revolución de la vida afectiva que ha traído el siglo XX ha consistido en primar cada vez más el amor como estímulo dominante para casarse. El texto citado contiene una afirmación muy sagaz, que se ha comprobado muchas veces: los matrimonios por interés afectan más a los ricos. Las clases modestas asimilan con mayor facilidad el matrimonio por amor, hasta que se generaliza como algo deseable por todo el mundo. Lo que parece una bendición, ha conducido a una creciente conflictividad conyugal. El aumento de los divorcios ha sido la paradójica consecuencia de los matrimonios por amor. Cuando dos personas se casan por interés, por comodidad, lo más probable es que esa unión sea muy estable. Naturalmente, es muy difícil (por no decir imposible) estimar cuántos matrimonios se realizan por interés o por amor, pero no todo lo real es medible. Lo más corriente es que se mezclen los dos motivos, el interés y el amor. Cada uno de ellos es, a su vez, un haz de estímulos, que además cambian con el tiempo. El interés puede no ser estrictamente económico, sino de acomodo social, pensando en la familia, por un sentimiento de obligación. Lo único que se puede asegurar es que, respecto a la situación tradicional, hoy es más frecuente que los matrimonios se realicen por amor, por la espontaneidad del afecto. Es una consecuencia de la mayor seguridad económica que proporciona hoy el trabajo y el patrimonio personal, especialmente a las mujeres. El matrimonio no es ya la única «salida» aceptable que se le ofrece a una mujer para triunfar en la vida. Así pues, puede elegir mejor. Ya se sabe que el que tiene prisa por vender, malvende. Una vez más, el paso de la sociedad tradicional a la moderna o diferenciada es la posibilidad de elección. Parece que, al desarrollar esa posibilidad, hay más lugar para los afectos, pero también hay más riesgos. Quien elige, se puede desdecir. Pero sobre todo, una elección en un momento puede no ser acertada conforme evolucionan las circunstancias.

Hace un siglo el matrimonio era una opción general y rígida. El hecho de casarse era «para toda la vida», se entiende, del cónyuge en cuestión. Eran muy raras las anulaciones del matrimonio eclesiástico. Hoy las cosas son diferentes. En primer lugar, el matrimonio «con papeles» puede ser religioso (y civil a la vez) o solo civil. Pero antes de ese rito de paso, es cada vez más frecuente la convivencia «sin papeles», lo que también se llama «vivir en pareja». Además, el matrimonio civil puede disolverse con facilidad. La nulidad eclesiástica tampoco es tan rara como antes. El resultado es que la experiencia matrimonial admite diferentes formas, por lo que una misma biografía puede contener varias modalidades matrimoniales.

Aunque la fórmula del matrimonio civil, o mejor, no religioso, se admite cada vez más, todavía la proporción de bodas religiosas es mayor que la de católicos practicantes a la edad correspondiente. Lo cual significa que el matrimonio «en la iglesia» sigue teniendo un alto prestigio. Es una ceremonia mucho más solemne que la realizada en un ayuntamiento o un juzgado. De todas formas, debe recordarse que la realidad sociológica del matrimonio es que no se casan propiamente dos personas sino dos familias. Esa ampliación de los sujetos interesados es lo que explica definitivamente el atractivo de la ceremonia religiosa. Los padres de los contrayentes tienen mucho que decir en la boda, aunque permanezcan silentes según la fórmula ritual. Pero suelen ser los padrinos y pagan los gastos. Son símbolos suficientes.

El hecho de «las dos familias que se casan» ayuda a interpretar otra tendencia difícil de entender: la tasa tan baja de divorcios. Desde luego, no se debe a una supuesta capacidad extraordinaria de los españoles para la convivencia matrimonial. Sería muy ingenuo un razonamiento en esa dirección. Más bien es otra la virtud de los españoles, la de plegarse a las presiones del medio, al «qué dirán». Aun así, es creciente el número de personas que deciden emparejarse de hecho. Afecta sobre todo a los jóvenes. Aunque pueda parecer sorprendente, la actitud de los respectivos padres suele ser muy permisiva respecto a esa opción. La cual, por tanto, por eso mismo, ya no es tan radical como parece. Es un dato que desvirtúa mucho el de los divorcios.

La opción de «vivir en pareja sin papeles» no es tampoco una rebelión personal contra la legalidad. El «papel» del matrimonio no interesa tanto al Estado como los «papeles» fiscales o de la Seguridad Social. Simbólicamente, desde hace un tiempo, ya no figura el estado civil en el carné de identidad. Sin embargo, se ha incorporado una letra con la cual se compone el NIF o número de identificación fiscal. Ese registro fiscal, y no el civil, es el que verdaderamente interesa al Estado, convertido en fisco.

Lo distintivo de la vida española, la de antes y la de ahora, por lo que respecta al afecto, es el gran peso que tienen los amigos como parte del círculo íntimo. No se vea solo el lógico aspecto positivo. El *amiguismo* puede llegar a ser también una tacha moral, por cuanto se antepone a veces a la equidad. De ahí resultan instituciones tan nefastas como el caciquismo o la corrupción política. El lado positivo es que la relación de amistad es una excelente escuela de afectos, de fidelidad personal, que muchas veces falla por la cuota familiar. Presupone, además, un cierto igualitarismo, que es otro rasgo característico de la vida española. Tradicionalmente el lazo amistoso exigía el mismo sexo, pero era más condescendiente con la diferencia de edad. En cambio, la sociedad actual ha abierto un poco la barrera del sexo, pero exige la misma edad para dos personas que vayan a ser amigas. En ambos casos, la amistad destaca frente al general sentimiento de desconfianza que se expresa hacia los demás, incluso los que parecen más cercanos (vecinos, compañeros de estudio o de trabajo, conocidos). Hay algo ambiguo en la amistad. Cuanto más íntima sea, más probable es la sospecha de que esconda un interés sexual, en el sentido de afecto táctil. Es lo que en los centros educativos se conocía antes con el eufemismo de «amistades particulares», naturalmente, siempre entre dos menores del mismo sexo. Es una manera extrema de considerar que la amistad constituye un capítulo inseparable del gran libro de la sexualidad.

Teóricamente al menos, la distinción es clara entre la sociedad tradicional y la compleja por lo que respecta a la sexualidad. Los antiguos se veían coartados por todo tipo de prohibiciones respecto a las relaciones entre los sexos con propósito placentero. Los modernos se encuentran liberados de esos constreñimientos, son más espontáneos. Sin embargo, una vez más, la distinción no es tajante. Según qué épocas, nuestros antepasados gozaban con bastante frescura de su cuerpo, aunque fuera disimulando esa expresión espontánea. En la actualidad, aunque parezca que rige una sexualidad desinhibida, se aplican multitud de represiones. Desde luego, lo que no parece es que se pueda trazar una trayectoria rectilínea a lo largo del tiempo por lo que respecta a la dosis de liberalidad en este aspecto. Es evidente que el primer período franquista significó la apoteosis de la contención sexual, por lo menos oficialmente de puertas para afuera. Sin embargo, a principios del siglo XX hubo una etapa de franca expresión de la sexualidad, que más tarde se reprimiría. Parece que cada época tiene su particular modo de contener la pasión sexual; nunca es espontánea del todo. Ese espíritu de prohibición quizá sea un estímulo más para el atractivo sexual. El vestido realza más que el desnudo la apetencia por tocar el otro cuerpo con propósito de goce. Un campamento nudista suele ser aproximadamente lo contrario de una orgía.

Si las relaciones sexuales se dieran al azar, tendríamos una completa promiscuidad. Es un mito la creencia de que la Humanidad primitiva, prehistórica, se organizaba en régimen de promiscuidad sexual. No hay ninguna prueba de esa situación. Es decir, las sociedades humanas han dispuesto siempre alguna forma de regulación de las relaciones sexuales, de tal manera que no se produzcan al azar. Otra cosa es que las regulaciones se cumplan plenamente. Al menos se puede asegurar que en nuestro tiempo estamos muy lejos de la promiscuidad, por mucho que se manifiesten muchas conductas desinhibidas sobre el particular. Casi siempre, esa extrema liberalidad de las costumbres sexuales se observa en los argumentos de películas y novelas. La realidad cotidiana, vivida, no es tan libérrima como parece por las obras de ficción o los anuncios.

La sexualidad como objeto de conversación se somete a estrictas reglas. La sociedad española tradicional, hasta ayer mismo, prescribía que la conversación sobre materia sexual se diera sólo entre varones adultos, en todo caso con mujeres de vida alegre. Desde luego, los padres no hablaban del asunto con los hijos, ni los maestros con los escolares. No deja de ser paradójico que los niños y adolescentes, acaso los más acuciados por informarse sobre la sexualidad, recibieran tan pocos datos de los adultos cercanos. Hoy día es mucho más abierta la disposición de los padres o los profesores para hablar de estas cuestiones con los menores de edad. Pero sigue siendo un uso admitido que las conversaciones sobre sexualidad son más corrientes dentro del grupo formado por las personas de la misma edad e incluso del mismo sexo. Lo verdaderamente nuevo es que las mujeres participan de esa costumbre. Se confirma un principio general, que la vida cotidiana del último siglo ha cambiado más para las mujeres que para los varones. El siglo XX, como antesala del XXI, ha sido principalmente el siglo de las mujeres.

Por muchos progresos que se hayan hecho en la dirección de la espontaneidad, las relaciones sexuales siguen estando pautadas. La prueba es que nadie puede predecir la decadencia de la prostitución. Hoy alcanza a muchas menos mujeres que en la España de hace un siglo, pero incluye más varones, y, de todas formas, no se puede decir que sea una institución a extinguir. El hecho de que el negocio de la prostitución se nutra cada vez más de inmigrantes indica un nuevo refuerzo de la desigualdad radical que supone esa actividad económica. La desigualdad llega hasta la explotación. No se compadece ese hecho con el presunto sentido liberador que se da en la España actual a las relaciones sexuales. Según el estudio de Constancio Bernaldo de Quirós, a fines del siglo pasado, se calculaba que en Madrid ejercían su oficio entre 17 000 y 34 000 prostitutas. El cálculo más amplio comprendía las viudas, criadas y otras mujeres de apariencia «respetable» que se prostituían ocasionalmente. Aunque pueda parecer extraño, el cálculo actual tendría que ser no menos aproximado. La prostitución se tolera, pero no se registra, ni siquiera fiscalmente.

Por muy espontáneo y libre que sea el ejercicio de la sexualidad, lo usual es que se reserve para el círculo más íntimo. Usualmente se refiere a una pareja estable, por lo menos que desea esa estabilidad. Por lo general, la sexualidad se ejerce entre dos personas, las más de las veces de distinto sexo. Con una definición aún más estricta, se exige el intento de satisfacer la necesidad táctil extrema de las dos personas. Todavía es más elevado el concepto de la relación sexual como lo que alcanza una intensísima comunicación amorosa entre las dos personas. Con esos criterios más exigentes, la prostitución no entraría propiamente en el capítulo de la sexualidad. Sin embargo, los usos sociales no son tan exigentes. Realmente, se acepta como sexualidad la incompleta relación placentera con uno mismo. Asimismo, se entiende como sexualidad la relación placentera entre dos personas sin ánimo mercantil, pero también sin una particular comunicación amorosa. Esa situación se plantea muchas veces en las películas y novelas actuales como un modelo de sexualidad.

En la sociedad tradicional, las relaciones sexuales solo se entendían correctamente dentro del matrimonio, si bien la norma se aplicaba estrictamente a las mujeres. Para los varones funcionaba la válvula de la prostitución. El celibato se entendía como una sublimación por motivos religiosos o, en ocasiones, por un oscuro temor a las relaciones sexuales. En algunas mujeres se daba una soltería resignada por no encontrar novio o por dedicarse a cuidar a la familia de los padres o hermanos. Era la solterona. Estaba también la figura del solterón, pero se asociaba más a la del vividor. La sociedad actual presenta un paisaje muy distinto. Las relaciones sexuales se establecen también fuera del matrimonio, para varones y mujeres. Se produce un nuevo tipo de soltería voluntaria, ajena al espíritu religioso, compatible a veces con alguna experiencia matrimonial anterior. La que fuera ministra de Cultura, Carmen Alborch, ha escrito con entusiasmo sobre esa nueva forma de soledad voluntaria de las mujeres, que constituye realmente un nuevo estado civil. Naturalmente, afecta también a los varones, pero ya no se habla propiamente de solteronas o solterones. Se trata de personas que viven solas por diversas circunstancias, entre las que cabe la decisión de no emparejarse.

Un personaje de la novela de Wenceslao Fernández Flórez *Por qué te engaña tu marido* (1931) expresa la paradoja de la relación matrimonial: quiere ser, no ya duradera, sino vitalicia. Sin embargo, se sustenta sobre cualidades efímeras, como son la juventud, la belleza, ciertas medidas y proporciones del cuerpo. En cambio, «el talento, la bondad, la ternura», entre otras cualidades duraderas, no se resaltan tanto. No solo eso; se trata de cualidades que mejoran con los años. La paradoja se descubría literariamente en la sociedad tradicional, pero se realiza en los tiempos actuales. Es lógico que ahora se considere, en la práctica, que el contrato amoroso tenga un plazo, bien que renovable automáticamente. El final de ese plazo produce tanto el divorcio como el emparejamiento sin contrato.

La gran revolución en el despliegue de los usos amorosos durante el último siglo ha sido lo que se llamó inicialmente «*flirt*» y luego «ligue». Hace menos de un siglo era sólo una innovación, que afectaba a una finísima capa de la población: artistas, intelectuales, gente de mundo. Hoy es un suceso general. Consiste en el acuerdo tácito de que la relación amorosa que se entabla va a tener un fin próximo y pacífico. Excluye tanto el noviazgo para casarse como la relación de prostitución. Se suele asociar con algún que otro episodio agradable, sea un viaje, un congreso, unas vacaciones. Presupone una situación de igualdad entre los dos participantes de la experiencia. Como el amor es ciego, puede resultar que el flirteo acabe en boda, pero eso no era lo establecido.

Podemos acordar, con Camilo José Cela, que el erotismo es la exaltación del instinto sexual. Pues bien, hace un siglo la sociedad manifestaba una extraordinaria carga erótica, aunque oficialmente regía la norma de la pudibundez, la continencia. Esa sociedad tradicional imponía a las mujeres «decentes» una continua reclusión. La ausencia del mujerío en las actividades de expansión provocaba en los varones un alto voltaje erótico. Es el momento, además, en el que empieza a retrasarse la edad de matrimoniar. Los varones suplen, mal que bien, la ausencia femenina con el recurso de la prostitución, pero se trata de una satisfacción vicaria. La frustración sexual se resolvía a veces con la sublimación religiosa, especialmente para las mujeres. Es evidente el contraste con la sociedad actual en la que los estímulos eróticos están por todas partes, en las vallas publicitarias, en la televisión. No ha desaparecido la prostitución, pero las relaciones sexuales no mercenarias se prodigan con relativa facilidad. Empiezan a tolerarse las relaciones homosexuales.

La vida española del último siglo ha mostrado un desusado interés por el erotismo e incluso, siempre que ha podido, por lo pornográfico. Hace un siglo se acuñó una estupenda palabra para situarse en medio de esos dos conceptos: la «sicalipsis». Una posible explicación por ese desmesurado interés es que quizá haya habido siempre un déficit de amor. Si acaso ese sentimiento se generaliza muy tardíamente, en los últimos tiempos. Aun así, sigue vigente el uso tradicional de que el sentimiento amoroso corresponde más bien a las mujeres. El dato de que la tasa de divorcio haya sido muy baja desde 1981 (cuando se promulga la ley correspondiente) es un indicio paradójico del déficit de amor. Los matrimonios más estables suelen ser los que se realizan por interés. En todo caso, tradicionalmente el matrimonio es un fin para las mujeres y un medio para los varones.

Las distintas sociedades manifiestan de modos muy variados la expresión de los afectos, por ejemplo, a través del beso. En España, el beso de cortesía en la mejilla se da entre amigos de distinto sexo o bien entre dos mujeres. Es una forma de saludo cuando el encuentro sobrepasa la rutina diaria o es consecuencia de una presentación. Lo más corriente es el simulacro de un par de besos, uno en cada mejilla. A los niños se los puede besar con naturalidad, siempre que se muevan dentro del círculo íntimo. Hace un siglo, la norma era más contenida que actualmente. Obsérvese la sutileza de un manual de cortesía de principios del siglo XX: «Un hombre de madura edad puede besar en la frente a una niña hasta que ésta haga su primera comunión. Es una caricia personal, pero después [de ese momento] lo mejor que puede hacerse es abstenerse.» La facilidad para que se besen entre sí los adultos de distinto sexo no ha seguido una trayectoria ascendente. En la actualidad se percibe un movimiento de reserva por parte de las mujeres que se consideran profesionales. A no ser que exista una amistad estrecha, ese tipo de mujer suele adelantarse a dar la mano al varón. Es un gesto igualmente simpático, pero desplaza la expresión del beso. Por lo general, la decisión de besarse o no besarse la manifiesta la mujer. Se da el caso de un saludo con un apretón de manos entre el varón y la mujer, que pasan a besarse cuando se despiden después de la presentación. Si los que se saludan son dos varones, es raro el beso, fuera del caso de parientes o de una relación homosexual. En su lugar, se permite un abrazo que puede llegar a ser con mucho aspaviento, con repetidas palmadas sobre la espalda del otro. Los besos y abrazos amistosos se acompañan de gestos distendidos, expresiones de afecto y ciertas bromas. Tales expansiones son mucho más comedidas cuando la relación de amistad no es tan estrecha y el saludo se expresa solo con un apretón de manos. Así como el beso no suele pasar de un simulacro (las mejillas apenas se rozan con los labios), el apretón de manos puede ser literal. Hay personas que, al dar la mano, parecen estar realizando un ejercicio gimnástico.

La influencia de las normas foráneas, a través del cine sobre todo, hace que se vaya perdiendo cierta efusividad en el saludo amistoso. Si el encuentro se produce entre jóvenes o adolescentes, se puede recurrir al saludo deportivo de chocar las palmas. Son raras las ocasiones en las que al caballero se le da la oportunidad de besar la mano de una señora, que también es un simulacro de beso, un gesto de intención. La mayor parte de las señoras consideran esa forma de saludo como algo arcaico, por mucho que satisfaga en ocasiones muy solemnes y cuando la señora es de alta posición. En las costumbres españolas resulta de dudoso gusto que dos personas que no formen pareja se besen en la boca como a veces se ve en las películas norteamericanas. Sin embargo, en España sabe a poco un solo beso en la mejilla como también se ve en el cine de otros países.

A pesar del decidido movimiento hacia la igualdad de los dos sexos en el camino de la sexualidad, subsiste lo que se llama, con disgusto, «doble moral». Es un rasgo de la sociedad tradicional por el que las obligaciones son más estrictas cuando se aplican a las mujeres. Todavía hoy las cosas son así, bien que de forma menos ostentosa. Hay una razón que explica esa «doble moral», aunque no logre justificarla. Es el hecho de que las mujeres son las que cargan con el embarazo, el parto e incluso la crianza de los hijos.

La sociedad tradicional no sólo acentuaba el papel subordinado de la mujer. Insistía, además, en una sutil distinción entre la posición algo más libre o autónoma de la mujer casada y la realmente subalterna de la soltera. Era un ardid para fomentar los matrimonios, aunque fueran por interés. El contraste con la sociedad actual es evidente. Hoy no existe una diferencia de posición, de usos, entre las mujeres casadas y las solteras de la misma edad.

Siempre ha habido una módica proporción de personas que odian al otro sexo. Unas veces es por timidez, otras por una oculta querencia homosexual, casi siempre por un resto de alguna mala experiencia. El hecho tiende a ser una constante, y por tanto no merece mayores precisiones. Sin embargo, hay un matiz interesante, que nos ayuda a distinguir la sociedad tradicional de la moderna. En la sociedad tradicional muchos varones se muestran complacientes con la actitud de misoginia, de aversión a las mujeres. Era típica de los libertinos, para quienes las mujeres aparecían como un objeto de placer y poco más. En la sociedad actual quedan pocos rastros de la misoginia radical, fuera de algunos casos extravagantes. Sin embargo, la ley del péndulo opera inexorable y hace que se destaque una nueva actitud que todavía no tiene nombre. Sería la «androfobia», el odio a los varones, o por lo menos el resentimiento por parte de algunas mujeres. No son muchas, pero sí muy caracterizadas por su brillo social.

El cambio fundamental de la sexualidad en España durante la última generación ha sido la tendencia a considerarla, de modo creciente, como un asunto estrictamente particular. Se han ido aflojando los controles que imponían ciertas restricciones desde las instancias religiosas y civiles. Por ejemplo, hasta bien entrada la segunda mitad del siglo XX era corriente que los hoteles exigieran a las parejas el libro de familia para darles una habitación. Se trataba de evitar que las parejas no casadas durmieran bajo el mismo techo. Curiosamente, la ordenanza descartaba el caso de una pareja homosexual. La norma era incoherente con la entrada masiva de turistas extranjeros, a quienes era imposible aplicar una norma tan restrictiva. La prescripción fue quedando en desuso hasta su virtual abandono.

Una creencia popular es que los españoles son particularmente ardientes en materia erótica. Véase este texto de hace una generación, escrito, por otra parte, desde una perspectiva progresista: «En España el impulso sexual está muy desarrollado y el clima erótico que lo mantiene es muy elevado. En la zona costera, principalmente, dicho clima llega a ser una locura» (Joaquín Latorre). Es difícil demostrar que el clima físico influya hasta ese punto en el erótico. Lo más razonable es suponer que el impulso sexual sea una constante de la especie humana, por lo menos cuando consideramos grandes conjuntos y amplios lapsos.

En un librito de urbanidad de principios del siglo XX, Carmen de Burgos recoge la costumbre de impedir que los novios se pudieran ver a solas. La norma empezaba a alterarse con la práctica más liberal de las clases obreras. Incluso a una escritora tan progresista como Carmen de Burgos le parece bien esa costumbre urbana de que los novios no pudieran estar a solas hasta pocos días antes de casarse. La mentalidad actual no puede entender que quienes necesitaban conocerse bien y demostrar afecto tuvieran que verse en presencia de otra persona. Cuesta trabajo imaginar cómo podía desarrollarse un noviazgo en esas condiciones. La única explicación posible es que la norma de segregación de los novios simplemente no se cumplía. Es casi un axioma que la vida social en España se ha podido sobrellevar gracias al general incumplimiento de las normas.

Los usos sociales determinan que las mujeres se preocupen más de su cuerpo que los varones. Esto era así en la sociedad tradicional y sigue siendo en la de nuestros días. La consecuencia de esa asimetría es que el envejecimiento es un proceso más doliente para las mujeres. Un texto de 1900, antes citado, señala que la palabra «vieja», referido a una mujer, señala un punto de decadencia más dramático que cuando se dice «viejo». Una bruja es siempre una mujer vieja, mientras que los brujos, menos corrientes, son de cualquier edad. La bruja es hoy un ente de ficción. Se ha conseguido que también los varones cuiden y regalen su cuerpo. Sin embargo, sigue siendo cierto que las mujeres envejecen peor que los varones a la vista de la opinión de los demás. Es uno de los rasgos de la desigualdad entre los sexos que se resiste a desaparecer. La única ventaja que proporciona a las mujeres es que, por el temor a envejecer, se cuidan más y, después de todo, viven más años que los varones. Esa es una notable diferencia de la época actual respecto a lo que ocurría hace cien años. Entonces ni siquiera se daba la mayor longevidad de las mujeres. Pero una cosa es vivir más años y otra vivirlos satisfactoriamente.

La educación tradicional de la mujer de clase acomodada se dirigía a contener las emociones todo lo posible. El manual de urbanidad, escrito por Carmen de Burgos a principios del siglo XX, recoge la norma de comportamiento en el teatro. «Es de mal gusto para una mujer… demostrar mucho entusiasmo o desdén exagerado por la función que representan.» Conviene advertir que por entonces el público interrumpía constantemente las funciones teatrales con ruidosas manifestaciones de apoyo o desprecio, según la obra y la facción correspondientes. Al final, se impuso la norma de etiqueta del texto citado. Hoy día el público asiste silente a las representaciones de cine, teatro y otras artes escénicas, fuera de los conciertos de música juvenil. Quizá los españoles de hoy sepan expresar menos los afectos que los de ayer. Puede que eso sea «haber entrado en Europa». Aun así, todavía se mantiene el carácter peculiar de los españoles como particularmente afectivos.

Una sociedad afectiva no lo es tanto que elimine la crueldad. No puede hacerlo porque interviene la envidia. La cual prescribe una cierta venganza contra la persona que goza, que tiene éxito, que sale adelante. Un manual de urbanidad de 1986 contiene la terrible máxima de que «una mujer que se casa por segunda vez, ya sea viuda o divorciada, no debe esperar recibir muchos regalos de boda». Es la traducción de una norma tradicional todavía más cruenta, la de molestar todo lo posible a las personas viudas que se casaban de nuevo. Pío Baroja decía que el indicio expresivo de la sociedad española era el hecho de los niños tirando piedras a los perros que se apareaban. La comparación es tan brutal como ilustrativa.

CAPÍTULO IV

El sentido del tiempo

Aparentemente, nada hay más objetivo que el tiempo, con sus mismas unidades, siempre vigentes. Todavía dividimos las horas en 60 minutos y el minuto en 60 segundos, como los persas de hace miles de años. Sin embargo, el tiempo vivido es diferente para cada individuo, según su edad. Hay varios modos de acercarse a la dimensión cronológica. Está la fecha del calendario, que unifica esa misma experiencia para los contemporáneos. Luego, para cada uno, cuenta el tiempo biográfico, los años acumulados que se anotan hasta el momento de ese cómputo. El ritmo de los años, las estaciones, los meses, los días y las horas marcan unas obligaciones según la época de que se trate. Tenemos, por fin, que las personas sienten el tiempo como un bien escaso, del que andan más o menos faltos. Cada una de esas formas de considerar la dimensión temporal refleja sustanciales diferencias entre la sociedad tradicional y la moderna. Lo que tienen de común es la presencia ubicua del reloj, reproducido hoy muchas más veces. Asombra que históricamente el primer artilugio mecánico en aparecer fuera el reloj, mucho antes que otros muchos mecanismos. Lo necesitaron los monasterios medievales para tasar el tiempo con precisión de horas y minutos.

Es curiosa la identidad que tiene en castellano la palabra «tiempo» para referirse tanto al cronológico (la medida de la sucesión de lo que se mueve) como al atmosférico. Aunque no exista en otras lenguas, tiene su razón de ser. Para el discurrir de un campesino tradicional, los meteoros no están quietos, se suceden sin descanso. Al lado de ese movimiento incesante, el resto de la naturaleza parece estático. Por lo mismo, giran incansables los astros, de tal modo que la Tierra parece inmóvil. Como es lógico, los españoles actuales ya saben que la Tierra también se mueve, pero en la lengua castellana ha quedado cristalizado el doble sentido del tiempo: el de los relojes y el del estado de la atmósfera. Es una buena intuición.

La existencia misma de un horario estricto, pautado, que sirve para todo el mundo, es algo consustancial con la vida urbana. En una ciudad, el reloj está en todas partes donde puede haber público. Solo excepcionalmente los grandes almacenes carecen de relojes visibles (por razones de estrategia comercial), pero lo normal es que todos los clientes lleven consigo algún reloj. El cual no falta en los coches, en los aparatos de radio, de música o de vídeo. Ya casi nadie pregunta por la hora que es, pues todos tienen algún reloj a la vista. El horario estricto se marca continuamente a través de los programas de radio o televisión.

Si un habitante del siglo XVIII hubiera podido servirse de la «máquina del tiempo» para aterrizar en el siglo actual, se llevaría muchas sorpresas. Descartamos la evidente de los avances más espectaculares de la técnica. Se fijaría en dos artefactos que existían en la época pretérita, pero reducidos entonces a los palacios reales: los espejos y los relojes. Ahora son elementos realmente ubicuos; están en todas partes y su precio resulta baratísimo. Los espejos siempre presentes permiten que nos encontremos a todas horas con la imagen corporal. Es una forma de indicar que está siempre presente el examen de nuestro cuerpo como objeto que ha de ser vestido, peinado e incluso maquillado. En síntesis, el espejo nos indica que ocupamos el espacio apropiado. El reloj nos señala, además, que, junto a esas elementales tareas cosméticas, tenemos la continua obligación de estar haciendo algo en tiempos prefijados. Así pues, la combinación de espejo y reloj hace la vida cotidiana extremadamente ordenada.

La vida económica descubre que el dinero, con el tiempo, es más dinero. Esto lo saben muy bien quienes se obligan a pagar un préstamo, que son prácticamente todos en la sociedad actual. La idea de «plazo», como obligación que hay que satisfacer en una fecha futura, va más allá de los términos económicos. La vida cotidiana está sujeta a continuos y heterogéneos plazos. Difieren en la fuerza de obligar y por tanto en las consecuencias de su transgresión. La agenda que lleva uno consigo está llena de apuntes indicativos de lo que hay que hacer en cada fecha futura. He aquí otra fuente de estrés en el mundo actual: la acumulación de obligaciones que no se cumplen. A veces no se pueden cumplir porque coinciden en el tiempo dos obligaciones que resultan incompatibles. Pasada la fecha estipulada, muchas de esas tareas incumplidas generan otras más onerosas. Es el caso de las multas y recargos por no satisfacer a tiempo los pagos fiscales.

El hecho de que la sociedad moderna exija un horario fijo para todo no quiere decir que funcione como una institución total, un internado. En ese caso sus miembros se mueven a toque de corneta o de campana. En la vida urbana cada uno tiene su horario, pero las actividades están reglamentadas. Hay cada vez más «turnos de noche» porque muchas instituciones imponen el ritmo de estar disponibles las 24 horas, sean gasolineras u hospitales. Pero en principio la noche es para dormir.

La hora de levantarse marca la división entre la población activa y todos los demás. Los activos madrugan más, tanto si pertenecen a las ocupaciones directivas como a las subordinadas. Los estudiantes universitarios y los jubilados pueden permitirse el lujo de levantarse más tarde, sea porque trasnochan o porque son más aficionados a los programas nocturnos de la radio o la televisión. Los jóvenes se convierten en noctívagos las vísperas de los días festivos, lo que los lleva a levantarse tarde a la mañana siguiente.

El historiador Rafael Núñez Florencio sostiene que, en el Madrid de finales del siglo XIX, «las horas del almuerzo y cena [son] para los de afuera tan absurdas [por tardías] que resultan inverosímiles». El juicio parece exagerado. Primero, en esa época, el horario de las comidas en Madrid se acercaba al corriente en toda España. Se almorzaba de doce a una y se cenaba hacia las ocho. No estaba lejos de la pauta tradicional de los campesinos. Segundo, cerca de la mitad de los residentes de Madrid eran de fuera de la provincia, por lo que no podían extrañarse del horario madrileño. Por entonces solo algunos reducidos grupos de cómicos, artistas y escritores mantenían un horario retrasado. La razón es que trasnochaban. La costumbre madrileña de almorzar a partir de las dos de la tarde y de cenar después de las nueve o las diez se introduce lentamente a lo largo del siglo XX. Hoy, ese horario es más tardío que nunca y ha prendido en toda España. A lo largo del siglo XX, las autoridades han hecho repetidos esfuerzos para conseguir que los españoles adelantaran el horario de las comidas para acompasarlo al ritmo «europeo». Todo ha sido en vano. Durante los últimos decenios, los informativos de la radio y la televisión se adelantan hasta las ocho o las nueve de la noche para conseguir ese efecto de normalización, pero la cena se suele servir más tarde. El caso más chusco de un esfuerzo arbitrista por cambiar los hábitos de los españoles respecto a las comidas es la propuesta que hizo el general Primo de Rivera en 1929. Lo relata José Luis Vila-San-Juan. En lugar de la comida de las dos de la tarde y de la cena de las nueve o las diez, habría que hacer «una sola comida formal, familiar, a mantel, entre cinco y media y siete de la tarde». Curiosamente, se trataba de una propuesta moderna, para acomodarse al ritmo de los países adelantados. No hay que decir el fracaso que logró.

A pesar de todas las transformaciones de la sociedad española en la dirección de la complejidad, subsiste el rasgo tradicional de admirar el horario del ocioso. Antes podía ser el del aristócrata, el rentista o el bohemio, pero también el del (mal) estudiante universitario. Antes y ahora, el profesional por cuenta propia pretende dominar su horario. La clave está en trasnochar como demostración de que no se tiene mucho que hacer a la mañana siguiente. Resuena la vieja noción del trabajo como castigo, nada menos que por el pecado original. El problema se presenta, en la sociedad actual, porque existen las obligaciones mañaneras, y a veces las de toda una larga jornada de estudio o de trabajo. En cuyo caso el conflicto se resuelve durmiendo poco. La reducción del número de horas de sueño es una de las grandes pérdidas del proceso mal llamado de modernización, el que deja de ser tradicional. Hoy, el ocio se aprecia en otro sentido. El trabajo intenso se muestra como signo de éxito. Nada da más prestigio a un gran profesional, ejecutivo empresarial o alto cargo político que desbordar el horario del personal de su secretaría. Incluso se considera admirable el gesto de «llevarse trabajo a casa». En ese caso, lo de trasnochar de modo sistemático ya no es posible. El prestigio viene dado por «desaparecer» algunos días sueltos, largos fines de semana o «puentes», para trasladarse a lugares exóticos. Esa minoría privilegiada ha descubierto que el sol, la nieve o los lugares de compras cuanto más lejos del lugar de residencia, mejor. Lo que une la situación tradicional con la de hoy es que la posición social acomodada se demuestra con el dominio del horario.

Una de las consecuencias del proceso urbanizador es que se pierde el ritmo de las estaciones. Nos queda el rescoldo de que el año realmente natural es el que comienza con el otoño, aunque los calendarios y las agendas sigan con la inercia de empezar en enero. Durante siglos, el verano fue la época de intenso trabajo campesino y el invierno era un tiempo de reclusión. Por ejemplo, las campañas militares tendían a desplegarse durante el otoño, cuando la cosecha estaba recogida. Para la población actual, el verano es más bien el tiempo de vacar, aunque el negocio turístico signifique trabajar intensamente durante los ocios de los demás. Hace menos de un siglo, la fecha de las bodas coincidía también con el final de las cosechas veraniegas. En años más recientes, la población urbana ha cambiado de ritmo. La celebración de los matrimonios se ajusta a los períodos de vacaciones. El ritmo semanal cuenta ahora más que el estacional. La vida cotidiana difiere mucho según sea un día laborable (o lectivo para los alumnos y profesores) o un fin de semana. Esa noción de «fin de semana» no se introduce, para los españoles, hasta la segunda mitad del siglo XX. Es un lapso que se va ampliando cada vez más. Para algunos grupos, el viernes es ya «fin de semana», que incluso se alarga hasta la mañana del lunes. Lo dicen las corrientes de tráfico.

No interesa mucho el cálculo de la cantidad objetiva de tiempo del que se dispone. No es sólo que haya muchos «tiempos muertos», de espera o tránsito. Lo que realmente confunde el cálculo dicho es que el conjunto de obligaciones es muy distinto según las personas. Hay, además, muchas dedicaciones laborales que permiten hacer otras cosas mientras se trabaja, por ejemplo, escuchar la radio. El uso del teléfono para asuntos particulares, y más con el teléfono móvil, es compatible con muchas otras tareas. El invento del teléfono móvil ha sido una bendición para un pueblo extravertido y atareado como el español.

Objetivamente, hay ahora más tiempo que antes, por cuanto se vive más, con mejor salud, y se pueden hacer más cosas. Sin embargo, en esto como en todo, los españoles no suelen comparar su situación con la de una época anterior. La comparación se establece con el firmamento de los deseos, por lo que la frustración resulta inevitable. En este caso, la conclusión azorante es que el grueso de los españoles actuales tienen la sensación de que les falta tiempo. No es un rasgo de la vejez, como pudiera suponerse. Los viejos realmente tienen menos tiempo por delante, pero se plantean menos cosas que hacer. En cuyo caso tienen ocasión hasta de aburrirse. En cambio, los jóvenes se proponen tantas dedicaciones que sienten el tiempo tasado. Es también una sensación muy alta en el caso de las mujeres que trabajan fuera de casa, que son cada vez más. Lo que podríamos llamar «angustia cronológica» es una de las epidemias no registradas de la sociedad actual. Se asocia con otra dolencia más convencional: el insomnio; o por mejor decir, la falta de sueño, despertarse a golpe de radio.

Es un lugar común el enunciado de que el mundo se ha reducido de tamaño porque cada vez lleva menos tiempo recorrer la misma distancia. Lo que ocurre es que, paralelamente, las gentes de hoy necesitan recorrer más distancias y más veces. Luego, en la práctica, el mundo como experiencia no se reduce tanto. A pesar del considerable aumento de la velocidad de los trayectos, lo que caracteriza a la actual sociedad es que sus habitantes emplean mucho más tiempo en viajar que antes. Al viajero no le interesa mucho compararse con su antepasado dispuesto a realizar el mismo trayecto. El viajero actual se angustia porque, cuando el traslado es por necesidad, calcula las cosas que podría haber hecho en lugar de viajar. Por esa razón, los tiempos de espera en los aeropuertos son tan miserables. Ya dice el refrán que «quien espera, desespera». Para paliar esa angustia, los sistemas de transporte público han decidido informar al viajero del retraso que traen los aviones o los trenes. Por lo mismo, los usuarios de los trenes de cercanías o los autobuses urbanos encuentran la información de los minutos que faltan para la llegada del próximo vehículo. El transporte público eficiente requiere acercarse a la máxima puntualidad.

La sensación de falta de tiempo a veces se cultiva, es decir, hay aquí lugar para el correspondiente enfermo imaginario. Simplemente se presume de falta de tiempo para poder legitimar después el «merecido» descanso o para solicitar la atención de los demás. Es un rasgo típico de la conducta de las personas que dirigen o de las que brillan profesionalmente. Sus momentos de ocio, dicen, son para «cargar pilas». En realidad, su tiempo de trabajo se orienta muchas veces a preparar los ratos de ocio.

Dado que, en la jerarquía social, los de arriba valoran más el tiempo que los de abajo, los momentos de espera determinan muy bien la estrategia de cada uno. El de arriba puede hacer esperar al de abajo de acuerdo con la distancia social que los separa. A veces, la espera es casi imperceptible, como es el caso del filtro del teléfono a través de la secretaria, que pueden ser varias. Suele ser un conflicto divertido cuando los dos interlocutores pretenden hacer valer el mismo recurso de los filtros telefónicos.

El supuesto del teléfono es la concreción de un principio más general por el que las personas que dirigen o que brillan socialmente «compran tiempo». Es una operación que significa utilizar el trabajo de otros para que les quede más tiempo para sí, se supone que más productivo. Hay algunas relaciones sociales que tendrían que tener una contrapartida dineraria, pero son gratuitas. Ante la inestabilidad que supone esa incongruencia, la parte más agradecida regala tiempo a la otra. Es el caso de los «invitados» a ciertos programas de televisión. Teóricamente se les paga con el recurso a la publicidad de su figura. Fuera del mundo del espectáculo, esa contrapartida parece escasa. Así que, para compensar ese déficit, el «productor» del programa regala tiempo al invitado de manera simbólica, haciendo que le traiga y le lleve un chófer. Es un uso que restituye el desequilibrio inicial por el que los «invitados» son los únicos que no cobran de la hueste que nutre el programa. Si el «invitado» no tiene que llegar hasta el plató por sus propios medios, al menos concibe la ilusión de que el símbolo del chófer le reconoce su tiempo escaso.

Hay una expresión de cortesía que pronuncian mucho los extranjeros y que resulta rara para los españoles: «Gracias por su tiempo.» Se supone que el tiempo es gratis para los desprendidos españoles. Por eso se alargan tanto las reuniones de todo tipo. El acto mismo de despedirse después de un encuentro amistoso se reitera y se avisa varias veces; hacerlo de golpe parecería descortesía. La despedida final puede dilatarse todavía un poco más en una especie de competición por ver quién da el último abrazo o los reiterados besos. En esas condiciones no tiene mucho sentido dar las gracias por el tiempo de los demás. Al contrario, la sustancia de las reuniones amistosas es «pasar el rato», «matar el tiempo», es decir, derrocharlo para dar la impresión de que sobra. Por eso mismo, la puntualidad no es una exigencia mayor.

Otra peculiaridad del lenguaje se manifiesta a través de la expresión «en mis tiempos», como la época pasada, la lejana juventud. Es una extraña manera de dar a entender que el tiempo verdadero de uno, el auténtico o el que cuenta realmente, es el pasado biográfico. No es sólo una actitud conservadora, que enaltece lo que fue, la tradición. Revela algo menos evidente. Esconde la noción de que el sujeto se identifica verdaderamente con las personas de su misma edad, esto es, las que nacieron por las mismas fechas. Es una excelente intuición considerarlas de «su tiempo». Por esa razón, la época verdadera para una biografía es el momento de la juventud, que es la etapa que uno cree vivir más intensamente. Las «generaciones» literarias se etiquetan con acierto respecto a la fecha simbólica (por algún acontecimiento) en la que sus miembros empezaban a escribir. Pasados unos lustros, cabe la percepción de que irrumpen «otros tiempos», los de las siguientes promociones.

La investigación sociológica demuestra que en la sociedad actual el motivo que mejor unifica la manera de ver el mundo es la edad. Ese es el «tiempo» al que verdaderamente uno pertenece. A primera vista, parece un signo de identificación un tanto antiguo, puesto que la edad no se puede cambiar. Es así un rasgo adscriptivo, heredado, sin posibilidad de elección. Todo eso lo asociamos con la sociedad tradicional. El razonamiento es correcto, pero la realidad es obstinada. La identificación a través de la edad es propia de la época actual. En el pasado contaban mucho más otras características biográficas, fuera la religión, la alcurnia, la propiedad. Al final no hay tanta diferencia, pues tanto unos elementos como otros se derivan del hecho de nacer en un determinado hogar. Para decir verdad, hoy interviene también mucho el mérito, las obras, que se decía antes. Pero, si se mira bien, el currículum de uno se halla muy condicionado por la fecha y el lugar de nacimiento; de nuevo, factores inalterables.

En relación a otros países desarrollados, a los españoles no los preocupa mucho ser puntuales en las citas y reuniones. La queja de la impuntualidad surge cuando alguien, que llega tarde, quita tiempo a los demás, pero todos se consideran de la misma categoría. Puede verse también de otra forma. La persona que llega tarde a una reunión o quehacer con sus iguales está tratando de hacer ver que ella es realmente de mayor categoría. Si no lo consigue del todo, debe excusarse por la impuntualidad. Para ello nada mejor que el recurso a un factor azaroso, por ejemplo, el tráfico.

Los españoles de hoy y de ayer participan de un rasgo común que ha llamado siempre la atención de los extranjeros: la impresión de vivir hacia afuera, de desvivirse, de llevar una vida disipada. En el hogar se para poco, incluso se duerme poco, en contra del estereotipo de la siesta, que es una costumbre bastante rara. Si acaso, la siesta funciona como compensación de la escasa ración de sueño nocturno. La vida real está en la calle, en los locales dispuestos para el público. El desarrollo de los medios de comunicación no ha conseguido que las campañas electorales reduzcan la profusión de mítines. La general secularización de la vida no ha supuesto la pérdida de atractivo popular de las procesiones de Semana Santa. Algunas romerías, como la del Rocío, son verdaderos espectáculos de masas.

Ha pasado la fecha mágica de 2000 sin pena ni gloria, por lo menos sin las catástrofes o mutaciones que se anticipaban para el fin del segundo milenio. Hace mil años, tampoco fue un tiempo de excesivos terrores y oscuridades como han hecho creer algunas leyendas. Para empezar, hace mil años, en el orbe cristiano regían diversos calendarios, ninguno de los cuales ha logrado certificar que habían transcurrido exactamente mil años desde el nacimiento de Cristo. Frente a la leyenda de la oscuridad de hace mil años, sabemos que correspondió a un tiempo relativamente pacífico, como ha señalado el historiador Robert Lacey. En la cabeza de la cristiandad regía la Iglesia Silvestre II, un monje francés que se puso al día, en España, de la ciencia de los musulmanes, entonces la más adelantada. Durante su breve pontificado, Silvestre II alentó el conocimiento científico, una actitud muy alejada de la supuesta inhibición que se ha adscrito a esa época.

A pesar de que, ahora, los conflictos y las desventuras se magnifican por los medios de comunicación, lo cierto es que el final del segundo milenio ha sido también pacífico. Miserias sigue habiendo en el mundo, porque los hombres no son ángeles, pero las oportunidades vitales nunca han sido tantas. Cierto es que hoy dispone la Humanidad de un arsenal suficiente para destruirse, pero apenas se emplea. Desde luego, la población española nunca ha conocido un período tan pacífico, cómodo y creador como el de la última generación. Otra cosa es que los españoles no lo reconozcan del todo, entre otras cosas por la resistencia a compararse con el pasado. En su lugar, los españoles se comparan con un hipotético futuro, en el que todo es felicidad. La verdad es que la permanente insatisfacción que produce esa expectativa es una fuente de continua emulación, ni más ni menos que el secreto de una sociedad desarrollada. Pero no está mal que nos paremos a recapitular lo que nos aleja de una sociedad tradicional cuando se introduce la noción del tiempo.

Se discute si los españoles son solidarios o no, se entiende más o menos de lo que sería deseable o de lo que se puede esperar. Hay muchas formas de calibrar el fenómeno. Algunas se han registrado en páginas anteriores. Se trata de averiguar respecto a quién se establece el lazo de solidaridad. Una vez más interviene aquí la noción de «círculo íntimo». Dentro del cual la solidaridad que despliegan los españoles es intensísima. Asombra, por ejemplo, la capacidad de sacrificio que desarrollan los padres respecto a los hijos. Se podría decir que es una forma de solidaridad a través del tiempo. Es una de las válvulas secretas del intenso desarrollo de la sociedad. Quien se acostumbra a ese esfuerzo generacional por los hijos está preparado para otras muchas empresas. Otra cosa es el coste personal de renuncia que significa ese sacrificio. No se hace por nada trascendente, sino por la elemental razón de que esa dedicación se reconoce, se agradece, dentro del estrecho radio del círculo íntimo. Para que luego se hable de la decadencia de la familia. Quizá el coste más elevado del sacrificio de los padres sea la sobreprotección de los hijos, no digamos del hijo, cuando sólo hay uno. Un efecto poco alentador es el hecho novedosísimo de que muchos jóvenes alargan hasta el extremo la hora de emanciparse del hogar paterno. Habrá que esperar el lapso completo de una generación para ver el resultado. Puede que esos hijos mimados sean muy creadores, o puede que sean unos hedonistas derrochadores.

El sacrificio generacional se entiende mejor como una aplicación de una idea del tiempo biográfico que va más allá de la vida del sujeto. Resuena la idea primitiva de la estirpe como unidad histórica. Es decir, estamos ante una supervivencia de un elemento tradicional. Se puede rastrear a través de un símbolo externo como es la obra arquitectónica. Muchas viviendas actuales se construyen con el objetivo de ser habitadas por la generación que las erige, todo lo más la de los hijos. La casa tradicional, siempre que hubiera medios suficientes, se levantaba para que sirviera de morada a sucesivas generaciones. Si no hubiera sido por esa querencia en el pasado, no podríamos disfrutar ahora de los monumentos arquitectónicos valiosos. La empresa familiar tiene también el sentido de una creación que va a beneficiar a los descendientes. Aunque se trata de un resto tradicional, la sociedad moderna no podría funcionar si no fuera por el esfuerzo que hace una generación por la siguiente.

El tiempo biográfico no sería nada preocupante si no condujera inexorablemente a la muerte de cada uno y a la decadencia de los grupos, las instituciones, las sociedades. Se recuerda el dicho tradicional asimilado al reloj: «Todas las horas hieren; la última, mata.» El hecho de que cada uno ignore cuál va a ser su última hora da a la vida una continua inquietud. Es un ejemplo de lo que se llama «función social de la ignorancia». Si tuviéramos la certeza de la hora final, como es el caso del suicida o del condenado a muerte, la vida sería insoportable. Se supone que el hombre retrasa todo lo que puede esa hora fatal. Sin embargo, todas las sociedades han dispuesto mil maneras de adelantar la muerte: la guerra, las actividades arriesgadas, el duelo, la pena de muerte.

En nuestros días, la obsesión por evitar la presencia de la muerte nos lleva a resultados tan paradójicos como la defensa de la eutanasia. La mención de que el personaje «murió plácidamente mientras dormía» traduce, con generoso circunloquio, la práctica de la eutanasia, que así ni siquiera se reconoce explícitamente. En ese caso, la acción de «desenchufar» se justifica porque el finado estaba siendo «víctima de una cruel enfermedad». Como si no fueran crueles o penosas todas las enfermedades últimas.

Una de las instituciones privativas de la sociedad tradicional es el duelo entre caballeros, los mal llamados «lances de honor». Llega hasta los primeros decenios del siglo XX. En contra de lo que se supone, no afectó más que a una reducidísima parte de la población, prácticamente algunos aristócratas, militares y periodistas, los más excéntricos. Otra cosa es que los lances fueran muy sonados por la notoriedad de los personajes que así resolvían las «cuestiones de honor». Lo más llamativo, también contrario a la impresión general, es que los duelos no ocasionaron muchos muertos. Se trataba más bien de un simulacro, un «teatro», más incluso que las antiguas justas o torneos. En ambos casos, la institución se planteaba como un modo de sublimar los conflictos con el menor número posible de víctimas. Visto así, el duelo decimonónico ahorró muchas vidas. No es casualidad que su decadencia, a principios del siglo XX, fuera seguida de una agria confrontación callejera, muchísimo más violenta, entre huelgas, represiones, pistolerismo y atentados. En el último tercio del siglo XX, el terrorismo ha ocasionado más muertos que la historia secular del duelo. Naturalmente, no se trata de que haya de seguirse una de las dos alternativas, ni siquiera que lo sean explícitamente. Baste decir que el duelo fue una forma de violencia ilegal bastante incruenta. Más sangre costó la violencia legal de la pena de muerte, vigente en España hasta la transición democrática del último cuarto del siglo XX. Hasta 1890, las ejecuciones eran públicas, con general contento del populacho. Ese es otro de los espectáculos que son incompatibles con una sociedad que se prepara para ser moderna. Es curioso que, conforme decrece la tasa de mortalidad violenta, la sociedad se encuentra menos preparada para aceptar el hecho cotidiano de la muerte.

Para la mentalidad actual resultaría estomagante el duelo o la pena de muerte, no digamos las ejecuciones públicas. Sin embargo, los noticiarios de la televisión, servidos en casi todos los hogares a las horas de las comidas, están llenos de escenas truculentas sobre accidentes, atentados y acciones bélicas. Añádase la sangre de los desastres naturales o incluso de las operaciones quirúrgicas. Se diría que la ración de crueldad que acompaña a la naturaleza humana se canaliza ahora a través de la televisión, que incluye cada vez más películas sangrientas. Por una extraña perversión se entiende que ese cine de despojos humanos es especialmente apto para el público infantil. No estamos tan lejos, como se supone, del espectáculo de las ejecuciones públicas del siglo XIX. El misterio del tiempo es que nuestros antepasados no están tan lejanos como dice el calendario.

CAPÍTULO V

El cuidado del cuerpo

Es corriente la apreciación de que la sociedad tradicional era insensible a la higiene, a las precauciones para evitar las enfermedades infecciosas. Por ejemplo, los historiadores certifican que hasta el siglo XIX (en España muy a finales, realmente entrado ya el siglo XX) las letrinas eran manifiestamente insalubres. La consecuencia era que los humanos convivían amigablemente con todo tipo de parásitos domésticos: ratas, moscas, pulgas, piojos, chinches. El historiador Robert Lacey sostiene que los ingleses y otros europeos, en torno al año 1000, carecían del sentido de la limpieza, de la asepsia. Los médicos higienistas de finales del siglo XIX tratan de despertar en la población el sentido de la limpieza del cuerpo y del hogar.

Se trata más bien del conocido postulado de la «función social de la ignorancia». Simplemente, cuando algo se ignora, es difícil preservarse de los males que pudiera traer esa causa desconocida. Hasta el siglo XIX no se tuvo conciencia plena de lo que significaban las enfermedades infecciosas ni sus vehículos transmisores. No sólo eso. Aunque se sospechara que los parásitos traían la peste o las fiebres, había pocos medios para preservarse de esos males. No podemos acusar alegremente a nuestros antepasados de desaprensivos o de ignorantes. Cierto es que en la sociedad actual, la de los países urbanizados, no podemos vivir sin agua corriente, sin jabones y detergentes, sin insecticidas. Por ese lado, la higiene ha progresado. Pero tampoco somos tan consecuentes con el conocimiento que tenemos. Las «autoridades sanitarias» (no basta con una) nos advierten continuamente de los peligros del tabaco, del exceso de alcohol y de otras asechanzas contra la salud. Las advertencias se repiten una y otra vez, lo que indica que no merecen mucha consideración popular. Ahora no nos salva el postulado de la «función social de la ignorancia». Lo cual indica que quizá no sea la explicación pertinente de la falta de higiene de los siglos oscuros. Esos lejanos antepasados sabían que los excrementos de los animales servían de abono, mientras que los de los humanos era mejor apartarlos o diluirlos para que no contaminaran. Esa sutil distinción quizá no la han considerado los pueblos orientales. Se sospecha que algunas epidemias se gestaron en el Sudeste asiático precisamente donde se utilizaban los excrementos humanos como abono. Todavía hoy no está resuelto el problema de cómo devolver a la naturaleza la gigantesca pirámide de los excrementos humanos. Por lo menos hemos avanzado al alejarlos de las viviendas por las alcantarillas. Al abaratarse y generalizarse los productos de limpieza, hemos logrado los humanos, por primera vez en la Historia, vivir sin parásitos domésticos. Acaso sea el rasgo más distintivo de la vida cotidiana actual. Al ser un dato negativo, no es fácil que nos demos cuenta de su importancia.

El historiador Norman J. G. Pounds se maravilla de que antes de finales del siglo XIX los habitantes de las ciudades parecían resignados con la pestilencia. El hecho era que las letrinas todavía no habían pasado a la categoría de «inodoros». Pero no cabían muchas más opciones que la de resignarse. O mejor, esos antepasados cercanos ni siquiera eran conscientes de los vapores mefíticos, pues no tenían con qué compararse. Cierto es que algunas casas de los patricios romanos poseían agua corriente, pero ese dato se fue olvidando siglos después. En todo caso, afectaba a una minoría y además remota. Objetivamente, los olores de las ciudades europeas anteriores al siglo XIX (el XX en España) debían de ser insoportables. Lo serían realmente si pudiéramos volver a esa época con la «máquina del tiempo». Pero los contemporáneos de esa época eran más tolerantes para la fetidez de los corrales, los pozos negros y muladares. Lo más curioso es el ritmo de cambio de unas y otras sociedades. Los españoles urbanos de hace un siglo vivían rodeados de mugre en mayor medida que los ingleses o los franceses. Pero los españoles de hoy son particularmente aficionados al jabón y demás productos de limpieza. Es uno de los cambios más sorprendentes en la vida cotidiana de los españoles.

El historiador Rafael Núñez Florencio da una interpretación ideológica a la resistencia a lavarse con frecuencia que tenían los españoles a finales del siglo XIX. «No se trataba exactamente de un problema de falta de agua, porque en muchos sitios sobraba. Era una cuestión ideológica, en la que se mezclaban prejuicios ancestrales y escrúpulos morales.» No comparto esa apreciación. Si hubiera sido una resistencia moral o ideológica (lavarse es pecado o afeminamiento), habría continuado aun después de dotar a las ciudades de agua corriente. No fue así. La costumbre de lavarse avanza conforme se introducen los grifos en las casas. A finales del siglo XIX eran muy pocos los hogares con agua corriente, por lo que el coste de traer el agua de las fuentes era muy alto. Esa razón material es la primera para entender el argumento de que «lavarse mucho no es bueno». Realmente se trata de una racionalización, o en términos más corrientes, de un consuelo. Otra cosa es la cuestión de por qué llega tan tarde a España el servicio de agua corriente. La explicación es también de coste. El clima seco y lo abrupto del terreno hacen difíciles las obras de abastecimiento de agua. Las cuales son recibidas con alborozo por parte de la población, lo mismo que la «traída de la luz» (la red eléctrica). Hay que esperar al siglo XX para conseguir que esas instalaciones se generalicen. Es un retraso considerable respecto a los países transpirenaicos.

La expresión «revolución industrial» la asociamos a la máquina de vapor o los telares mecánicos, pero hay otras innovaciones que ayudan a transformar la vida cotidiana. Recordemos que la innovación es el conocimiento rentable. Una de las más decisivas ha sido el jabón. La fórmula actual (sosa cáustica y grasa) es de 1791, así pues, contemporánea de otros muchos avances de la «revolución industrial». Antes de esa fecha, se manejaba un producto más basto, una mezcla de ceniza, grasa y potasa, tan caro como poco eficaz. A finales del siglo XIX, el jabón empieza a ser un artículo relativamente accesible en los ambientes urbanos. Todavía bien entrado el siglo XX, el jabón es para los hogares españoles un producto de lujo, no digamos el «jabón de olor». El más corriente se fabricaba artesanalmente en las casas. Un recuerdo infantil es el del final de la época llamada del «racionamiento» (hacia 1950). Me veo yendo a comprar sosa de «estraperlo» en la trastienda de una droguería. Se mezclaba con sebo y se calentaba durante horas. Había que remover continuamente la pasta en la misma dirección. De otra forma, la mezcla se «cortaba» y la reacción química no se producía. Lo peor era el olor nauseabundo que despedía la operación. Era la última escena de la «revolución industrial». El uso de aquel jabón provocaba el reflejo del mal olor de la cocción. Se comprende que la llegada del «jabón de olor» en los hogares modestos de aquella España de la escasez fuera todo un acontecimiento.

La preocupación por la higiene es una moda científica o cientificista de finales del siglo XIX, pero contiene numerosos elementos irracionales, supersticiosos. Por ejemplo, está la manía de mantener siempre las ventanas y puertas cerradas para que no se establecieran corrientes de aire, que se consideraban peligrosas para la salud. Se acompañaba del gusto por la penumbra, una extraña fotofobia (repelencia de la luz) que hacía los hogares tenebrosos. Esas manías todavía subsisten en algunos ambientes populares. Se traduce hoy en el horror que ciertas personas sienten por el aire acondicionado, el cual realmente puede ser causa de algunas enfermedades.

Algunos manuales de higiene de principios del siglo XX insisten en la moderación con que hay que bañarse. Desde luego, el baño diario quedaba descartado, por maléfico, quizá por caro. En su lugar, los higienistas de entonces recomendaban «lavarse por partes» con agua fría. Si esos eran los consejos científicos, qué no serían las prácticas del austero pueblo español. Pocas cosas han cambiado tanto durante el último siglo como la higiene corporal.

Durante los primeros decenios del siglo XX, la repelencia por el agua no era solo la de bañarse en casa. Los baños en playas y piscinas seguían siendo un asunto estrafalario, preocupación más bien de vegetarianos y esperantistas, entre otras extravagancias. Para empezar, debía de ser muy baja la proporción de españoles que supieran nadar. Rafael Abella nos recuerda que hasta 1931 no hubo más que una piscina en Madrid. A la cual se le añaden otras cuatro durante los años republicanos. En las urbanizaciones actuales es muy común la piscina para varias viviendas o incluso para una sola. Hoy todos los chicos saben nadar y saben montar en bicicleta, digamos que casi nacen sabiendo. Hace un siglo eran habilidades que se adquirían después de una lenta instrucción.

El cine nos ha acostumbrado a recrear escenas y ambientes cotidianos de otros tiempos. Hay un detalle que suele faltar, por lo difícil que es su recreación. Hasta hace medio siglo, el espacio cotidiano de los españoles, sobre todo los de los pueblos, estaba lleno de insectos. El enjambre de moscas rondaba a los niños y se posaba sobre los platos y los vasos. Lo que hoy llamamos «tapa» fue, en su origen, una rebanada de pan, de queso o de embutido, que se colocaba sobre el vaso de vino. La función de tal dispositivo era evitar que las moscas cayeran dentro del vaso. Por la misma razón, en algunas familias elegantes se colocaba un pañito de encaje sobre el vaso o el plato antes de servir la comida. Empezaban a ser sensibles a los minúsculos excrementos de las moscas. Las cuales están hoy virtualmente ausentes del paisaje doméstico. Aunque el cine de época no lo considere, es un cambio muy notable del ambiente en que se desarrolla la vida cotidiana.

La idea de que la vivienda disponga de un «cuarto de baño», que concentre el lavado del cuerpo y la evacuación, es uno de los mejores síntomas de lo que pomposamente llamamos modernidad. El primer cuarto de baño lo tuvo el castillo de Windsor para la familia real inglesa a finales del siglo XV. La innovación se mantuvo mucho tiempo como una extravagancia. Solo se generaliza en las casas burguesas europeas en el siglo XIX. En España el cuarto de baño llega a mediados del siglo XIX para el Palacio Real. Su difusión, hasta hacerse general, tardará más de un siglo. Todavía no hace muchos años la construcción del cuarto de baño en las casas modestas suponía una especie de fiesta. Era la pieza de la casa, limpia como los chorros del oro, que se enseñaba a las visitas.

La estructura social no se dibuja al azar sobre el plano de las ciudades. Hay algunas constancias derivadas del medio físico y de las incidencias históricas. Por ejemplo, en la sociedad tradicional, los «barrios altos» lo eran literalmente en el sentido de que concentraban a la población acomodada y se situaban en las cotas más altas. Lo hacían así por razones de defensa y de evitar las aguas fecales, que se dirigían a los «barrios bajos», también en los dos sentidos. Añádase el peligro de las inundaciones que asolaban las zonas bajas de las ciudades de la España seca con carácter intermitente hasta hoy mismo. El historiador Norman J. G. Pounds añade el detalle común a los países europeos occidentales, donde el viento dominante es el del noroeste. Esa suele ser la zona más salubre y distinguida del plano de muchas ciudades populosas. Desde luego, es el caso de Madrid, donde además coincide con la elevación máxima. La línea que une el Palacio Real, la Moncloa, la Zarzuela, el Pardo y El Escorial es justamente la del límite noroeste de la aglomeración urbana madrileña. Esa línea palaciega, asociada a la residencia de los Reyes y los jefes de Estado y de gobierno, se prolonga por el norte hasta los conjuntos de Riofrío y La Granja. Traza la única parte tradicionalmente boscosa del área de Madrid. Si esa interpretación fuera correcta, y si se pudiera extender a otras ciudades, la conclusión sería que nuestros antepasados no eran tan insensibles a la contaminación como creemos. De hecho, eran mucho más sensibles que nosotros a la influencia de la orientación de los edificios según los puntos cardinales o los vientos dominantes. Los vientos tenían nombres y se calificaban como benignos (ábrego) o malignos (cierzo, bochorno, terral). Las calles se diseñaban en el plano urbano de forma zigzagueante para «cortar» los vientos fríos o cálidos.

La sensibilidad para la contaminación del ambiente es algo muy típico de nuestro tiempo, entre otras razones, porque podemos hacer algo por reducirla. En épocas anteriores la contaminación era de otro orden (no había motores de explosión ni gases industriales), pero en definitiva era mayor. En las ciudades españolas de principios del siglo XX, la contaminación del agua, de los alimentos y del ambiente era muy superior a la actual. Prácticamente no había automóviles, pero sí muchas calderas y cocinas que quemaban carbón y envenenaban la atmósfera. Incluso, si miramos hacia los siglos anteriores, se puede concluir que la escasez de agua verdaderamente potable ha sido endémica en la España seca, la mayor parte del territorio. La sociedad tradicional, en todas partes, se resentía de la escasez de agua potable. Los hombres y los ganados tenían que compartir las mismas corrientes de agua. El gusto por las infusiones, el vino, la sidra o la cerveza (según los países y las regiones) se fundamenta en la necesidad de evitar el agua contaminada. Naturalmente, hasta el siglo XIX no se tenía una idea científica de los agentes contaminantes, pero el método de ojo de buen cubero ha funcionado admirablemente durante milenios. La ciencia no es la única forma de conocimiento.

Las normas de higiene han variado mucho con los tiempos, sencillamente porque antes no eran asequibles los medios que hoy nos pueden parecer convencionales. Por ejemplo, nuestros abuelos no disponían de la facilidad que hoy tenemos para hacernos con un tubo de pasta de dientes. En 1930, el médico higienista A. Riera recomienda lavarse todas las noches la dentadura «con polvos finísimos de carbón vegetal». Y añade para tranquilizar los posibles ascos de la clientela: «El polvo de carbón es antipútrido y, aun cuando se traguen partículas de él, no causan el menor daño en el estómago sino todo lo contrario.» Era un consuelo, pero mejor fue la adopción de la vulgar pasta de dientes con sabores frescos y afrutados.

El historiador Norman J. G. Pounds sostiene que la desaparición de la peste bubónica en la Europa moderna se debió en gran medida a la mejora de la construcción. Concretamente, alude a la sustitución de las casas de madera por las de piedra y ladrillo. Las ratas se refugiaban en las vigas viejas de madera. No parece muy convincente esa explicación si se desea aplicarla a toda Europa. Las epidemias de peste bubónica, de cólera y otras han asolado especialmente las zonas mediterráneas donde se empleaba la piedra, el ladrillo o el adobe como materiales de construcción. Las ratas y otros parásitos proliferan donde abundan los excrementos humanos, las basuras, la suciedad. Paradójicamente, los parásitos del hombre ayudan a «digerir» los desperdicios, la suciedad, y por eso se podría hablar de una especie de simbiosis. Pero esos mismos parásitos transmiten también infecciones. Lo que mejor distingue la vida cotidiana actual de la de nuestros antepasados, hasta hace menos de un siglo, es que hoy se han erradicado muchas enfermedades infecciosas. Por lo menos se han hecho menos graves, aunque hayan aparecido otras de tipo vírico. Sea cual sea la efectividad terapéutica, es indudable el progreso de la atención sanitaria. En la base de esa deseable complejidad está la mejora de la alimentación.

El riesgo de enfermedad e incluso de muerte era tal durante el embarazo que la sociedad tradicional prescribía todo tipo de prácticas religiosas para las mujeres encintas. La protección de san Ramón Nonato era obligada para los partos que se retrasaban o se presentaban difíciles. En los ambientes de clase media se reforzaba también el cuidado higiénico y alimentario de la embarazada. No parece que se siguiera la máxima de que «la mujer en estado debe comer por dos». Al contrario, los consejos se dirigían a limitar y mejorar la dieta, dentro del conocimiento tan escaso que se tenía sobre la nutrición. Había que respetar los «antojos» de las embarazadas y seguir no pocas prácticas supersticiosas. Las precisas prescripciones higiénicas o alimentarias sobre el embarazo y el · puerperio ocultaban una razón latente. Iban dirigidas a la clase acomodada, donde la mujer se encontraba más bien ociosa, pues las mujeres trabajadoras no podían permitirse muchos lujos dietéticos o de descanso. De esa forma, se resaltaba la diferencia de posición social, lo que, naturalmente, interesaba a las clases pudientes. Como compensación, es muy posible que la norma de la cuarentena después del parto, en el sentido de los 40 días de abstinencia sexual, la siguieran sólo las mujeres de los estratos acomodados. Puede que no fuera un castigo excesivo para el marido en el caso de los casamientos por interés, tan frecuentes cuando había un sólido patrimonio por medio.

Las leyes de la evolución siguen siendo misteriosas. No hay ninguna indicación de que desde la Edad Media hasta el presente haya variado sustancialmente el cuerpo humano, de modo particular el cráneo. Es fácil razonar que se trata de un tiempo breve para la evolución. Sin embargo, los arqueólogos nos dicen que, durante los últimos mil años, ha aumentado claramente el tamaño de los animales domésticos como revela Robert Lacey. Más misterioso resulta el hecho de que, durante el último siglo, haya aumentado sensiblemente la estatura de los europeos, desde luego de los españoles. Lo más curioso es que ese crecimiento se aprecia más en las regiones meridionales, donde la talla de los españoles era más baja. Si fuera solo por la mejora de la alimentación, el crecimiento de la estatura tendría que haber sido por igual en todas las regiones. La convergencia del tipo físico quizá se deba a que en toda España se ha producido una generalización de las costumbres, no sólo las referidas a la alimentación.

La mortalidad infantil (antes de cumplir el primer año) es hoy un hecho excepcional. En España no llega al 1 % de los nacidos en un año, como sucede en la mayor parte de los países europeos. Pero hasta finales del siglo XIX se trataba de un suceso general. No llamaba la atención porque siempre había sido así. Alcanzaba a veces al 40 % de la población nacida en un año. Dado que los óbitos se producían sobre todo por enfermedades infecciosas, no era infrecuente que falleciera también la madre y otros adultos de la familia. La asepsia del parto era nula para los estándares actuales. La misma comadrona contribuía a las infecciones. El descenso precipitado de la mortalidad infantil durante el siglo XX es uno de los sucesos históricos de mayor trascendencia. Durante mucho tiempo, la muerte de los niños lactantes («infantes» según el origen latino) era tan corriente que ni siquiera se hacía duelo por las criaturas. Se enterraban «de blanco» y el consuelo era «angelitos al Cielo». Esa era la racionalización oficial. Sin embargo, la ausencia de luto no tenía por qué equivaler a la falta de dolor. Otra cosa es que la población de la sociedad tradicional estuviese acostumbrada a soportar el dolor hasta límites que hoy nos parecerían heroicos.

La sociedad tradicional aceptaba, sin mucha discusión, lo que podríamos llamar «mito de Matusalén». Lo manifiesta muy bien el médico higienista A. Riera en 1930: «Siglos atrás, en las ciudades vivía la gente poco más o menos [los mismos años] que ahora; pero en los pueblos, aldeas y caseríos alcanzaban los hombres edad más avanzada.» No hay prueba de que esa relación haya sido la que se predica. Más bien todo hace suponer que la esperanza de vida del pasado, la urbana y la rural, era muy inferior a la que se daba en 1930. A su vez, las cifras para esa fecha son muy inferiores a las actuales. Otra cosa es que subsista la creencia en el «mito de Matusalén».

Los avances de la sanidad han sido más los de la cirugía que los del tratamiento de las enfermedades. Con todo, la espectacularidad de un transplante o de un *by-pass* está muy lejos de las ensoñaciones que se habían hecho sobre el particular. Menos mal, había que decir aliviados. No hay que llegar al extremo de los experimentos nazis. Estaban en el espíritu del tiempo. En 1930, el médico higienista A. Riera calcula que «dentro de cincuenta años» se injertarán glándulas sexuales de mono a los niños para «producir una raza de superhombres». Por lo menos se contentaban con la expectativa de que esas operaciones lograran que los hombres vivieran más de cien años. El galeno futurista reconoce que «la mayor dificultad con que se topa ahora consiste en la escasez de monos». Este es uno de los casos en que se agradece la lentitud del progreso científico e incluso el peligro de extinción de algunas especies animales.

Es difícil estimar los factores que han posibilitado el descenso de la mortalidad durante el último siglo. Desde luego, es un hecho excepcional en la Historia. Sin ese cambio, habría sido difícil el paso de la sociedad tradicional a la moderna. Es claro que ha jugado un papel decisivo el avance de la higiene, de la sanidad. Pero hay otro desarrollo no menos interesante: el de la alimentación. Todo confluye hacia el eficiente cuidado del cuerpo.

El hombre pertenece a las especies omnívoras. El conjunto de la Humanidad come de todo, el resto de la cadena animal y vegetal. Ahora bien, lo sorprendente es que, cuando consideramos cada sociedad y cada época, sus habitantes emiten normas muy cuidadosas sobre lo que resulta comestible. Muchos alimentos no deben tomarse en determinadas circunstancias o por algunas personas. Luego está, naturalmente, la gradación que establece el precio de los alimentos. En la práctica se establece una dieta muy distinta según sea la posición económica. En una sociedad tradicional, la mayor parte del presupuesto de los hogares se destinaba a alimentar a sus miembros. Hoy ese porcentaje se mantiene en España alrededor del 20 %. Todavía es alto para el nivel que corresponde a los países adelantados. La razón es que los españoles actuales aprecian mucho el buen comer.

Hace un siglo, el texto escolar más leído era el *Juanito*. Se había redactado para una sociedad con hambre nunca saciada, así que se trataba de hacer virtud de la necesidad. Uno de sus consejos decía así: «Al que, en vez de alimentarse con pan y legumbres, quiere solo comer manjares delicados se le llama goloso. A quien, por su desgracia, posee tan brutales costumbres, se le dice que tiene el vicio de la gula.» Hay que imaginar las mentes de aquellos niños, inducidas a considerar que comer algo más que pan y legumbres era una de esas «brutales costumbres» que había que desterrar. La frugalidad en el comer era parte de una ascética general. Insiste el *Juanito*: «Los dulces, los pasteles, la carne salada, las bebidas espirituosas [alcohólicas], la cama blanda, el vestido delicado, las habitaciones templadas en invierno y la frescura en verano son placeres más bien de lujo que verdaderas necesidades.» Durante un siglo ha sido constante el argumento de muchos predicadores laicos sobre el carácter superfluo o artificial de muchas necesidades. Ha sido inútil.

La diferencia entre la alimentación tradicional y la de nuestro tiempo es que antes simplemente se comía lo que en cada momento se hallaba disponible. La disponibilidad venía marcada por la posición social, por la estación del año y por la comarca de residencia. Hoy, en cambio, se elige lo que se come. Es tan novedoso el hecho, afecta a tantas personas, que quizá la sociedad no está preparada para esa conducta. De ahí los modernos desajustes en la alimentación, desde la anorexia hasta la bulimia. Sin llegar a esos extremos patológicos, la sensación más general es actualmente la de un cierto desarreglo entre la necesidad nutritiva y la ingesta alimentaria. La cual se agudiza por la ruptura del ritmo temporal en las horas de las comidas. La sociedad tradicional reglamentaba muy bien esas horas de comer. El modelo extremo de régimen tradicional es el que han seguido siempre las instituciones totales o internados: conventos, cárceles, cuarteles, colegios, campamentos. (También es curioso que todas empiecen por ce.) El interno lo es porque el tiempo de las comidas se halla exactamente prefijado. La sociedad abierta y diferenciada permite «picar» alimentos variados a todas horas, sin que se vea la necesidad de que tengan que ser cocinados. Incluso en los restaurantes de alto copete se impone la costumbre de que el primer plato consista en «picar» de varios que son comunes. Es una interesada sugerencia del camarero que siempre es bien recibida.

El uso social es que, cuanto más encumbrada sea una persona, tanto más inapetente debe mostrarse en público. Ese mayor rango social obliga a la persona en cuestión a hablar más que los demás, a ser ocurrente, y, por tanto, dispone de menos tiempo para comer. El supuesto se aproxima al suplicio en la institución llamada cena-coloquio, que no suele ser ninguna de las dos cosas. El invitado principal, al tiempo que come y bebe, debe contestar a las preguntas de los comensales. Su inapetencia es inversamente proporcional a su locuacidad. Como tantas otras, se trata de una costumbre importada de Estados Unidos, donde subsiste la norma puritana de aprovechar el tiempo al máximo. Recuerdo con cierta pena la experiencia del «seminario de la bolsa marrón» de las universidades norteamericanas. Tiene lugar a la hora de la frugal comida. La cual se lleva en una bolsita de papel a la sesión de seminario, donde se habla mientras se come. Ni que decir tiene que, en ese ascético refectorio, las bebidas alcohólicas están prohibidas. Es tan frugal ese yantar académico que no inhibe la capacidad de exponer y discutir. Por fortuna, las costumbres españolas no han llegado todavía a ese extremo. Pero ya sabemos que las modas circulan con rapidez de país a país.

En la sociedad española actual se generaliza cada vez más la costumbre de comer fuera de casa, sea por razones laborales o por gusto. Ese proceso se relaciona, a su vez, con el hecho de que muchas mujeres abandonen la tarea tradicional de cocinar regularmente en casa. En algún grupo más «avanzado» puede suceder que el hogar no cuente propiamente con cocina; bastará el frigorífico y el horno microondas. De momento se anota la tendencia a que cada vez haya más mujeres que trabajan o estudian fuera del domicilio. Todavía la función de cocinar es típica de las mujeres. Según datos de una encuesta nacional, referidos a 1994, ocho de cada diez mujeres cocinan de modo habitual, frente a tres de cada diez varones. Ante la pregunta de «si les gusta cocinar», contestan afirmativamente siete de cada diez mujeres y cinco de cada diez varones. Como puede verse, ante esta otra medida de la afición, se reduce mucho la diferencia entre los sexos. Se puede presumir que hay una pequeña proporción de mujeres que cocinan sin gustarles mucho. Más llamativo es el porcentaje de varones a quienes les gustaría cocinar, pero hay una mujer que los suple para los menesteres auxiliares de la compra, la cocina y la limpieza. En las sociedades gastronómicas vascas se produce la excepción: sólo cocinan los hombres, los que son socios. Pero se advierte que suele haber otra persona (normalmente una mujer) que friega los platos. Por cierto, las sociedades gastronómicas vascas (alcanzan también a parte de Navarra) son la máxima expresión de un rasgo peculiar español, el gusto por la comida en compañía. Según la encuesta citada, el dato de cocinar por placer distingue especialmente a las mujeres de cierta edad y a los varones jóvenes. Es posible que se esté produciendo también aquí la aproximación de funciones entre los sexos que alcanza a otros aspectos de la vida de relación.

Pocas cosas como la comida identifican tanto a los nacionales de un territorio. Hay verdaderamente un nacionalismo culinario. En contra de la creencia común, son pocos los españoles que viajan a otros países. Una de las razones para resistirse a la expedición es que en todas partes encuentran que la comida es peor que en España. Seguramente es la sensación inversa de la que tienen los ingleses; por eso son tan viajeros. De todas formas, hoy día se ha difuminado mucho el carácter territorial de la comida fuera de casa. En todas las grandes ciudades españolas hay restaurantes chinos, italianos o de «comida rápida». La forma de comer se determina más por la edad y la posición social que por la región donde se habita.

La creencia de que la dieta de los españoles es rica y variada se apoya en los hechos, pero tampoco puede llevarse muy atrás en la Historia. Es una falsa idealización del pasado el supuesto de que «antes» se comía mejor, incluso si consideramos las expectativas de cada época. Es difícil datar la fecha en la que se originan algunas de las recetas culinarias tenidas por más tradicionales o representativas de la gastronomía española. Al investigar su antigüedad, Carmen Ortiz García descubre que muchas de ellas son más recientes de lo que se creía. La tortilla de patatas, la chanfaina catalana o la fabada no son anteriores al siglo XIX, como tampoco lo son muchos platos típicos de la cocina vasca. Las chuletillas de cordero lechal o la queimada gallega son «tradiciones» que se crean después de la última guerra civil.

Las hambrunas han sido constantes en la Historia, en España hasta los años que siguen a la guerra civil. La disponibilidad de alimentos en la sociedad tradicional seguía el ritmo de las estaciones y de las cosechas. Las épocas de escasez se sobrellevaban mejor con los banquetes rituales de determinados días. Durante el invierno escaseaban los alimentos frescos, pero se podían matar las reses que no se iban a poder mantener por la escasez de pastos. Añádase, durante ese tiempo, el producto de la matanza del cerdo. Ese momento de planeada abundancia culminaba con la celebración navideña. El ritmo definitivo lo marcaba la bondad de las cosechas. Los ciclos de sequía son intermitentes en España. Sus consecuencias son ahora poco sensibles, pero eran definitivas en la sociedad tradicional, que tanto dependía de las nubes. Un año seco significaba menos cereal, pero también una reducción de las bellotas, las aceitunas y los pastos. Si la producción mermaba, había menos trabajo. En definitiva, la sequía significaba escasez y la consiguiente contención de los gastos. Por ejemplo, a la sequía seguía la decisión de diferir muchos matrimonios. El resultado era que la sociedad tradicional vivía más pendiente de los ritmos de la naturaleza, del calendario, de los meteoros. Muchos campesinos podían ser analfabetos, pero tenían un notable conocimiento astronómico, no exento de creencias mágicas.

La tradicional escasez alimentaria se compensaba con la institución de la comida abundante de tiempo en tiempo, de acuerdo con el calendario. Se añadían los sucesos ocasionales como bodas, onomásticas o funerales de la gente principal. De esa forma se compensaba la forzada frugalidad cotidiana con algunos excesos rituales. La comilona ritual de la sociedad tradicional ha continuado hasta hoy con ocasión de bodas, cumpleaños y celebraciones mil. El banquete es siempre un rito de un grupo. Precisamente, la comida excesiva contribuye a fortalecer los lazos de afecto o interés que unen a los miembros del grupo que se reúne. Los platos en abundancia, las bebidas variadas, la mesa bien dispuesta, todo significa ostentación y derroche. Ahí es donde se percibe bien que la comida es una forma de comunicación. Los comensales procuran no terminar del todo la comida y bebida que les sirven para contribuir al propósito del derroche. No se considera un demérito; más bien lo contrario. Es un rasgo paralelo al estilo retórico, barroco, que se emplea tanto al hablar (requilorios o rodeos) como al escribir (ringorrangos o fórmulas vacías). Todavía existe ese monumento al barroquismo de la comunicación escrita que es el «saluda». Es una carta manifiestamente irresponsable, pues no se firma y se redacta en tercera persona.

Los usos tradicionales recomendaban la frugalidad cuando uno había sido invitado a comer o cenar y la relación era lo que se decía de cumplido. En ese caso el invitado debía quedarse con gana antes de demostrar que le apetecían mucho los manjares. Por ejemplo, no debía repetir o no era procedente que elogiara demasiado los platos que tomaba. Se aconsejaba incluso probar algún bocado en casa antes de salir para el convite; de esa forma se llegaba con menos apetito. Como puede colegirse, era un criterio de hipocresía más que de frugalidad. Respondía a la combinación de una sociedad con escasos recursos, con hambre generalizada, pero al tiempo con ínfulas de clase media.

El esquema normativo de la alimentación tradicional se puede vislumbrar a través del refranero. Desde tiempo inmemorial, los refranes prescriben lo que se debe hacer o evitar para sobrevivir. Un principio básico es el de la frugalidad (comer lo menos posible), que realmente significa hacer de la necesidad, virtud. Cuando hay poco para comer, y encima se selecciona lo que se debe comer, hay que dictaminar la bondad de una conducta frugal. Es una norma que se aplica tanto a la comida como a la sexualidad. Hay algunos refranes donde se aprecia muy bien ese doble sentido. Por ejemplo, *más vale quedar con gana que caer en cama*. La «gana» es aquí la de comer, pero también se refiere al apetito sexual. No olvidemos que la «carne» tiene el doble sentido del alimento y de lo erótico. El «carnaval» es el «adiós a la carne» en los dos sentidos. La «cama» es también un artilugio para reposar, después de haber comido, y para holgarse en compañía íntima. Es curioso que en castellano haya prevalecido la voz «cama» (emparentada con el sánscrito, donde significa «amor») frente a «lecho». Otras lenguas europeas han optado por la segunda versión, que nos acerca al descanso y al lugar donde permanecen los enfermos. Pues bien, el refrán transcrito nos lleva a recordar la norma básica sobre la frugalidad.

La escasez permanente de la sociedad tradicional lleva a consejos aún más desengañados. Por ejemplo, *de grandes cenas y de magdalenas están las sepulturas llenas*. Una vez más, se une la proscripción de los dos placeres, el del gusto y el del tacto. Las «magdalenas» del refrán no son las pastas así llamadas. Es un eufemismo para las mujeres de fortuna que traen la perdición a quienes las frecuentan con propósitos lascivos. Se alude a María Magdalena, la mujer de vida airada que se convirtió en ferviente cristiana. La imaginación religiosa ha representado tradicionalmente a María de Magdala o Magdalena como una mujer muy atractiva. Las «magdalenas» de la repostería casera se llaman así porque *magdalía* era, en griego, una pasta de harina y huevo.

Hay una serie de refranes que previenen tanto del vino como de la lujuria en el verano. Por ejemplo, *en agosto, ni Venus ni mosto*. Para la mentalidad actual, el dicho carece de sentido, pues el mes de agosto es el de las vacaciones. Ese tiempo es el que se conceden muchos para la alegría que provoca el alcohol o el fornicio. Sin embargo, en la sociedad campesina tradicional el mes de agosto era el de los redoblados esfuerzos para concluir la siega, la trilla y la limpia del cereal, entre otras tareas. Así pues, antes de terminar de recoger la cosecha era menester concentrarse en el rudo trabajo. Pudiera ser también que los días más largos del verano y la mayor proximidad de los dos sexos durante las faenas del campo fueran elementos tentadores. De forma alambicada, se decía también que *en los meses que no tienen erre, ni pescado ni mujeres*. Se entendía que, de mayo a agosto, el calor estropeaba el pescado y quizá hacía especialmente atractivas a las mujeres. Era de razón evitar ambos males para la salud del cuerpo y del alma. La tentación provenía de que en agosto empezaban a menudear las romerías y fiestas patronales, donde se provocaban algunos excesos.

La escala de necesidades del español tradicional se establece con el siguiente baremo: *Antes pan que vino, y antes vino que tocino, y antes tocino que lino*. Estaba claro. El pan era lo primero. Después era imprescindible el vino para alegrar el cuerpo y matar el gusanillo, como se decía al hambre intermitente. Luego podía venir la vianda, que para muchos no pasaba de los torreznos. El tocino servía para aderezar cualquier guiso. Por último estaba la necesidad de ropa. El lino indicaba la mejor calidad.

El hambre de la sociedad tradicional tenía un ritmo temporal. Como queda dicho, se rompía con ocasión de fiestas, bodas y funerales, momentos de grandes atracones. Se procuraba que las fiestas, romerías y bodas coincidieran con los meses de mayor disponibilidad de alimentos, de agosto a diciembre. En enero comenzaban unos meses de verdadera penuria. Por eso dice el refrán que *berzas en enero, saben como carnero*. La ironía está en el lujo que suponía comer cordero. El ganado lanar se criaba fundamentalmente para lana. Desde luego, el lujo no llegaba a comer cordero lechal, sino carnero correoso. Lo más común eran las berzas con tocino y las legumbres. Había que procurar que la chacina durara todo el año. Los campesinos más modestos no lo conseguían. Por eso se decía que *por San Martín, mata el ruin*. La fiesta de San Martín (11 de noviembre) era muy temprana para la matanza del cerdo. En algunos lugares podían retrasarse los fríos, lo que ocasionaba la pérdida de los embutidos. Por eso los ricos se permitían esperar un mes más para disponer la matanza. Se enlazaba así con las fiestas navideñas.

El historiador Robert Lacey sostiene que la norma eclesiástica tradicional del ayuno y la abstinencia durante la Cuaresma obedece al principio de hacer de la necesidad, virtud. Simplemente en las sociedades tradicionales europeas, los meses de febrero y marzo coincidían con el vacío de las paneras y las despensas. Había que ayunar o abstenerse de comer carne por una razón práctica. Los alimentos eran escasos y había que rogar al buen Dios para que propiciara una buena cosecha. El argumento es ingenioso, pero no se tiene en pie. Las normas sobre ayuno y abstinencia han existido en diversas religiones y se aplican en distintos momentos del año, con independencia del resultado de las cosechas. Más convincente es la interpretación de que la sociedad tradicional necesita imponer prohibiciones para conseguir adhesiones y, en último término, integración social. Quienes siguen la misma norma (o quienes la contradicen; para el caso es lo mismo) se sienten parte del mismo pueblo. La mejor demostración de la bondad de ese argumento es que la sociedad actual, secularizada, también crea normas de ayuno y abstinencia, ahora que no hay crisis alimentarias estacionales. La amenaza para los que incumplen la norma no es el infierno, sino el quebranto de la salud. El exceso de carne, de grasa, de azúcar y de otros alimentos vitandos ocasiona el colesterol «malo», los kilos de más. La misma existencia de la norma, aunque la conculquemos, hace que nos sintamos todos pasajeros del mismo barco. Es una confirmación más de que la sociedad tradicional y la actual difieren menos de lo que se puede suponer a primera vista. La diferencia es más de forma que de sustancia.

Si los españoles hubieran seguido siempre los consejos de los nutriólogos, su salud habría tenido que soportar múltiples percances. Considérese, por ejemplo, la lista de alimentos de los que debe abstenerse una persona de más de 50 años según la prescripción de un médico higienista, A. Riera, en 1930. Destaco sólo algunos: miga de pan, conservas de todas clases, legumbres, crustáceos, ostras, moluscos, sardinas, atún, espárragos, coliflor, rábanos, alcachofas, quesos curados. Es evidente el desastre que supondría para la dieta un consejo de esa especie. Claro que el juicio lo hacemos con los conocimientos actuales. A saber lo que nos dirán los nutriólogos futuros de nuestras costumbres. Todavía no hace muchos años era una doctrina científica aceptada que el pescado azul (sardina, atún) no era aconsejable para una correcta alimentación. Quizá gracias a esa ignorancia han sobrevivido tales especies. Se asombra nuestro higienista de que «aun cuando está archiprobado que [el vino] no produce el menor efecto beneficioso, la gente continúa bebiéndolo». Por algo será. Ahora sabemos también que una dosis moderada de buen vino es estupenda para la salud de los adultos. Será una casualidad, pero los países consumidores de vino mantienen unas tasas muy altas de longevidad. No es menos cierto que esos países más saludables (España, por ejemplo) también consumen mucho pescado. Por cierto, el pescado es otro alimento vitando para nuestro médico higienista, que más parece la reencarnación del doctor Tirteafuera, el personaje del *Quijote*. Recomienda abstenerse, en verano, de «todo pescado que haya viajado, limitándose a los que han sido pescados en la localidad donde uno se encuentra». Pobres madrileños, que habrían de contentarse con los cangrejos del Manzanares. Claro es que, en épocas pasadas, tenía cierta lógica el hecho de reservar el pescado para los meses fríos. Remacha nuestro hombre: «Desgraciadamente los hosteleros de todos los países tienen la nefasta costumbre de querer servir a cada comida un pescado del océano, aunque su establecimiento se encuentre a millares de kilómetros del mar.» La verdad es que poquísimos hoteles y restaurantes se encuentran a miles de kilómetros de la costa. Al menos en los españoles, sean costeros o del interior, en todos se sirve pescado. Los españoles son grandes consumidores de pescado fresco.

Es curiosa la constancia histórica por la que los europeos han necesitado siempre consumir productos estimulantes de naturaleza exótica. Ahí estaría el café, el té, el chocolate, el tabaco, las especias (pimienta, mostaza, etc.) y ahora las drogas estupefacientes. Podríamos añadir la coca-cola y similares. Todos son productos con un origen vegetal y se introducen en el cuerpo, pero realmente alimentan poco o nada, a no ser por el azúcar que algunos de ellos incorporan. Su función es excitante. Lo malo es que crean adicción, es decir, tienden a hacer rígida la demanda, lo que ocasiona la subida de los precios. Aparte está el daño para la salud. En el caso del chocolate, lo grave es que el cacao se toma con una considerable ración de azúcar. Esa incorporación la lleva también la coca-cola. El azúcar sí que es un nutriente, pero su exceso resulta perjudicial. Es otro producto bastante exótico para el clima europeo. Sólo se ha producido en los archipiélagos atlánticos de Portugal y España, aparte de la excepción de la actual Costa del Sol. Solo hay un producto estimulante que podríamos llamar autóctono de Europa porque es realmente universal: el alcohol. Quizá la contribución europea sea el alcohol destilado. El aspecto nutritivo del alcohol es muy pequeño al lado de su función estimulante.

La apetencia europea por los productos estimulantes refuerza el activismo, la desazón, el espíritu creador y la desmesura del carácter del Viejo Continente. Hoy no lo notamos porque, a través de Estados Unidos principalmente, ese carácter ha pasado a ser patrimonio de la Humanidad.

Realmente se puede escribir la Historia europea con el argumento de la búsqueda y dominio de algunos de esos productos excitantes. Desde luego, es imprescindible tenerlos en cuenta para describir con acierto los usos de la vida cotidiana actual. Las películas nos han introducido muchos hábitos intrascendentes, de los que no nos percatamos. Son casi como actos reflejos. Por ejemplo, está la costumbre de hacer algo con las manos (fumar, sostener alguna taza o vaso) mientras se conversa amigablemente. En las entrevistas ante las cámaras de televisión suelen colocar al invitado alguna bebida inocente (agua, café) que más bien forma parte del *attrezzo*, como el maquillaje. En las tertulias radiofónicas hay participantes que no pueden hablar si no es con alguna bebida o un cigarrillo al alcance de la mano.

Aunque parezca un contrasentido, la España de los «años del hambre», posteriores a la última guerra civil, logró asociar el tabaco con los alimentos. El rubro de «alimentación, bebidas y tabaco» figura con toda normalidad en las estadísticas. La institución del «racionamiento» (que duró hasta 1953) lo fue para los alimentos básicos y también para el tabaco. Durante esos años se hace popularísima una labor de la Tabacalera que decían «caldo de gallina». Era una imaginativa metonimia, puesto que el papel amarillento de esos cigarrillos recordaba a un pueblo hambriento el auténtico caldo de gallina.

Uno de los raros efectos de la escasez que supuso la economía autárquica o de guerra del período 1936-1955 fue el éxito del sucedáneo. El periodista José Martí Gómez recuerda las curiosas «innovaciones» de esos años: el tabaco de diversas plantas, el café de bellotas o higos secos, el embutido de frutas o el queso de almendras. Se podría completar la lista con el chocolate de algarrobas, el dulce de membrillo de patata, el flan de harina de maíz. Por increíble que parezca, había coches que se movían perezosamente con la combustión de carbón e incluso de cáscara de almendra (el «gasógeno»). Se podría hablar verdaderamente de un «espíritu del sucedáneo» que estimuló a los españoles a ingeniárselas para sobrevivir, para resistir a las adversidades. Una consecuencia indeseable de los años del racionamiento, del hambre y del estraperlo es que se reforzó la tradicional imagen negativa que se tenía de los vendedores y comerciantes. Ya la misma palabra de «comerciante» era despectiva, y no digamos las de «tendero», «negociante», «intermediario», «acaparador», «mercader», «traficante», entre otras. Es uno de los rasgos de la mentalidad tradicional que más han sobrevivido en la economía compleja de hoy. Otra función positiva del racionamiento es que generalizó en toda España ciertos alimentos que hasta entonces estaban circunscritos a determinadas regiones. Es el caso, por ejemplo, del aceite de oliva o el arroz.

Los datos españoles sobre la evolución del consumo alimentario durante el último tercio del siglo XX adolecen de un efecto de método. Se basan en las encuestas de presupuestos familiares, por lo que dejan de contabilizar el consumo fuera del hogar, normalmente en bares, restaurantes y comedores escolares o de empresa. Parece razonable suponer que esa fracción del consumo extradoméstico sea cada vez mayor. A pesar de esa cautela, se pueden establecer algunas tendencias en la variación de los hábitos alimentarios de los españoles durante el período indicado. Lo fundamental es el proceso de sustitución de unos alimentos por otros de parecido valor nutritivo. Las sustituciones se mueven en la dirección de lo que podríamos llamar «alimentación tradicional» a la «alimentación moderna». No siempre es un movimiento racional. Obedece más bien al aumento de los ingresos, lo que permite una alimentación de más calidad, o a veces simplemente más gustosa o de más precio. Veamos el esquema de las principales sustituciones alimentarias que recoge el trabajo de José Mataix Verdú:

PERÍODO 1965-1991

alimentos tradicionales: su consumo *desciende*...	...y se ve sustituido por los alimentos modernos, cuyo consumo *asciende*
legumbres	carne y pescado
azúcar	galletas, bollería y chocolate
patatas	fruta, verdura y hortalizas
pan	pizza, pasta, cereales para el desayuno
leche condensada	leche líquida, queso y yogur
aceite de oliva y manteca	otros aceites vegetales
vino	cerveza, licores

El doble proceso de ese estallido nos ayuda a matizar la calificación de «mediterránea» que se da a la dieta española actual. Cierto es que pesan mucho todavía algunos alimentos típicamente mediterráneos como las legumbres, el pan, el aceite de oliva o el vino, pero la tendencia es regresiva. Solo el aceite de oliva se recupera en los años noventa a la par de la difusión de la doctrina médica sobre sus bondades. Aunque el vino de calidad se consume cada vez más por la misma razón, el conjunto del vino cede irremisiblemente ante la cerveza y los licores.

El consumo de vino ejemplifica muy bien el principio de que la alimentación viene determinada por razones culturales. La palabra «cultura», aquí en el triple sentido: agronómico (el vino se cultiva), antropológico (valores asociados a conductas) y educativo (refinamiento). Desde luego, el vino es cada vez más un elemento de distinción.

La producción y el consumo de vino se circunscribe mucho a los países de la Europa meridional. Se añaden los habitantes de América o Australia que descienden de los emigrantes de ese territorio. El cual limita por el norte con el Rin y el Danubio, como fuera un día del Imperio romano. Hay un estilo de vida muy característico de las sociedades en las que el vino es bebida cotidiana para muchas personas. Ese estilo supone un extraordinario aprecio de la comida, de la calidad y variedad de la dieta. El vino implica distintas clases que se asocian de manera peculiar con cada plato o tipo de alimento. El detalle de esa norma puede parecer arbitrario, pero se transmite como un elemento cultural.

El vino es cultura porque es cultivo, más que otras producciones agrarias. El vino exige «crianza», puesto que se considera que es un ser vivo. Resulta curioso que la vida de una cepa coincida con la duración de la vida humana. ¿Aumentará también la longevidad de las cepas conforme lo hace la de los hombres?

Los expertos discuten las propiedades del vino para prevenir las enfermedades cardiovasculares y, en definitiva, para alargar la vida. El hecho es que los países que son grandes consumidores de vino mantienen unas tasas muy bajas de incidencia de las enfermedades cardiovasculares. La comparación se puede hacer, de forma experimental, con los países que tienen un nivel económico parecido y no son consumidores de vino. Naturalmente, la comparación hay que hacerla para los mismos grupos de sexo y edad. El resultado para el período 1960-1990 es muy claro. Francia, Italia, España, Portugal y Grecia mantienen tasas muy bajas de mortalidad por causas cardiovasculares. Es más, el caso español es el que más destaca por el efecto preventivo que puede suponer la alimentación, no sólo el vino sino los demás aspectos de la «dieta mediterránea». Al llegar a este punto, se comprendería que la tal dieta es más bien variada, con un notable peso de las frutas, verduras y pescado. Más que mediterránea, es característica de los países europeos meridionales, incluido Portugal, que no es ribereño del Mediterráneo.

Lo característico de la dieta actual es que hay pocas diferencias según la clase social respecto a la capacidad nutritiva y el ritmo de las comidas. En la sociedad tradicional los ricos comían muy bien, con un exceso de carne, mientras que el grueso de la población se mantenía con una dieta mínima, al borde de la supervivencia. Durante la Edad Media la mayor parte de los europeos comían sólo dos veces al día, una ligera colación por la mañana y la comida fuerte después del trabajo. Aun así, la base de la alimentación era el pan. Una vez más, los hábitos de los españoles de finales del siglo XIX no diferían mucho de los de mil años atrás. Hace un siglo, el promedio de consumo de pan era de un kilo por persona y día, lo que indica que los otros alimentos andaban muy escasos. Los españoles actuales consumen poco más de 100 g de pan por persona y día, y, aun eso, sin contar la cantidad ingente de pan que se tira cotidianamente a la basura. Naturalmente, hay diferencias según la edad y otras condiciones biográficas, pero los españoles actuales comen más, y más veces al día, que los de hace un siglo o un milenio. La variedad implica más pescado, fruta y verdura que nunca y que otros pueblos transpirenaicos. Cierto es también que esa dieta saludable no la siguen tanto los jóvenes y adolescentes. Lo más distintivo respecto a otras épocas, por parte de los jóvenes, es la mayor ingesta actual de cerveza y de alcohol destilado. El grueso de esa cohorte juvenil antes trabajaba y se disponía a fundar una familia; hoy estudia y depende de los padres. Todos esos cambios recientes condicionan el transcurso de la vida cotidiana.

El cambio más llamativo de la dieta de los españoles ha sido el reciente descenso del consumo de pan. Recuérdese el «pan nuestro de cada día», con tanta carga simbólica, incluso religiosa. No es tanto el descenso del consumo de cereales, puesto que se toma cada vez más una generosa provisión de pasteles, bollos, arroz y pasta. Algunos niños añaden los cereales para el desayuno. Pero es llamativa la reducción en el consumo de pan. El tamaño de los bollos que se disponen en los restaurantes disminuye cada día más. Cuanto más elegante es el restaurante, más pequeños son los bollos, y también más variados. Sea cual sea la categoría del restaurante, el resultado es que se tira a la basura una notable cantidad de bollos, muchos ni siquiera encetados. El hecho hubiera escandalizado a nuestros abuelos, a los tatarabuelos de los actuales niños.

Un niño de hoy se sorprendería de que sus antepasados cercanos besaban el trozo de pan que se caía al suelo, naturalmente para comérselo con buena gana. Incluso el pan debía disponerse sobre la mesa con la posición que adoptaba en el horno. De otra forma, si se le daba la vuelta, se decía que «lloraba la Virgen». Muchos niños recibían entonces un mendrugo de pan como recompensa, casi como una golosina. Una interesada creencia sostenía que el pan tierno no era bueno para la salud. Es evidente el fundamento de esa racionalización. Si uno se acostumbraba al pan duro, se comía menos, lo que suponía un ahorro. Las hogazas se hacían grandes, y cada dos semanas, para que cundieran más. Ya es notorio que el verbo «cundir» (intraducible a otros idiomas cultos) hoy apenas se utiliza. El pan duro, de varias semanas incluso, se aprovechaba para sopas de ajo, para mojarlo en leche caliente, los últimos restos como alimento para los animales domésticos.

Una imagen bien tradicional es el silencio de los refectorios monacales. Sin llegar a tanto, las normas de la cortesía tradicional imponían a los niños y jovencitos una cierta contención de las conversaciones mientras comían. Aun así, se trata de excepciones, puesto que la vida tradicional española prescribe la conversación mientras se come y no digamos mientras se bebe. Es posible incluso que abundaran más las palabras que los alimentos. Esa asociación entre la comida y la conversación sigue hoy tan vigente como antaño. Puede que la comida familiar con la televisión puesta inhiba algo los comentarios de los comensales, pero ambos estímulos son compatibles. Pocas cosas hay más gratas en la convivencia española que una larga sobremesa. La tertulia del café es como una sobremesa sin comida.

Después de una tradición milenaria que condenaba la «carne» como uno de los enemigos del alma, nuestro tiempo es el de la glorificación del cuerpo como fuente de satisfacciones. Pero nunca es completa la dicha en la casa del pobre. Ahora que ya no hay ayunos ni abstinencias, tampoco cilicios ni disciplinas, se introduce la obsesión morbosa por el cuerpo. Son muchas las personas que, pudiendo vivir cómodamente, se imaginan con la salud deteriorada; más todavía, se sienten a disgusto con su cuerpo. El envejecimiento, lejos de ser considerado como un éxito, se ve un mal en sí mismo. Por un lado la pasarela, la publicidad y los medios de comunicación ensalzan los cuerpos juveniles, las tallas inverosímiles. Frente a esos modelos, los cuerpos estadísticamente normales (para sus años) se sienten frustrados. El cuerpo se convierte en objeto de refinados sacrificios. Hay que adelgazar, someterse a un ejercicio agotador, ingerir alimentos en cantidades homeopáticas, seguir dietas de cenobio, medicarse. Como último recurso, se acude a la cirugía estética. La paradoja es que la escrupulosa preocupación por la salud acaba siendo una enfermedad. Por lo menos es una «moda» (vocablo emparentado con «moderno») en el sentido de que la posición social obliga a castigar el cuerpo. La nueva ascética nada tiene que ver con la religión; quizá sea una religión sustitutiva.

En 1960, el psiquiatra Juan José López-Ibor señalaba que «el español siempre ha prestado poco culto al cuerpo». Según y cómo. Cierto es que la higiene, hasta tiempos muy recientes, no ha sido una preocupación central de los españoles. Pero la creación cultural (predominio de la pintura y la escultura) o la manifestación religiosa (pasos de Semana Santa) revelan un tradicional culto al cuerpo en su sentido simbólico. El «culto al cuerpo» se dice hoy en otro sentido; para empezar, se refiere al cuerpo del sujeto. El mismo López-Ibor, en un texto posterior, de 1968, reconoce que los españoles han empezado a adorar a su propio cuerpo «como un dios», lo que lo interpreta como un «temor a la muerte». Tiene ahora toda la razón, y eso que, en los años sesenta, solo había comenzado la tendencia del cuerpo como objeto de adoración mundana. La publicidad ubicua abruma al público con la exhibición de cuerpos de efebos endiosados, de mujeres con apariencia angélica.

Aunque nueva, la reciente preocupación por el cuerpo traduce un viejo signo de la sociedad tradicional, al cual hay varias referencias en este texto: el culto a la apariencia. Algunos pueden decir que se trata más bien de cinismo o hipocresía. Pero no se plantea en términos morales, sino estéticos más bien. Hay que parecer siempre más joven de los años que uno tiene. Hay que vivir deportivamente. Conviene adelgazar. Se impone el rechazo de la grasa corporal. La moda y la publicidad cultivan cuerpos femeninos escuálidos. Ese canon se generaliza, de tal modo que para muchos trabajos se exige una determinada presencia física juvenil y estilizada. Es una forma de racismo, por cuanto el cuerpo no se puede cambiar. Es racismo creer que las cualidades de una persona vienen determinadas por su apariencia física.

Todo lo anterior se refiere a los adultos, pero se aplica especialmente a la parte femenina. El cuerpo siempre ha contado más para las mujeres que accedían al mercado matrimonial. Pero ahora es una obsesión. Una cosa es cuidar el cuerpo (decisión racional y plausible) y otra empeñarse por «estar en forma», como si la vida fuera una competición deportiva. Es una obligación más que se añade a las mujeres, aparte de atender la casa y la dedicación laboral. El lado positivo de esa sobrecarga es que las mujeres se cuidan mejor y viven más, pero a costa de los sacrificios indicados. El regalo de los años extra de vida quizá no compense el hecho de que las mujeres sufran más todos los síntomas de malestar físico y mental.

Tampoco se puede decir que la obsesión por adelgazar sea un rasgo peculiar de la sociedad compleja o diferenciada. Antes de la última guerra civil, el ilustre médico humanista Gregorio Marañón registraba la «moda actual» de la extrema delgadez. «Nunca se ha extendido a mayor número de seres humanos; ni nunca se ha llevado a tales extremos, casi esqueléticos, el prototipo delgado de la figura humana.» Como puede verse, la «moda» de los años treinta ha durado dos generaciones más. Quizá Marañón tuviera el estímulo delante de los figurines de Rafael de Penagos en *Blanco y Negro*, estilizados hasta la caricatura. Pero en realidad, lo que entonces se daba era la desnutrición de una buena parte de la sociedad española. Para la mentalidad tradicional, ser gordo significaba buena salud y buen carácter. Por eso mismo, los dibujos de Rafael de Penagos son un caso de realización de la frase hecha «la naturaleza imita al arte». El tipo de mujer que él idealiza se iba a dar después, varias generaciones más tarde, paradójicamente cuando en España se iba a superar el hambre histórica.

Para Marañón, los gordos se distinguen de los flacos por «caracteres esenciales inconfundibles». Todo el mundo acepta que el sentido común y la bonhomía de Sancho Panza tiene que ver con su perfil relleno. Por lo general, la idea tradicional que se tiene de los gordos es que poseen un buen carácter, son alegres, divertidos y dadivosos. A pesar de lo cual, desde Marañón va calando la doctrina de que hay que adelgazar. El consejo era entonces para una reducidísima minoría, que se podía permitir el lujo de comer menos. Hoy la prescripción es general.

En algunas encuestas recientes se ha indagado el dato de la complexión de los entrevistados. En 1995, aproximadamente dos de cada diez podrían pasar por gordos y otros tantos por flacos. La proporción de gordos no varía mucho con el sexo, pero aumenta con la edad. El salto se produce en la cuarentena. Se cumple la suposición de Marañón sobre la salud más quebrantada de las personas gordas. Con independencia del sexo y de la edad, los españoles que se saben con problemas de salud tienden a ser gordos en mayor proporción que el resto. De todas formas, el factor decisivo para la gordura es la edad, no tanto el estado de salud subjetiva.

Diversos estudios registran que, en los años ochenta, uno de cada cinco franceses y uno de cada tres norteamericanos seguían algún tipo de dieta o régimen alimentario de modo estricto. Los datos de la encuesta citada para España, de 1995, revelan que sólo uno de cada diez seguía alguna dieta sistemática. A los cuales hay que añadir algo más de una tercera parte de españoles que «evitan comer o beber algunas cosas que engordan o les pueden sentar mal». Así pues, tenemos que, en la fecha indicada, casi la mitad de la población adulta vigila su peso. También se puede decir que la otra mitad no se priva de comer y beber todo lo que le place. Esa mayoría que come y bebe sin restricciones se da propiamente en el estrato juvenil, pero sobre todo distingue a los varones, sea cual sea la edad. Está claro que es la población femenina la que practica la moderna ascética corporal basada en el sacrificio de la comida y la bebida. No solo eso; en el caso de las mujeres de más de 45 años, la conducta de no privarse de nada al comer y beber es independiente del hecho de que sean gordas o delgadas. Ese supuesto afecta a una minoría, menos de la tercera parte de las mujeres. El resto practica algún tipo de ayuno y abstinencia por razones decididamente mundanas.

La encuesta citada proporciona algunos datos más que pueden resultar sorprendentes. Por ejemplo, la creencia popular es que los fumadores son particularmente inapetentes. Pues bien, con independencia del sexo, los fumadores son los que dicen gozar más de la comida y de la bebida sin restricciones. También sucede que, en todos los casos, los varones son más hedonistas que las mujeres. Se corrobora la imagen del «café, copa y puro» con que suelen concluir el abundante yantar algunos caballeros.

La alusión a la ascética mundana, no religiosa, hay que matizarla. La religión sigue pesando en la vida cotidiana. Con independencia del sexo y de la edad, los españoles que se definen como católicos practicantes son los más contenidos a la hora de comer y beber de todo. También es verdad que, como sucede en otros campos, la religiosidad afecta más a las mujeres para seguir la práctica dietética comentada. Lo más notable es que esa influencia religiosa alcanza todavía más a las personas de menos de 45 años.

El problema de la restricción de la comida o la bebida es que se suele aplicar a la ingesta de lo que resulta más palatable, más apetecible o socialmente más valorado. Tenemos el caso del azúcar, un placer universal que (como el tabaco o el alcohol) se enfrenta a todo tipo de anatemas. El consumidor sigue saboreando los bollos y pasteles, pero con cierto sentimiento de culpa. Resuena la prohibición infantil de que «las golosinas quitan el apetito». Naturalmente, esa máxima se decía en la España tradicional porque las golosinas eran caras. Ahora los niños adquieren chucherías de todos los colores al peso. Las antiguas «cesteras» han sido sustituidas por las modernas tiendas especializadas con franquicia. Pero los adultos entienden que «el azúcar engorda», lo que es suficiente para rechazarlo o buscar sustitutivos.

Los datos de la encuesta citada de 1995 ayudan a matizar algunas creencias populares sobre el aprecio que los adultos muestran por las golosinas. Sólo tres de cada diez se pueden considerar golosos. Son los que «le gustan mucho los dulces o pasteles». Se podría pensar que las personas de cierta edad son más golosas, entre otras razones, porque ya les importa menos engordar. Se sabe asimismo que las personas mayores necesitan un umbral más alto de azúcar porque pierden sensibilidad. Otra creencia muy extendida es que las mujeres se abstienen más de lo dulce, puesto que se preocupan más de no engordar. Todo eso está muy bien, pero los datos dicen otra cosa. Según la encuesta, las personas golosas son sobre todo jóvenes, y, para cualquier edad, lo son más las mujeres que los varones.

Se produce una curiosa asociación negativa entre el hábito de fumar y el gusto por lo dulce. Aquí sí que se prueba la creencia popular. Diríase que un hábito desplaza al otro, como hacen los que tratan de dejar el tabaco sustituyéndolo por caramelos. Los datos de la encuesta prueban que los fumadores suelen ser los menos golosos. No es sólo que un gasto desplace al otro, la nicotina o el azúcar; es la realización de la común conseja «algún vicio hay que tener».

El diferente comportamiento de varones y mujeres respecto a la alimentación está muy enraizado. La prueba es que, en un reciente estudio, dirigido por Isabel París, se comprueba que se encuentra ya en los escolares de 10 a 12 años. Las niñas procuran comer más leche, fruta, legumbres o pescado que los chicos. No solo eso; son más las chicas que desearían estar más delgadas. Resulta sorprendente que, a esa temprana edad, las chicas hayan asimilado la pauta de que tienen que cuidarse más y mantener una dieta más variada. Lo cual harán a lo largo de toda su vida, en relación a los varones. Es un caso límite de la diferencia que establece el sexo, puesto que, a los 10 o 12 años, chicos y chicas reciben, en principio, los mismos estímulos respecto a la alimentación. Después de lo cual no extrañará que, ante una cena de matrimonios, las mujeres elijan platos más ligeros y variados que los varones. El cuidado del cuerpo es lo que distingue verdaderamente la conducta de varones y mujeres.

CAPÍTULO VI

El arte de envejecer

El envejecimiento es un proceso natural, que se asigna a los individuos y a las sociedades. En ambos casos puede ser considerado, pasivamente, como algo inevitable, fatalista. Pero cabe verlo también con un criterio voluntarista. Se habla así del «arte de envejecer», que es una metáfora aplicable al tránsito de una sociedad tradicional a otra compleja. Si se mira bien, la sociedad actual, diferenciada y compleja, alcanza ese estadio porque muchas personas practican con éxito el «arte de envejecer». Dicho de otro modo, el aspecto más distintivo de la sociedad actual es que hay más viejos que en épocas anteriores. Ya ese hecho revela que las edades anteriores han sabido vivir mejor que lo hacían en tiempos pasados. No otra cosa es el progreso. El ideal, para el individuo y la sociedad, es que la vejez sea un estadio de plenitud, de recompensa. Estamos muy lejos de ese ideal. Habrá que recobrar el estímulo del mito de la edad dorada.

La edad dorada era la ensoñación mitológica de un pasado impreciso de abundancia y ocio donde se daba la ilusión de la eterna juventud. Para los españoles, la obligada autoridad es la de don Quijote en su irónico discurso a los cabreros, que empieza así: «Dichosa edad y siglos dichosos aquellos a quienes los antiguos pusieron el nombre de dorados.» Entre otras maravillas de esa feliz Arcadia, aparte de las «robustas encinas», estaba el hecho de que «no había el fraude, el engaño ni la malicia». Es decir, no se daba el desengaño de la vejez.

El hermoso mito de la edad dorada tendríamos que trasladarlo, dada la vuelta lógica, a aquel estadio biográfico dispuesto a recorrer el último cuarto de la línea de la vida. Tendría que ser un buen momento, meditado y auténtico, compensatorio de las fatigas de la juventud y de la madurez, ya pasadas. Simplemente, el adulto empieza a darse cuenta de que envejece. De nada vale el razonamiento de que ese proceso acompaña a la vida entera. No, empieza a notarse a partir de una estación determinada en el carrusel de las edades, cuando uno se siente talludo. Es una calificación que, por ambigua, requiere el diminutivo. Se dice de una persona que es «talludita» cuando envejece sin reconocerlo. Así como la adolescencia prepara la juventud, la «talludez» prepara lo que ni se sabe cómo llamar: vejez, ancianidad, tercera edad. Cualquier etiqueta se hace en seguida despreciativa. No basta con viejo, sino que se redobla el carácter peyorativo con *valetudinario, vejancón, vejestorio* o *viejales*. Sancho Panza decía *vejote*. Es extraño que pueda tener un sentido afrentoso algo que termina por afectar a todos los humanos. Si la vejez es un carácter ponderativo para los vinos, los libros o las obras de arte, ¿por qué no puede ser lo mismo para las personas? No lo es. Estamos en el verdadero núcleo de la sociedad actual, su lado más pesimista.

¿En qué consiste la especificidad de esos «años dorados» en los que el talludo prepara su vejez? Habrá que distinguir aquí los recursos con que cuentan los que envejecen. Las posiciones humildes, manuales o de servicios rutinarios, perciben la vejez con preocupación. Disponen de menos ingresos y de más tiempo libre que no saben cómo llenar. En cambio, las ocupaciones que manejan papeles o discos informáticos contemplan con tranquilidad esa meseta de la vida en la que se han superado las urgencias económicas. Ya no tienen necesidad de merecer, competir, agredir. No hay por qué ceder siempre a las imposiciones de los prepotentes. Puede disponerse uno a hacerse el homenaje tantas veces pospuesto. Ya no hay por qué diferir tanto las gratificaciones. Claro que para llegar a esa solución personal satisfactoria, la sociedad debe organizar muy bien los resortes que dan seguridad a la «última vuelta del camino». La expresión es de las *Memorias* de Pío Baroja, que empieza a escribirlas varios decenios antes de su muerte; ya es pesimismo.

Es sabido que durante todo este siglo se ha producido el hecho, verdaderamente excepcional en la Historia, del aumento de la esperanza de vida. Visto por el otro lado, quiere decir que, edad por edad, se van reduciendo las tasas de mortalidad. Ahí es donde hay que introducir el matiz. No todos los grupos etáneos ven minorar su probabilidad de muerte con el mismo ritmo para las distintas fechas. Durante la primera mitad del siglo lo más notorio ha sido el descenso de la mortalidad infantil. Sigue bajando la probabilidad de morir, pero con ritmo ya más pausado, en el resto de las edades. Hace unos pocos lustros empieza a vislumbrarse el hecho novedoso del avance de la longevidad, esto es, el descenso agudo de la mortalidad entre los 55 y los 75 años. En el momento actual hemos llegado a un alto en el tradicional descenso de la mortalidad infantil; nos acercamos al límite que podríamos llamar genético. En cambio, continúa animoso el aumento de la longevidad, que se aplica a partir de los 55 años. Lo verdaderamente nuevo es que entre los 15 y los 55 años se está produciendo un rebrote de la mortalidad. El suceso empezó hace una generación en el grupo juvenil de varones. Ha ido ascendiendo por la pirámide de edades y se extiende cada vez más a las mujeres. Ese inesperado auge de la mortalidad se debe, sobre todo, a las causas que afectan al ritmo de la vida cotidiana: tabaco, alcohol, drogas, velocidad, estrés, nutrición agresiva, sedentarismo, promiscuidad sexual. Cada una de ellas es una causa menor, liviana, pero hace que tire de las otras hasta provocar la muerte en el caso extremo. Esas causas de muerte afectan mucho menos a partir de los 55 años. De ahí que se produzca el contraste entre el sistemático aumento de la longevidad y la creciente letalidad en la población de 15 a 55 años. Es una lección de lo que significa hoy día el cambio de estilo vital con el comienzo de los años dorados. Precisamente porque el fin de la vida es inexorable (y conveniente para la especie), las personas de una edad talluda empiezan a cuidarse de modo especial. Logran sobrevivir más. Es un hecho que no había ocurrido desde Matusalén, sólo que Matusalén fue un mito compensatorio, el equivalente bíblico de la Arcadia feliz donde no existía la vejez. Ahora, el aumento sistemático de la longevidad es un dato comprobado y con notables consecuencias. Un manual de higiene de mediados del siglo pasado, el de J.A. Salgues, lleva el título *Higiene de los viejos o consejos a las personas que no pasan de cincuenta años.* El medio siglo no es hoy el límite de la jubilación, pero sí que representa el momento de empezar a practicar el arte de envejecer. Lamentablemente, es también la etapa vital en la que empieza a plantearse la «jubilación anticipada». Puede que sea otra pequeña causa que se une a los factores que minan la salud.

Se podría suponer que el grupo de jubilados que habrá dentro de unos lustros va a tener una salud especialmente vulnerable. La razón es que no será tan «seleccionado» por la mortalidad como lo han sido las promociones anteriores de viejos, supervivientes de muchas calamidades. Es un argumento, pero hay otros que lo contrarrestan. Fundamentalmente, se trata del avance en las ciencias de la salud, que no es rectilíneo. La segunda guerra mundial supuso un verdadero cambio de pendiente en esa trayectoria con el descubrimiento de los antibióticos y el desarrollo de la cirugía. Ahora mismo se está produciendo otro de esos saltos que afecta al conocimiento y tratamiento genéticos, o mejor, con acertado neologismo, *génicos*. Ese nuevo impulso va a beneficiar el dominio de las enfermedades degenerativas, que son las típicas de las personas ancianas. Así pues, por este lado hay que prever un notable avance de la longevidad para los primeros decenios del siglo XXI, cosa de la que dudan algunos sociólogos. De todas formas, el balance es modesto entre los dos movimientos dichos. Es decir, tampoco está a la vista el momento en que los hombres puedan vivir 150 años, como muchos sueñan. Es el mito de Matusalén renovado.

Algunos higienistas de hace un siglo sostenían que el cuerpo humano estaba destinado a vivir 120 años como mínimo. La discrepancia entre ese objetivo y la realidad era tal que se imponía una rigurosa ascética para prevenir las enfermedades y los accidentes. El objetivo era llegar a la edad «natural» de los 120 años. Sin llegar a ese extremo, hoy funciona un esquema parecido. El resultado es un sentimiento de frustración, pues no llegamos a la mítica edad de posible supervivencia. Se repite la creencia de que el hombre puede vivir «naturalmente» más allá de los 100 años. El cálculo resulta equivocado. En relación a los otros mamíferos, los 80 años de la vida humana actual resultan un éxito. Ese es el razonamiento optimista, no hay que decir, el que muy pocos suscriben.

No es solo que haya más viejos que antaño. Lo fundamental es que esos años de más que se viven lo son con mejor salud física y sobre todo mental. Los pocos viejos que antes resistían se hallaban sujetos a largas enfermedades. Desde luego, hace un siglo era impensable que una persona de 60 años se planteara un nuevo plan de vida, con renovados intereses, afectos, dedicaciones.

Al menos por el lado negativo ya sabemos lo que facilita la longevidad: reducción de las dosis perniciosas de tabaco, alcohol, drogas, velocidad, estrés, nutrición agresiva, sedentarismo, promiscuidad sexual. Pero eso solo alarga la vida. Lo fundamental es llenar esa vida de contenido, ilusión, curiosidad, quehacer. Eso es lo más difícil. De ahí que el envejecer sea un arte. Desborda lo que saben los médicos o los nutriólogos. Parece incluso que es contradecir a la naturaleza. Mas no otra cosa ha sido el progreso general de la sociedad y concretamente el aumento de la esperanza de vida durante el último siglo.

Ahora hay que empezar a contradecir, no ya a la naturaleza, sino a la sociedad. La última tendencia es la de adelantar cada vez más la edad de jubilación de hecho. Las «jubilaciones anticipadas» o «prejubilaciones» son una forma de paro encubierto. Habrá que dar la vuelta a esta idea hasta el punto de que algunos derechos sociales pueden llegar a convertirse en rémoras del progreso.

Lo fundamental es introducir la noción de que la actividad, la capacidad productiva incluso, no tiene que terminar forzosamente a una edad. El público asiste confundido a la imposición social de las «prejubilaciones». Al tiempo comprueba cómo muchas personas de más de 70 años son influyentes en el mundo político, religioso, económico. Un caso llamativo, en la España actual, es el de José Barea, hasta hace poco activísimo director de la Oficina de Presupuestos, bastantes años después de jubilarse como catedrático. Ya en esa situación de retiro forzoso dirigió un exhaustivo informe sobre la jubilación desde el servicio de estudios de un banco. Después del cual, ha seguido publicando artículos y dictando conferencias con gran aplicación. Un caso parecido es el de Manuel Fraga, quien después de jubilarse como catedrático ha ganado varias veces la presidencia del gobierno gallego por mayoría absoluta. Además de esa intensa dedicación, Fraga ha seguido publicando libros a un ritmo que para sí quisieran los opositores a cátedras.

Otra cosa es la idea de la *excedencia voluntaria*, que es a lo que vamos. Desgraciadamente sólo puede aplicarse a la minoría de las ocupaciones que trabajan con piezas de información o de conocimiento. Son las llamadas profesiones libres en su sentido más amplio. Simplemente al llegar a una edad talluda, muchas personas con posibles se aprestan a cambiar de vida. Se disponen a seguir produciendo, pero sin tanto ajetreo. En lugar de seguir como asalariados, con jornada fija, pasan a ser una suerte de administradores de sus recursos propios. A ello puede contribuir el ahorro que se ha hecho a lo largo de la vida, sea en vivienda, valores mobiliarios, seguros o planes de pensiones. Claro que el ahorro más valioso puede ser la acumulación de conocimientos, la experiencia de saberes útiles, el sentido de la responsabilidad. Son esas las cualidades que se piden hoy en muchos empleos de tipo profesional o directivo y no tanto la memoria, la fuerza, la resistencia física. Por eso mismo asombra la persistencia de una legislación laboral que puede llevar a esta contradicción: va a haber tantos años de vida de trabajo como de vida desocupada. No hay sociedad, por opulenta que sea, capaz de mantener ese esquema de seguridad social, sobre todo con una natalidad mínima. Esa es la preocupante situación que corresponde a España en la actualidad.

No hay que esperar que el círculo perezoso se resuelva por el lado de las reformas legales. Al aproximarse a la edad de la jubilación, lo mejor es anticiparse con una *excedencia voluntaria*, a falta de mejor nombre. No se solicita a ninguna institución. Simplemente se la aplica uno a sí mismo, si es que le dejan, claro está. El propósito es el de ir reduciendo la carga de trabajo, pero no la capacidad productiva. Para ello se requieren otras muchas condiciones de salud, cuidado, satisfacción afectiva, equilibrio emotivo. Todo eso no se puede tener como se desea, pero lo que se requiere es proponérselo. Basta con mantener viva esa constante expectativa, aunque sólo sea para llevar la contraria al envejecimiento natural. Como sostenía un viejo muy activo, Santiago Ramón y Cajal, la vejez es ante todo la pérdida de curiosidad. El famoso científico no la perdió nunca, aunque la sordera le fue haciendo naturalmente desconfiado y arisco. También es verdad que la disminución parcial del espíritu de curiosidad puede ser una defensa muy racional. El viejo necesita administrar bien el escaso tiempo. La dificultad mayor es que la apetencia por el conocimiento no mejora mucho con la edad. Es una de las cualidades que se genera (no se sabe por qué) en la infancia.

Un efecto inmediato del envejecimiento es la creciente preocupación por la salud de uno y de los que le rodean. El viejo se nos hace hipocondríaco y valetudinario. Esta reacción es muy conveniente, puesto que, según se envejece, aumenta la probabilidad de sufrir algún malestar crónico. Es fundamental que los viejos no vivan solos, que dispongan de teléfono y que su domicilio no esté lejos de una farmacia, un centro de salud. Más adelante volveré con más detalle sobre los requisitos de lo que llamo la *excedencia voluntaria*. De momento anotemos la excepcional atención que se concede a la salud.

Claro que más preocupación por la salud muestran los que escriben sobre la vejez. No es el aspecto más interesante, porque no va mucho más allá de la simpleza de que, con la vejez, el cuerpo se resiente y se acerca a la muerte. Eso no es decir mucho. Hay que conceder más atención al hecho de que el envejecimiento, sobre todo el comienzo de la edad dorada, es una fase distinta y apasionante de la biografía. Hasta que no se llega a ella, no se siente que la personalidad de uno es la que dirige plenamente sus actos. Esta confianza es fundamental, por ejemplo, para redoblar la curiosidad intelectual o simplemente humana.

En los estadios anteriores de la biografía tenía demasiada fuerza la acción de los demás, el qué dirán y sobre todo el qué pensarán. Desde fuera, se suele juzgar al viejo como un egoísta. Puede que sea más bien una persona (por fin) autónoma y responsable. Este sorprendente descubrimiento se debe a un cambio de enfoque. La vejez deja de ser fundamentalmente la etapa terminal (la ancianidad o senectud propiamente dichas) para considerarse más bien la fase en la que se despega del estadio anterior de madurez. Este es precisamente el punto de vista que adopta el arte de envejecer. Lo ha precipitado el hecho estadístico del aumento sensible de la longevidad. Esto quiere decir, entre otras cosas, que queda por delante un gran trozo de la vida en la que el sujeto no tiene obligación de cuidar a los hijos. Hace un siglo, y en los anteriores, ese lapso era mucho más reducido. Las biografías de entonces, a los ojos de hoy, nos parecen sumamente cortas. Hace un siglo era muy corriente que las personas murieran antes de ver criados a los hijos y no digamos a los nietos.

Aunque parezca ocioso decirlo, conviene señalar que lo que se llama envejecimiento de las poblaciones es el resultado de dos fuerzas principales: 1) El descenso continuado de la natalidad (reforzado por el factor migratorio, por ejemplo, el retorno de antiguos emigrantes). 2) El hecho de que las cohortes de distintas edades logren sobrevivir cada vez más. Las dos circunstancias al unísono determinan que «cada vez haya una proporción mayor de viejos en la población». Pero esa verificación estadística no equivale al envejecimiento. El cual es más bien el segundo proceso antes dicho. O sea, el envejecimiento propiamente tal no se predica de una población, sino de una cohorte (personas de la misma edad) e incluso de personas concretas. En rigurosa teoría, una persona empieza a envejecer desde el momento que nace. En la práctica se trata de un sentimiento que sólo paulatinamente se va apreciando hacia el final del estadio de la madurez. Los talludos son conscientes de esa sensación hasta que se instala con fuerza en la mentalidad de los viejos. Es curioso que se muestre con características negativas, cuando realmente significa que se vive más que las cohortes anteriores de la misma edad. Es decir, se dilata la longevidad. La explicación de esa paradoja es que esa comparación auténtica la hace el observador. En cambio, las personas que envejecen no se comparan con las que estaban en ese mismo estadio en fechas anteriores. La comparación la establece cada persona que envejece con ella misma unos años antes. De esa forma, el envejecimiento no se ve como el aumento de la longevidad y la mejora de las condiciones de vida respecto al pasado, sino como un deterioro físico y mental. Puesto que continúa, la sensación va siendo la de decadencia, decrepitud.

Tanta es la inversión de los dos significados de envejecimiento, que una sociedad donde cada vez hay más viejos se juzga como triste o problemática. Es común la manida referencia al «reto» que supone todo esto. Se habla incluso de «amenaza». ¿Tan difícil es imaginar que lo que había antes del envejecimiento era una alta mortalidad? Eso sí que era un castigo. No se quiere ver que nuestra sociedad es un éxito porque ha logrado que sus habitantes vivan más años que sus antepasados. Suele suceder, además, que el hecho de vivir más años signifique mejores condiciones de vida. La falta de ese reconocimiento se extiende a la observación de las personas sobre sí mismas. El hecho de envejecer no lo consideran como lo que significa primariamente: un éxito. Naturalmente, para calibrar ese éxito, no pueden dialogar con las personas de la misma cohorte que han fallecido. Eso es también envejecer, la imposible conversación con las personas que nacieron por las mismas fechas y que han ido falleciendo. La verdadera muerte de uno es así la progresiva desaparición de los que componen su «círculo íntimo». En la ancianidad, la proporción de esos «ausentes» empieza a ser tan alta que la falta de la citada «conversación» con los pares difuntos puede llegar a atribular. Claro que los atribulados por lo menos están vivos.

A los expertos que andan agobiados con el «reto» o la «amenaza» del envejecimiento les debería preocupar otro problema demográfico del cual nunca se habla. Es la tasa creciente de mortalidad en el estadio de la juventud y de la madurez. Precisamente sobre ese fondo destaca el envejecimiento en su sentido estricto. Es un lugar común el dicho de que los viejos, para serlo menos, deben imitar el estilo de vida de los maduros. Más bien habría que recomendar lo contrario, que los maduros trataran de copiar el estilo de vida de las personas de más edad («más mayores», como se dice puerilmente). Ya lo dice el refrán: «Si quieres vivir sano, hazte viejo temprano.» O lo que es lo mismo, los maduros que anticipan el ritmo vital de los viejos son los que viven más.

Lo que tiene que preocupar a la sociedad no es tanto las muertes sin más como las muertes *evitables* que son las que inciden sobre la población antes de envejecer. Otra cosa es que a los viejos los preocupe su propia muerte, que la ven más cerca que los jóvenes. Pero esa muerte resulta inevitable. Bastante es que se logre retrasar ese momento sin perder mucha curiosidad por el mundo.

Para los que hablamos una lengua romance, la muerte es femenina. Nos la representamos como una mujer, lo que supone un morboso atractivo si somos varones. Ante estos caprichos del lenguaje, al pensamiento le cuesta ser equitativo respecto a la igualdad de los sexos. Por fuerza tiene que ser distinta la idea de la muerte que tiene un alemán o un sueco, puesto que para ellos es una criatura del género masculino, es un caballero. También en la mitología clásica se producía la imaginación de un joven dios, Tánato, que no era propiamente la muerte, sino el mensajero que a ella conducía. Otra figura masculina era Caronte, el barbudo barquero que ayudaba a las almas difuntas a atravesar los canales que separan este mundo del reino de Hades. Ese paraje, vagamente subterráneo, era el de los muertos. Todas estas imágenes míticas, por variadas que sean, coinciden en que el hecho de morir es un viaje, un tránsito. Hay una figura corporal que hace de intermediaria o acompañante en ese proceso. Los ritos católicos del viático y la extremaunción tienen ese mismo sentido. Con todo ello se da un sentido a la vida, que es un viaje, un camino, en el doble sentido de la vía y el hecho de recorrerla. *Desde la última vuelta del camino*, titula Pío Baroja los tomos de recuerdos y de ajustes de cuentas con sus contemporáneos. Otro octogenario, Norberto Bobbio, transmite la impresión de que la vejez es la sensación de que ya no queda tiempo de superar la última etapa del camino de la vida. Lo que se impone entonces es el recuerdo. Seguramente es esa operación de la memoria donde se fija la imagen vial con que se interpreta la vida. A pesar de las variaciones del cuerpo y sus circunstancias, la unidad de la conciencia es tal que queda la biografía como una especie de peregrinación. La imagen se ha manejado muchas veces en la literatura.

Lo característico del hombre no es que sea mortal, sino su indeclinable deseo de inmortalidad, por imposible que pueda parecer. El cual se cumple analógicamente de mil modos. Hay quien se hace levantar un magnífico mausoleo. Los más se conforman con el sencillo expediente de identificarse con una religión que les promete reunirse en el otro mundo con los seres queridos. Por cierto, no está dicho qué pasará cuando en el otro mundo uno se encuentre también (será inevitable) con los seres menos queridos o incluso los odiados. Aparte de la religión, hay algunos otros dispositivos para lograr la ilusión de inmortalidad. El más corriente es tener hijos, que engendren nietos, y así sucesivamente. Esa reproducción tiene más sentido si uno deja más bienes de los que recibió al llegar a este mundo. No otra cosa es el ahorro, el secreto del desarrollo de una sociedad. Un procedimiento menos frecuente, más simbólico, es el de producir obras identificables que sobrevivan a esta generación y a poder ser a algunas más. Es lo que intenta el artista, el escritor, el empresario, el político. En mi caso particular, la supervivencia simbólica se intenta mediante algunos escritos míos que servirán para que alguien pueda conocer el pasado que para mí ha sido el presente. Decían mis maestros de la Columbia University que la justificación del sociólogo es la de proveedor de datos para los historiadores o los arqueólogos del futuro. Esa invisible solidaridad a través del tiempo, superior a varias generaciones, es una forma complaciente de acercarse humildemente a la noción de inmortalidad. Así se entiende mejor lo de la «religión de la ciencia», que decían los positivistas de antaño.

Algunos sociólogos entienden que el establecimiento de grupos de edad, con límites convencionales, supone crear «barreras ficticias» y, por tanto, perjudiciales. Paparruchas, los límites etáneos tienen que ser convencionales, pero acaban siendo reales. La enseñanza obligatoria acostumbra pronto a los niños a saber en qué curso están, lo que se corresponde mecánicamente con su edad. La fiesta de cumpleaños, que antes no existía en España, es ahora un rito obligado. Los compañeros de curso cumplen los mismos años. Cualquiera le dice a un niño que el día de su cumpleaños es un día «ficticio». Tampoco lo es el paso a la mayoría de edad (18 años) o a la jubilación (65 años normalmente). Esos u otros límites tienen un sentido real porque durante mucho tiempo ha sido así. La convención de la edad es, junto al sexo y al nombre, el dato fundamental de la identidad de una persona. No es ningún capricho, y sí algo muy útil, la agrupación de las personas por la edad que tienen. Obsérvese que todo el mundo (incluso las personas más radicales en contra del aborto) calcula la edad desde el momento del nacimiento, no de la concepción.

Aunque la esperanza de vida ha variado mucho durante el último siglo y medio, desde muy antiguo se conserva una idea estable de lo que significa la sucesión de los grupos etáneos. Digamos que, aunque el tiempo es un continuo, su medida se hace con unidades discretas. El procedimiento se proyecta sobre las etapas de la biografía. Veamos algunas muestras.

En el Libro de los Salmos se canta este verso: «La duración de nuestros años es de setenta, y ochenta en los más robustos.» Por ahí se entrevé lo que nuestros antepasados consideraban que era el límite práctico de la línea de la vida. Las historias sobre la extrema longevidad de Matusalén y otros patriarcas eran sólo piadosas leyendas. Las han asimilado otros muchos pueblos.

Aristóteles establece que a los 49 años de edad se encuentra la plenitud mental. Era un juego pitagórico de establecer la secuencia del ciclo vital a través de múltiplos de siete ($49 = 7 \times 7$). Según ese juego, a los 56 años (7×8) empezaría la declinación vital. La vejez podría entrar a los 63 años (7×9). Bien es verdad que en la época de Aristóteles (como hasta hace poco más de un siglo) la esperanza de vida al nacer no pasaba seguramente de los 40 años como promedio. Es decir, el estadio de la vejez correspondía a un elenco reducidísimo de personas. El cual gozaba de gran predicamento. Sócrates se enfrenta al episodio definitivo del juicio a los 70 años, una edad venerable entonces.

Shakespeare recoge la tradición de las «siete edades» en que consiste cada uno de los «actos» del teatro de la vida. No era una novedad. El genial dramaturgo respiraba por una larga tradición. Podemos recomponer la tabla de las siete edades de la tabla pitagórica de la forma que indica el cuadro adjunto. Los límites entre uno y otro escalón quedan, a veces, deliberadamente solapados para indicar que no son comportamientos discretos, sino que se solapan para establecer la continuidad biográfica. Como puede verse, los intervalos no son iguales. Los dos primeros estadios comprenden un módulo de siete años cada uno. Luego integran dos. Esta característica es consecuente con la noción vital de que el tiempo corre más despacio durante la etapa de crecimiento (los «años de cera»).

LAS SIETE EDADES PITAGÓRICAS

intervalos septenales (años desde el nacimiento)	edades	estadios
0-7	1) infancia	
7-14	2) adolescencia	*años de cera*
14-21	3) juventud	(dependientes de los padres)
21-28		
28-35	4) madurez	
35-42		*años de hierro*
42-49	5) talludez	(activos y reproductivos)
49-56		
56-63	6) vejez	
63-70		*años de oro*
70-77		(dependientes de los hijos)
77-final	7) ancianidad	

Se suele decir que, en la escala de las edades, hay unos grupos «dependientes» de los otros. Serían dependientes los estadios que llamamos «de cera» o «de oro» porque su subsistencia necesita la ayuda del grupo central más activo, el de los «años de hierro». Hay sociólogos que consideran improcedente esa noción de dependencia, al menos para los jubilados, puesto que han cotizado antes para recibir ahora las pensiones. Sin embargo, procede hablar de dependencia porque lo que en su día pagaron los jubilados actuales se lo comió el Fisco. Es más realista la presunción de que los impuestos actuales, que pagan fundamentalmente los activos, sirven para costear las necesidades de la «edad de cera» y la «edad dorada». Tampoco estamos en un sistema socialista, así que, a título privado, los hogares suelen pagar muchos gastos de la «edad de cera» y la «edad dorada». La relación de dependencia no es sólo dinero, sino afecto y todo lo demás que da la familia, aunque aquí las relaciones son más bien recíprocas. Pero esa regla es la normal en la vida social. No es ningún desdoro que los viejos dependan de la «edad de hierro».

Los estadios dependientes se pueden ver también como egoístas, mientras que la «edad de hierro» es la sacrificada y altruista.

«La ancianidad da derecho al egoísmo», clama don Rodrigo, el protagonista de *El abuelo* de Galdós. Para justificar ese egoísmo, el autor lo describe como un anciano decrépito, gruñón, medio ciego. Nos hacemos a la idea de un personaje valetudinario, pero, al avanzar la obra, nos percatamos de que sólo tiene 60 años. Para la mentalidad actual sería una edad sospechosa como para convivir con una chica de 15 años, que cree ser su nieta. Hoy, que hablamos de «parejas de hecho», sería difícil encontrar una tan extravagante. Ese es el privilegio de la literatura.

La vejez es un hecho objetivamente distinto según la fecha de la observación. Naturalmente tiene que ver mucho con la esperanza de vida que se calcula en cada momento con la información estadística pertinente. En 1930, un médico higienista, al que cito repetidas veces, A. Riera, calcula el momento crítico en el que asoman los achaques de la vejez. El intervalo está entre los 45 y los 60 años. Ese lapso coincide con numerosos testimonios literarios de la época anterior, en los que se apunta esa misma crisis de la edad.

Podemos añadir una versión psicoanalítica de las siete edades pitagóricas a través de los trabajos sobre el «ciclo vital» del vienés Erik H. Erikson. Se trata de una adaptación, más que una traducción, dado el carácter hermético de la terminología original. Intento mantener el espíritu de Erikson, realmente imaginativo. Las siete edades son ahora ocho (por lo mismo que los tres mosqueteros eran cuatro). El punto de vista psicoanalítico hace que la clasificación amplíe el número de estratos en las primeras edades de la vida. Lo sugestivo es que cada una de ellas aporta un rasgo positivo y otro patológico. La realización de la biografía consiste en aprovechar el impulso positivo que tiene cada edad y superar fácilmente el lado patológico. Cuando no se logra esa operación, se produce una fijación en la edad correspondiente, que sirve de refugio. La biografía se detiene, por así decirlo, en una especie de crisis de personalidad, aunque avance el tiempo objetivo. Es un suceso anormal que en definitiva produce sufrimiento. Por cierto, una de esas crisis es la de la «adolescencia», que originariamente quiere decir «empezar a sentir dolor». El cuadro de las ocho edades o etapas del ciclo vital de Erikson, con libérrima adaptación, quedaría así:

intervalos aproximados (años)	etapas	rasgo positivo	rasgo patológico
0-1	1) primera infancia	gozo	extrañeza
2-3	2) niñez	deseo	vergüenza
4-6	3) años de juego	impulso	culpa
7-13	4) años escolares	aplicación	fracaso
14-17	5) adolescencia	búsqueda	confusión
18-29	6) juventud	cariño	soledad
30-64	7) adultez	dedicación	agotamiento
65+	8) vejez	conocimiento	desengaño

La pareja de conceptos para cada etapa vital significa que por uno se avanza y por el otro se retrocede. Si en lugar de conseguir el rasgo positivo se queda uno con el patológico, la evolución se detiene. Se produce entonces una especie de retraso, de inadaptación, que puede acarrear una gran dosis de fracaso individual. La suma de esas malformaciones puede significar la decadencia de una sociedad entera. El envejecimiento es solo una crisis más de la que acumulan todas las demás etapas. La vejez se caracteriza por la polaridad «conocimiento-desengaño». Dice el refrán castellano que «más sabe el diablo por viejo que por diablo». Esa sabiduría es doble. Es la que da la experiencia, el haber conocido el mundo, pero también la malicia que supone la acumulación de desengaños.

Gregorio Marañón, en 1933, sostiene que a cada edad le corresponde una peculiar virtud, derivada de una especial obligación. Así, a los niños les toca la obediencia, los jóvenes tienen que ser rebeldes, los adultos presumen de austeros y los viejos se distinguen por la capacidad de adaptación. La verdad es que ese diagnóstico es más bien una colección de buenos deseos. Puede ser también que, más de medio siglo después, todo ande patas arriba respecto a ese desiderátum. Hoy diríamos más bien que los niños no obedecen, los jóvenes no se rebelan, los adultos gastan todo lo que pueden y los viejos se avienen mal a su situación. En definitiva, se aligeran las obligaciones que antes correspondían a cada edad.

Se puede llegar a una síntesis de las distintas clasificaciones al aceptar una más operativa. De nuevo son siete grupos, aunque no estrictamente los pitagóricos. La clasificación aceptada se adapta tanto a la sociedad tradicional (hasta la segunda mitad del siglo XX) como a la actual. Estos son los siete grupos que resultan:

edad	intervalo
primera infancia	0-6
infancia escolar	7-13
adolescencia	14-17
juventud	18-29
madurez	30-44
talludez	45-64
vejez	65+

El cambio básico de la sociedad actual es que los años escolares califican también a casi todos los adolescentes y a una buena parte de los jóvenes. Se podría hablar, incluso, de una «juventud madura», entrando ya en la treintena. La talludez vendría a coincidir con los «años dorados», por cuanto incluye a un número creciente de personas que se jubilan de manera anticipada. La razón demográfica hace que el grupo de los viejos o mayores amplíe sus efectivos e invite a una ulterior división. Habría una «primera vejez» que culmina los «años dorados» y una «ancianidad» propiamente dicha, por completo dependiente.

Los manuales de cortesía de la sociedad tradicional recogían un precepto que hoy nos puede sonar raro. Era una falta de educación la «conversación sobre edades», es decir, los años que habían cumplido los interlocutores, especialmente cuando en el corrillo había alguna mujer. Se consideraba una impertinencia preguntar la edad a una mujer. La norma se hace hoy insostenible cuando se felicita por el cumpleaños. No obstante, todavía hay muchas mujeres que mantienen el gesto de no decir los años que cumplen como parte de las bromas en torno a la celebración del cumpleaños. Algunos varones de cierta edad participan de esa misma falsa vergüenza. Es un uso extraño, incompatible con el deseo de que los demás le echen a uno menos años de los que realmente tiene. Es siempre un comentario halagador. Va en la línea de reconocer que el receptor de tal halago ha sabido hacer lo prescrito para mantenerse joven, para envejecer con gracia. El tabú de las «conversaciones sobre la edad» se proyecta más sobre el público femenino porque, en el sutil mercado matrimonial, la edad y la apariencia física cuentan más para las mujeres. Con el tiempo, alguien reivindicará la supresión de los datos del sexo y de la fecha de nacimiento en el carné de identidad.

Es muy corriente que los sociólogos, cuando acometen el estudio particular de un grupo social, por ejemplo el de los viejos, empiecen diciendo que «no es un grupo homogéneo». Claro que no; ningún grupo humano lo es, aunque se trate de un conjunto musical o un equipo deportivo. El grupo analizado será más bien homogéneo cuando lo comparemos con otro. Por cierto, otra estulticia sociológica es decir que, entre dos conjuntos que tienen algún parecido, no hay comparación posible, son incomparables. Esa es la negación de la lógica científica, la cual fuerza la comparación de lo que para la visión común resulta «incomparable».

La opinión dominante en la doctrina sociológica respecto a la vejez es sumamente pesimista. Es un rasgo del oficio, puesto que, si no resaltaran los aspectos problemáticos de la vida social, los sociólogos tendrían menos trabajo. Ya se sabe que lo primero es la defensa del empleo. Pero en este caso de la vejez los lamentos de los sociólogos adquieren tonos jeremíacos, apocalípticos. Algunos de los sociólogos más duchos en gerontología han llegado a sostener que el estadio de jubilación es «una pena de muerte social». La metáfora es asaz desgraciada. ¿Cómo se puede hablar de «pena de muerte» cuando el avance sanitario y social ha logrado que sobrevivan más viejos que nunca? No solo eso; casi todo el mundo está de acuerdo con que el reciente aumento de la longevidad ha superado todas las expectativas. Otra cosa es que se discuta la conveniencia de la jubilación forzosa, como queda dicho. Por lo menos se me permitirá que califique de *taciturna* a esa sociología que con tan mala cara examina la sociedad actual.

Es un lugar común la idea de que los viejos reciben menos ingresos que las personas maduras, las que están plenamente activas. Eso es así cuando consideramos sólo los ingresos de los asalariados. Si se contabilizan las rentas del patrimonio, la relación indicada no es tan clara y puede que se invierta en el caso de las clases medias y acomodadas. Es cierto que las pensiones suponen menos dinero que los salarios, pero los viejos suelen ser propietarios de sus viviendas y cada vez más de ahorros y valores mobiliarios. En cambio, las personas activas deben más dinero, es decir, tienen muchas veces un ahorro negativo. Es fundamental que la preparación de la vejez incluya una estudiada acumulación de ahorro o patrimonio. En el caso de algunos profesionales y artistas hay una propiedad inmaterial (y generalmente intransferible) que es la suma de sus conocimientos y experiencias. Por asombroso que pueda parecer, ese patrimonio invisible lo es también para el Fisco, aunque no las rentas que pueda generar.

Los sociólogos hablamos de rol (papel) y estatus (rango). A partir de los cuales, concluimos que los viejos no tienen un papel definido, que tienden a ser un grupo marginado o excluido. Es una simplificación y una venganza de los conceptos. El rol y el estatus son ideas «productivistas». Se adaptan bien a la actividad económica, a la vida competitiva, aunque sea la de los estudiantes. No se avienen bien a la descripción del estrato de los jubilados, pero es por definición, porque así lo decidimos los sociólogos, al proponer la famosa pareja de conceptos. Pero podríamos recurrir a otros más convenientes para el propósito de conocer las circunstancias de la vejez. Por ejemplo, algo así como la *seguridad moral*, que lógicamente califica más a un viejo que a un maduro. Se traduce en una suerte de tranquilidad para saber lo que se quiere, lo que está bien o lo que está mal. Sería una cualidad ideal para los jueces, que por eso mismo no se tendrían que jubilar forzosamente. Pondré un ejemplo más cercano. A partir de la talludez, un catedrático de Sociología no tiene por qué obsesionarse, cuando escribe, por citar o no citar a los colegas según convenga a su carrera. Esa obsesión competitiva es típica de los años de la madurez, cuando hay que merecer en la profesión. Las citas muy estudiadas (en los agradecimientos, en las notas bibliográficas), hasta llegar al escrúpulo, son típicas de los dubitativos comienzos de la carrera. Naturalmente, hay personas talludas que siguen manteniendo esa manía de los años mozos. Puede que la conserven en la vejez. Es un ejemplo de lo difícil que es el arte de envejecer.

La sociedad actual ya no está tan organizada en torno al trabajo como lo estaba la de hace sólo unos decenios. Por eso no se puede decir con justicia que la situación del jubilado sea marginal. Se ha llegado a decir incluso que se halla estigmatizada. No hay tal si la relacionamos con otras edades. Ni siquiera empieza a haber ninguna sanción social contra el parado incolocable o el estudiante que tarda varios lustros en terminar la carrera. En términos numéricos, respecto al conjunto de los habitantes, los que tienen una ocupación fija empiezan a ser una auténtica minoría. No tan privilegiada como parece; es la que tiene que pagar los impuestos y las hipotecas.

Los sociólogos que han estudiado la situación de la vejez cometen a veces el siguiente sesgo metódico. Le preguntan a las personas mayores algo así como: «¿De esta lista de problemas que le voy a leer, dígame cuál afecta más a los jubilados?» Naturalmente, sale que la soledad, el sentimiento de inutilidad, los conflictos familiares, etc., son los problemas que afectan a los viejos. De ahí derivan los sociólogos que la vejez acarrea una especie de «estigma». Pero es más bien el instrumento de observación (la pregunta) lo que introduce ese estigma. La verdad es que el pesimismo es un signo característico de las personas mayores, pero lo es aún más de algunos sociólogos en plena actividad.

En lugar de la pregunta anterior, lo que hay que hacer es una batería de sensaciones o sentimientos, unos positivos y otros negativos, para que los viejos entrevistados contesten su impresión sobre cada uno. Esto es lo que ha hecho Miguel S. Valles en el estudio *La sociedad española 1993-94* que yo he coordinado. El resultado arroja un perfil más bien negativo o pesimista, pero no porque lo ponga el sociólogo. Lo fundamental es que ese perfil negativo alcanza valores muy distintos según sea uno u otro el estímulo. Así, el 58 % niegan que sean tan felices como cuando eran jóvenes; a los que se añade un 18 % que sienten que «la vida no merece la pena ser vivida». Es decir, todavía queda una notable fracción de viejos que se encuentran muy lejos del polo pesimista; y eso que se comparan con el pasado biográfico. Es interesante anotar que el 33 % de los viejos señalan que «según me voy haciendo mayor, me siento más solo». Es preocupante ese tercio, pero los dos tercios restantes no manifiestan ese sentimiento. Ese último resultado contradice el del método anterior por el que los viejos sentían la soledad hasta la desesperación.

El estudio de Miguel S. Valles nos sirve para diagnosticar la supuesta soledad de los viejos. Realmente solo el 20 % de los entrevistados viven solos; por lo general son mujeres viudas. El resto viven con el cónyuge o con algún pariente (generalmente una hija). Son muy pocos los que están en una residencia. Esa estructura dista mucho de la que se da en otros países «avanzados», donde predomina la soledad o el internado para los viejos. La verdad es que cuesta llamarlos «avanzados» si han llegado a esa solución tan despersonalizada. La situación española significa una mayor integración familiar de los viejos, puesto que, incluso cuando viven solos, suelen recibir mucha atención por parte del servicio doméstico o de algunos parientes y vecinos. Otra cosa es que en España, como en todas partes, haya casos de extrema desatención, de abandono. Son pocos, pero da la casualidad de que son los que vemos en los reportajes de la televisión. Tampoco hay que idealizar la compañía. Para algunos viejos, hartos de los parientes, la residencia puede ser una liberación. Como dice el pueblo, «mejor solo que mal acompañado».

Otro lugar común en la literatura sobre el papel de los viejos es que se erosiona su función transmisora de saberes y de influencia sobre los nietos. Se supone que es un corolario del principio más general de la pérdida de la función socializadora de la familia, sustituida en esto por la escuela y quizá por la televisión. El argumento es impecable por la lógica, pero desgraciadamente no le asiste la prueba empírica. Hoy como ayer, la familia es el gran artefacto para ir colocando a los jóvenes en la vida. Precisamente, en un momento de gran complejidad laboral, la educación por sí misma sirve de poco para situar a los jóvenes en sus respectivos nichos laborales. Aunque de algo sirviera el título escolar, el empleo se logra primordialmente a través de la mediación familiar. La cual interviene directamente para proporcionar a los hijos los «conocimientos» necesarios para conseguir un empleo. Dentro de la parentela, los abuelos cuentan hoy especialmente para esa función por una elemental razón estadística. Por primera vez en la Historia hay un suficiente número de abuelos que tienen relación con los nietos ya crecidos. No solo puede haber más interacción, sino que la hay normalmente, puesto que los abuelos pueden hacer las veces de «canguros». No es tanto la influencia directa de la relación de los abuelos con los nietos. Los abuelos representan la posición de la familia de origen. Los nietos utilizan esa orientación como la mejor brújula para navegar por el mundo competitivo en el que tienen que moverse. En la biografía de muchos escritores es clave la biblioteca del abuelo. Así que la noción de que la familia actual (reducida al núcleo de padres e hijos) socializa poco, y los abuelos menos, es una pura superchería sociológica, una de tantas.

Es corriente el tipo de comentario más o menos sociológico sobre el temor de los viejos actuales a enfermar, el sentimiento de inutilidad, la repulsión a envejecer. Todo eso es así casi por definición, lo que no es decir mucho. Lo fundamental es el hecho contrario, la comparación entre los viejos actuales y los de antaño, digamos los de hace dos o tres generaciones. Es la comparación más difícil de hacer, la que supone un mayor esfuerzo imaginativo. A saber cómo pensaban los viejos de antaño. Entonces sí que se tenía temor a envejecer, a enfermar, a ser inútil porque no había seguridad social. Por mucho que quisiera, la familia no podía ayudar mucho. Era una sociedad «productivista» en la que, si no se trabajaba, la inutilidad era manifiesta. Me refiero siempre, claro está, a las clases humildes e incluso a las modestas. Hoy tenemos un valor nuevo: que se puede ser viejo como una situación legítima por sí misma. Así que los trenos sobre la inutilidad de los viejos son una estupenda leyenda para que los sociólogos puedan seguir justificando su función.

Una cosa es cierta. Los viejos no quieren parecerlo, se disfrazan de jóvenes, quieren que se los vea más dinámicos, saludables y alegres de lo que la naturaleza les recomienda. Hasta les da por tener amoríos. Bien, pero ¿por qué todo eso parece molestar a los sociólogos taciturnos? Justamente, esa conducta «juvenil» de los viejos indica que no se sienten tan inútiles o marginados como supone la Sociología taciturna. Lo nuevo es hoy que muchos viejos *hacen planes* para su vida, practican el arte de envejecer. Es algo que sus respectivos abuelos hubieran considerado extemporáneo. Por eso es tan interesante que nos paremos a pensar el tipo de posibilidades que se abren hoy a los que inauguran los «años dorados». La sociedad compleja o desarrollada lo es porque muchas personas relativamente mayores siguen tejiendo su biografía. Cuando esa actividad se para, entonces llega el aburrimiento de los viejos, la verdadera enfermedad degenerativa. Todas las demás son su consecuencia.

Los sistemas de enseñanza que hoy tenemos se dirigen a formar a las personas de pocos años para que, al llegar la juventud, o a su término, empiecen a producir. Es otra vez el resto de una concepción «productivista», acaso necesaria, que olvida un objetivo insospechado, pero que se impone cada vez más. Descubrimos que la etapa inicial de acumulación de conocimientos, de hábitos de aprender y de informarse, es la que determina la buena instalación de la vejez. El mejor «plan de jubilación» es un buen plan de bachillerato. Aunque, la verdad, los planes de estudios han ido a peor, el hecho es que una parte creciente de la población accede a la enseñanza secundaria y más allá de ese límite. Con independencia de su valor productivo, ese avance proporciona a las sucesivas promociones que van entrando en la vejez una gran defensa para los años del inevitable declive físico. La verdadera carencia de los viejos no es tanto la escuálida pensión (que puede ser complementada con la ayuda de los hijos), sino la pobreza de recursos educativos. Aquí caben pocos arreglos.

Por razones que no son del caso, hay que partir del hecho de una cierta contención de los movimientos geográficos de la población española. Ahora se producen sólo los de corta distancia, por ejemplo, dentro de las zonas metropolitanas. Algunos observadores suponen que esos movimientos van a suponer la disgregación de las parentelas. Por ejemplo, los abuelos se quedarían en el centro de las grandes ciudades y los hijos se irían al extrarradio. El supuesto es demasiado simple. Se puede dar incluso el inverso. En buena lógica económica, las viviendas del centro son demasiado amplias y caras para que sea aconsejable la persistencia de sus propietarios, una vez que han criado a los hijos y se han jubilado. Hay otras combinaciones, como la lógica ubicación de las residencias de ancianos en las zonas de baja densidad. Pero lo fundamental es que, sea como sea, esa separación física de los parientes dentro de la zona metropolitana no significa «disgregación». Es posible que las corrientes de afecto y de ayuda entre los parientes puedan circular mejor si se encuentran cerca, pero separados. Anotemos que en las zonas metropolitanas casi todos los componentes de la «edad de hierro» tienen coche; casi todos los jubilados disponen de teléfono. Solo con esos dos artilugios, la vida cotidiana difiere sensiblemente de la del pasado cercano.

Es fundamental hacerse a la idea de lo que podría ser una especie de *excedencia anticipada* como decía al principio. Viene a sustituir, desplazándola con garbo, a la imposición legal de la jubilación propiamente dicha. No todos los empleos pueden llegar a ese dominio. Aquí es donde se entiende el privilegio de las profesiones liberales. También su servidumbre, porque el perito en conocimientos lo es a todas horas; sólo dejará de leer y escribir en la última. Las leyes laborales poco pueden hacer si desconocen esa realidad.

Una cosa sabrá apreciar el practicante del arte de envejecer: el uso del tiempo. A partir de la jubilación, el tiempo va a ser lo más tasado. Por eso los viejos necesitan menos horas de sueño, sabia que es la naturaleza. Hay que reorganizar la vida para comprar tiempo a cualquier precio. De ahí la irracionalidad de los viajes colectivos para la llamada «tercera edad». Más parece una forma de matar el tiempo que sería característica de la edad juvenil. Al contrario, el mejor modo que tiene un viejo de ganar tiempo es moverse lo menos posible. Aquí también ayuda un poco la naturaleza. No hay más que seguir sus leyes. Con los años disminuye espontáneamente la curiosidad por viajar, conocer caras nuevas, otros paisajes. Hay que hacer, de esa necesidad, virtud. Los años de juventud y de madurez pueden haber sido azacaneados, ambulantes. El talludito se dispone, en cambio, a gozar de la quietud, el silencio, el paso de las estaciones, las bellotas de la robusta encina, que decía don Quijote.

Para cumplir esas llamadas del tiempo, los «años de oro» están pidiendo un espacio apropiado. Tiene que tener todos los elementos en su más puro estado: aire, piedra, agua y fuego. No se trata de vivaquear, que esa sería otra vez la actividad juvenil. Antes bien, los cuatro elementos tienen que hacerse cuerpo en una casa. Se dice que «el casado, casa quiere». No es verdad, o no lo es toda. El viejo, casa quiere, más bien, especialmente si se trata de una persona que trabaja con papeles o símbolos. La casa definitiva tiene que ser la expresión del estilo de vida que uno ha elegido. Conseguir ese ideal es el lujo mayor al que una persona puede aspirar. Pero ya hemos convenido en que nuestro hombre, el que practica el arte de envejecer, es un profesional, que tiene crédito en los varios sentidos del término. Si no hemos convenido tal cosa, estamos a tiempo.

Una de las técnicas para hacer sufrir a un preso o a cualquier otro interno es la de reducir al mínimo el número de objetos de que dispone. Ese empequeñecimiento se hace todavía más cruel si los objetos ocupan un espacio mínimo. No hay que recurrir a la imagen extrema de una celda de castigo, incluso de una cárcel moderna. Hay veces en que la habitación de un hotel o de una residencia puede dar esa misma sensación moribunda. No digamos los camarotes de un barco, por muy crucero turístico que sea. Llegada cierta edad, cuánto se agradece que la habitación del hotel tenga flores y libros y cuadros. Es casi un imposible. Lo peor que se puede hacer con un viejo es reducirle el número de objetos personales y empequeñecerle el espacio propio. Es una forma de tortura que se practica con el diseño de las llamadas «residencias de la tercera edad». Solo se explica tamaña crueldad si de lo que se trata es de acortar la vida del interno en cuestión. La lección es clara. Al llegar a la etapa de los «años de oro», para que así sean, hay que conseguir que los ahorros multipliquen los objetos propios y amplíen el espacio asequible. Los fondos privados de pensiones tendrían que imaginar que van a servir para invertirlos en trozos de materia.

Se comprenderá ahora que el talludo casa quiera. Es lamentable que se pueda diseñar una vivienda sin saber para quién va a ser, sobre todo qué edad van a tener sus ocupantes. Los jóvenes y los niños son mucho menos exigentes con el espacio. Pueden compartir una tienda de campaña con otros camaradas o dormir en literas. No suelen tener claustrofobia. Doblado el medio siglo de vida, las personas necesitan la comodidad de los generosos espacios cotidianos. No es por pereza. Simplemente cada grupo etáneo tiene sus exigencias. Los niños necesitan el parque o el patio de recreo para desahogar el exceso de energía. Los viejos salen a la plaza no tanto a tomar el sol o a conversar, como a ampliar un poco más el espacio cotidiano que pueden dominar.

Algún día las leyes determinarán que la jubilación forzosa a una edad determinada, igual más o menos para todos, es una forma de esclavitud. Hasta que llegue ese día de la gran liberación, los talludos ahorradores harán bien en alojarse en una casa agradable donde puedan ocuparse en algo. Lo mejor será inventarse curiosidades. Los años dorados tendrían que ser para que se pudiera desarrollar lo que uno quiso hacer y no pudo durante la ajetreada madurez. A veces esa dedicación puede ser tan simple como cuidar de otra persona, un animal, algunas plantas. Es curioso que, para la mentalidad española, esas dedicaciones son femeninas. Acaso esté ahí el secreto de la mayor longevidad de las mujeres.

Uno de los mayores pesares de la jubilación es que, al cortar con el trabajo y las relaciones sociales, se deja de recibir información. La estrategia de la «excedencia» más o menos activa pasa por los dispositivos que facilitan nuevas formas de recibir y de emitir información. Por fortuna, entramos en una época dispuesta a facilitar las redes informativas a través de artilugios electrónicos. De momento, este es un juguete para los mozos, pero puede ser la salvación para los viejos. Las casas que se vayan a proyectar ahora tendrán que contar con esa posibilidad de nuevas funciones comunicativas. Desgraciadamente, lo que sucede en la realidad es que la vida hogareña tiene que adaptarse a la vivienda de que se dispone.

La «excedencia» a la que me refiero es una especie de otra oportunidad que se le da a la biografía. Es la consecuencia más directa de la ampliación sistemática de la esperanza de vida. En el pasado era excepcional ese bucle biográfico, aunque hay egregios ejemplos. Ahí tenemos la segunda, auténtica y fascinante vida de don Quijote, que comienza cuando «frisaba la edad de nuestro hidalgo con los cincuenta años». Hasta ese momento no se le había ocurrido ponerse a «desfacer entuertos». Para la época, tenía que parecer una edad provecta. En contra de los usos de su época, el hidalgo se dispuso a emprender una «segunda biografía», bien ajetreada, por cierto.

La noción de la «segunda biografía» se comprende también a escala familiar. Por primera vez en la Historia hay una generación de abuelos que pueden llevar la ilusión de ser padres por segunda vez de varias maneras simbólicas. Lo pueden ser por los hijos de sus nuevos matrimonios o también por sus nietos. No es que antaño no existieran esas combinaciones de parentesco, pero solían pillar a los abuelos con muy mala salud. Era difícil disfrutar de esa paternidad vicaria, desde luego, pero no por ello resulta menos estimulante. Después de todo, para los varones, la auténtica paternidad es ya más bien simbólica. La única real es la maternidad.

Es inexorable que, al envejecer, se note un cierto despego por lo que antes acuciaba. Por ejemplo, los viejos se vuelven menos competitivos. Pero eso no quiere decir indiferencia general, a no ser que la provoque un estado físico de senilidad morbosa. También a los jóvenes les puede dar el muermo de la indiferencia. El plan de «excedencia» puede incluir la realización de algunas tareas que los que envejecen siempre quisieron emprender y nunca tuvieron tiempo de hacerlas. A algunos les dará por el coleccionismo, a otros por recoger setas o por leer a los clásicos. Son quehaceres que no tributan a Hacienda y que no dañan a nadie.

La voz *envejecer* acarrea resonancias de enfermedad, pero no tiene por qué ser así. No es más que el movimiento del ciclo vital, tan agradable como el paso de las estaciones a lo largo del año. En la edad dorada, en la antigua Arcadia no se envejecía, como seguramente en el calendario del Paraíso Terrenal no había estaciones. Francamente, se trata de situaciones indeseables. Una persona no lo es del todo hasta que no experimenta la sensación de envejecer. La cual consiste en descubrir, por fin, el placer del conocimiento. Sólo al llegar a ese otoño de la vida, esta se le revela como lo que realmente es, un carrusel, según la afortunada metáfora de Erik H. Erikson. Con la particularidad de que, en este caso, después de que una persona esté a punto de completar su ciclo vital, acaso vea a su nieto iniciándolo. Es el momento en el que el arte de envejecer adquiere el punto satisfactorio.

CAPÍTULO VII

Las diversiones

Se ha exagerado mucho al describir la sociedad primitiva como transida por el trabajo, con jornadas agotadoras de sol a sol. Podría ser en el verano o cuando se concentraban algunas labores agrícolas. Eran momentos excepcionales y previsibles. En ese mundo rural había bastante tiempo de asueto, de holganza. Es un tiempo posterior de transición, con la llegada de la industria, cuando las obligaciones laborales y las tareas domésticas empiezan a limitar los ratos de ocio. La época actual ha visto reducir el horario laboral, pero son muchas más las obligaciones sociales que no deben clasificarse propiamente como ocio. Por ejemplo, la necesidad de trasladarse, de resolver asuntos burocráticos, de cuidar el cuerpo, de comunicarse, de reunirse con algún propósito práctico, productivo. Esas son las necesidades que los habitantes de la sociedad tradicional apenas sentían. De ahí que, comparativamente hablando, tenían más tiempo por delante. La vida cotidiana de la sociedad campesina tradicional podría ser simple, mísera incluso, pero pocas veces era trabajosa. Otra cosa es que el trabajo de la mayoría fuera poco rentable. Era la consecuencia de una odiosa contraposición entre pobres y ricos. De eso sí se quejaban nuestros antepasados, siempre que no fueran del estrato acomodado.

Se supone que la sociedad actual, y especialmente la que viene con las «nuevas tecnologías», va a estar centrada en el tiempo libre para permitir el interés por la actividad productiva. No es tan simple esa sustitución. Cierto es que se tiende a trabajar menos horas, pero las que quedan no son todas ociosas. Es más, lo fundamental es que el tiempo libre se organiza cada vez más como consumo. Ese tránsito significa el notable crecimiento del capítulo económico dedicado a satisfacer la necesidad de consumir actividades de ocio. El sentido económico del ocio se explica muy bien en el uso actual de pedir un crédito para pagar unas vacaciones. Normalmente, cuando una persona disfruta de su tiempo libre es porque hay otra persona (más de una) trabajando, esto es, produciendo el ocio consumido. Así pues, el trabajo y el ocio podrían ser excluyentes para una misma persona pero no para el conjunto de la sociedad. Tampoco son mutuamente excluyentes en todos los casos. Los artistas, los escritores, todos los que siguen profesiones vocacionales, suelen considerar que su trabajo es también una fuente de placer. Por otro lado, el deportista profesional o el jugador de Bolsa no saben muy bien si su dedicación es placentera u obligada. La misma idea de obligación puede coexistir con las actividades placenteras, desde el llamado «débito conyugal» hasta la presión social por divertirse en tiempo y lugar determinados.

Un rasgo común a muchas culturas es el tiempo desproporcionado que se dedica al juego, la fiesta, la diversión. La desproporción se establece desde una perspectiva productivista, puesto que una gran parte de ese gasto de energías podría haberse dedicado a producir, en definitiva, a mejorar la vida. Es un punto de vista menos racional de lo que parece. O mejor, el gasto en fiestas y diversiones, incluso con carácter orgiástico, cumple una función positiva, la de reparar fuerzas y hacer más humana la vida. La prueba es que los campos de concentración no han sido precisamente modelos de productividad.

El historiador Norman J. G. Pounds recuerda que las sociedades primitivas mantienen un alto grado de fuerzas disruptoras: codicia, envidia, desconfianza. Para neutralizarlas y lograr que el grupo se integre, no hay más remedio que fomentar la fiesta, la holganza organizada. No hay por qué restringir esa interpretación a los pueblos primitivos. Los contemporáneos también exhiben abundantes muestras de envidia, recelo y resentimiento. Para conjurar el peligro de la desintegración, las autoridades promueven todo tipo de festejos, competiciones deportivas, celebraciones lúdicas. A los vecinos les encanta la iniciativa. Diríase que el dinero público mejor gastado es el que va a ese capítulo, que piadosamente se enmarca con la etiqueta de «cultura». Siguiendo con la parodia de Orwell en *1984*, no está mal que sigamos la azarosa evolución de la etiqueta del Ministerio de Educación y Ciencia en la España reciente. Empieza siendo de Instrucción Pública en 1900. Luego se llama de Educación Nacional y, sucesivamente, de Educación y Ciencia. Pasa a ser de Educación y Cultura, incluyendo Deportes. En los ayuntamientos, es característica la figura del edil encargado de Cultura y Festejos. Todo viene a ser lo mismo, pues la cultura municipal suele derivar hacia las artes escénicas, cuando no a los simples actos gregarios, callejeros, ruidosos.

Si partimos de la presunción de que la sociedad española es particularmente resentida y envidiosa, no extrañará que se dedique tanta energía a la fiesta. La sociedad se habrá secularizado hasta el punto de que muchos niños llevan nombres que podríamos decir paganos. Sin embargo, nadie discute la idoneidad de las fiestas de ciudades, pueblos o barrios con ocasión del santo patrón correspondiente. Se incluyen las respectivas advocaciones de la Virgen María, generalmente reverenciadas junto al apellido local. Es un rasgo primitivo más de la vida contemporánea. Nadie diría que lleva trazas de desaparecer. Todo lo contrario, el capítulo de fiestas religiosas se amplía cada vez más en España. ¿Será acaso que la religión popular no mengua?

La sociedad tradicional vivía con más intensidad la sucesión de ritos religiosos, cívicos o puramente festivos que componían el año. El público se sabía bien el calendario. Se vivía fundamentalmente en la calle. Había procesiones, romerías, comparsas, mercadillos, desfiles, ferias, todo tipo de celebraciones y festejos. La intensidad y continuidad de tales actos eran tales que entran muchas dudas sobre la creencia de que nuestros recientes antepasados estuvieran sobrecargados de trabajo. En la sociedad actual se han erosionado algunas de esas tradiciones (sobre todo las religiosas), aunque continúa su sustancia. Desde luego, las procesiones de Semana Santa no han decaído. Tampoco retrocede una devoción tan multitudinaria como la del Cristo de Medinaceli (Madrid). Se han añadido algunas más, como la «semana blanca» de algunos lugares (vacaciones para esquiar), las ferias comerciales, las exposiciones artísticas. Algunas fiestas locales, como la Feria de Abril (Sevilla), las Fallas (Valencia) o los Sanfermines (Pamplona) adquieren una dimensión de turismo masivo. Aunque se circunscriban localmente, ese tipo de festejos tienen su réplica en otras muchas localidades. Por ejemplo, la Feria sevillana se reproduce allí donde hay una colonia suficiente de andaluces, como en Madrid o en Barcelona. En todas partes hay un renacimiento de los Carnavales y de otros festejos populares.

El nuevo rito, realmente multitudinario, es el de la salida de la ciudad los fines de semana y no digamos los «puentes», construidos con generosidad. Esos períodos de ausencia de obligaciones laborales o de estudio se alargan cada vez más. Ahora se refuerza la duda sobre la verdadera intensidad del trabajo en nuestra sociedad. Puesto que el producto económico no decrece, la conclusión es que aumenta enormemente la productividad. Muchas de las fiestas y celebraciones implican cada vez más un gasto económico para el público y puestos de trabajo para otras muchas personas. Las fiestas se convierten en un atractivo turístico, al igual que ciertos acontecimientos deportivos. Así pues, lo que parece meramente una forma de asueto es también un elemento productivo.

En la actual sociedad hay lugar para verdaderos profesionales de ferias, congresos, exposiciones y otras formas de festejar el calendario. Ya no hay misiones o tandas de ejercicios espirituales como se organizaban antes durante la Cuaresma. Pero son innúmeras las jornadas, semanas, simposios o convenciones que ahora se montan con los más dispares motivos. Cada vez impera más el sentido comercial de todos esos «eventos», como ahora se denominan, dando una pirueta al sentido admitido de la palabra. El «evento» era antes lo inesperado; ahora es lo programado y organizado hasta el detalle, incluso profesionalmente.

Un nuevo uso placentero del calendario es el momento en el que, al llegar diciembre, los españoles se hacen con la agenda del año entrante. La operación consiste en estudiarse bien las fechas para determinar qué días de fiesta caen en qué días de la semana. La operación la ejecutan asimismo las agencias de viaje por el interés que ese azar tiene para su negocio. Hay una combinación menos mala, que las fiestas caigan en miércoles, y otra peor, que se superpongan a un sábado o un domingo. Cabe la esperanza de que, en alguno de esos casos, la fiesta correspondiente se traslade al lunes, en cuyo caso se forma un bloque de tres días de fiesta. Se habla entonces de un «puente», una «minivacación». Claro que el verdadero y deseado «puente» es cuando la fiesta cae en martes o en jueves, en cuyo caso se produce el hecho de un día suelto (lunes o viernes) entre dos festivos. Muchos estudiantes y no pocos trabajadores consiguen forzar las cosas de tal manera que el día emparedado entre los dos festivos se considere de hecho como no laborable. Esa operación es propiamente la de «hacer puente», la de conseguir una estupenda vacación. Las agencias de viaje anuncian con mucha antelación las oportunidades para esos «puentes». Las autoridades y empresas relacionadas con el tráfico de vehículos toman también sus medidas. Las grúas de las empresas de asistencia en carretera se despliegan estratégicamente.

La innovación de los «puentes» vacacionales no es tan radical como parece. Se trata más bien de un ajuste pragmático que trata de asimilar y ordenar el anterior absentismo laboral. El caso más típico era (y sigue siendo en parte) el absentismo de los lunes como consecuencia de la «resaca» del domingo. La excepción empieza a ser la norma. Los «puentes» añaden más ojos. En las grandes ciudades se observa un tráfico de entrada especialmente denso las mañanas de los lunes. Se forma con las personas que han salido de fin de semana y tratan de evitar las «caravanas» de coches que regresan el domingo por la noche. Es una forma de estirar, todo lo que se puede, el fin de semana. Por el otro lado, la noche del jueves empieza a ser la preferida para «salir» y «quedar», como antes era la del viernes, que, a su vez, sustituyó a la del sábado.

Por todas partes se difuminan las fronteras entre el tiempo de trabajo (o de estudio) y de ocio. A su vez, dentro de la jornada laboral habría que ver la constante incidencia de los momentos en que los trabajadores (o estudiantes) la dedican a asuntos personales. Ahí entraría la hora del café o del bocadillo, el uso del teléfono para cuestiones personales y las conversaciones sencillamente amigables. Para ser justos, habría que contabilizar también las horas de asueto que se dedican a resolver asuntos relacionados con el trabajo (o el estudio). Para muchas personas, los congresos y reuniones profesionales, fuera del lugar de residencia, mezclan turismo y negocios.

Es cierto que todavía hay muchos trabajos que realmente «traban», es decir, son molestos o extenuantes. Pero la economía de servicios mantiene muchos otros más bien placenteros, creadores, por lo menos tranquilos. Por cualquier lado que se mire, es cada vez más difícil establecer la línea divisoria entre el trabajo y el ocio.

Los ritos anuales de fiesta pretenden remontarse a un pasado remoto, pero no siempre sucede de ese modo. En este capítulo de las diversiones hay lugar para la innovación. Una de las más notorias es la costumbre de intentar comer las doce uvas conforme dan las campanadas del reloj en la Nochevieja. Es realmente rara, pues no se celebra en parte alguna, más que en España. Pues bien, el origen está en la excelente cosecha de uva que se dio en 1909. Los cosecheros no sabían qué hacer, hasta que uno de ellos propuso lo de las doce uvas para la Nochevieja. El éxito de esa campaña comercial ha sido uno de los más sonados. Realmente no pocos españoles creen que se trata de una costumbre de todos los tiempos y países. Hoy se planta una variedad de uva destinada al consumo de la Nochevieja. Es un rito navideño tan general como la lotería.

Un detalle festivo, antes muy localizado, ahora es general. Me refiero a los cohetes, fuegos artificiales y petardos; en definitiva, el ruido como elemento de diversión. Tradicionalmente se circunscribía a la región valenciana. Ahora es parte inseparable de las fiestas de toda España. El ruido de la pólvora se asimila hoy a muchas fiestas particulares, desde la Nochevieja hasta los cumpleaños y aniversarios.

Un hecho característico de nuestro tiempo es el de las variadas formas de espectáculo. Se trata de la conjunción de unos actores que representan algo y de un público que va a verlos. El espectáculo es más clásico cuando los actores son profesionales. A veces, la distinción no es tan tajante, como en las procesiones, típicamente las de Semana Santa. En el caso de la televisión, el público es invisible para los actores. Esa situación incómoda se salva con la creación de un público un tanto artificioso y, paradójicamente, constituido por extras profesionales. Asisten disciplinados a la representación y aplauden y preguntan cuando se les dice. En la radio, la ausencia de público tiene peor solución. Se salva parcialmente con la aceptación de llamadas por parte de lo que se llama la «audiencia», esto es, el público que sigue el programa. Ni la radio ni la televisión han conseguido que descienda el deseo de acudir a los verdaderos espectáculos masivos, el fútbol, por ejemplo. El género más ilustrado de las conferencias o las presentaciones de libros es cada vez más popular. Existe la sospecha de que muchos espectáculos son realmente un pretexto para que se vean unos a otros los participantes del público. Siempre se dijo que esto era así en el teatro tradicional, en la ópera y hasta en los servicios religiosos (bodas, misas, funerales). El «descanso» entre acto y acto de las representaciones teatrales clásicas obedece a ese deseo de verse unos a otros.

Los espectáculos tradicionales requerían un atuendo especial para la ocasión. La misa exigía llevar el traje «de los domingos», por eso así llamado. El teatro, los conciertos, la ópera, prescribían incluso una indumentaria especial, de gala. Esas reglas se han visto desbordadas por la masificación de los espectáculos. Predomina hoy el «viste como quieras». Sin embargo, no es todo espontaneidad. El fútbol, por ejemplo, cultiva la exhibición de los objetos del club respectivo: insignias, bufandas, gorros, etc. En los Sanfermines de Pamplona es obligatorio el conjunto blanco, las alpargatas y el pañuelo rojo. La uniformidad del atuendo confiere al público la dignidad de grupo, aunque sea efímero, para que sea algo más que una multitud.

Otro elemento unificador del público es el aplauso. Es el modo de reconocer que los actores han cumplido su papel de forma satisfactoria. No solo se aplaude a los artistas, incluso aunque no se lo merezcan mucho. Merecen ser aplaudidos los políticos que se atreven con un mitin. A veces ellos mismos aplauden al público, no se sabe bien por qué. El aplauso se impone también en los funerales, donde se supone que el verdadero actor es el difunto. Lo más curioso es que ese mismo contagioso gesto sea el final de los «cinco minutos de silencio» que congrega al público con ocasión de algún atentado terrorista. Es un espectáculo efímero, pero con todas las exigencias del género.

Lo fundamental es que los «actos» del espectáculo estén pautados. Se exige un local determinado, con un horario preciso. Es proverbial la puntualidad de los toros. La secuencia de acontecimientos se halla perfectamente programada, aunque, como es lógico, los deportes o los toros exijan elementos de azar. La repetición del espectáculo, sea con una cadencia anual o semanal, no solo no cansa, sino que se recibe con agrado. Los españoles han gozado durante mucho tiempo con las representaciones anuales del *Tenorio*, de Zorrilla, durante los primeros días de noviembre de cada año. Por lo mismo, desde su estreno en 1895 hasta 1936, la pieza dramática *Juan José*, de Manuel Dicenta, se ha venido representando con unción obrerista con ocasión de la fiesta del Primero de Mayo. La interrupción de ese rito por el franquismo no se ha recuperado con la democracia. El hecho no tiene una explicación clara. Cabe decir que las tradiciones también pasan, por lo mismo que nacen otras nuevas o se revitalizan algunas antiguas. Por ejemplo, los últimos lustros del siglo XX han visto renacer muchas fiestas populares, como las del Carnaval o las celebraciones patronales. Nuevas ocasiones para el jolgorio son las despedidas de soltería o las fiestas de fin de curso.

Cabría entender también el cine como una especie de renovación del teatro con otros medios, y, a su vez, la televisión como una suerte de cine doméstico. No es tan simple ese esquema evolutivo. Desde luego, cada una de las nuevas artes escénicas no sustituye a la anterior (en sentido cronológico), sino que las tres coexisten, cada una con su tipo distinto de público. El teatro tiende a recrear el pasado, un poco como la novela. El espectador de una obra de teatro tiene la sensación de que la trama que contempla sucedió alguna vez antes. En cambio, como sugiere José Luis Garci, el cine transmite la ilusión de que «todo sucede siempre la primera vez en la pantalla». Eso es así aunque la película sea de las históricas o de las que anticipan el futuro. El cine es esencialmente «acción», como se dice cuando se rueda. Al espectador le produce una sensación de que está viviendo ese presente. Naturalmente, se trata de una sensación momentánea, transitoria, superficial. Por eso las películas terminan con el letrero de «fin». Es el momento en el que se encienden las luces de la sala y el espectador vuelve a la realidad. La película está bien llamada así, pues ha sido solo una capa superficial de ilusión. Unamuno recuerda que «película» es un cultismo que, siguiendo las reglas de la evolución léxica, tendría que haber dado «pellejo» en castellano. Así se acentúa su carácter superficial, de poca sustancia. Cuando la película es la versión de una novela, el espectador sabe que la obra escrita es más profunda, dice más cosas. Pero la película hace presente el pasado de la obra literaria. Cierta es la superficialidad del cine, pero estamos ante la más distintiva película que empavona el alma colectiva del siglo XX.

Se podría pensar que la televisión no es más que la hija del cine, el cine en casa. No es así del todo, porque la televisión trocea al público en la miríada de unidades que componen cada cuarto de estar por separado. Se va al cine (o al teatro y los otros espectáculos), pero la televisión le llega a cada uno en el lugar donde está. La televisión es esencialmente la imagen que se entroniza en cada casa, como los manes y penates de los antiguos. Realmente, el televisor aparece literalmente como un santo doméstico sobre su peana en el sitio de honor del hogar.

Las estadísticas suelen decir que los españoles (como otros europeos) dedican un tiempo desproporcionado, creciente, a ver la televisión. Dicho así, da la impresión de que se trata de una actividad que desplaza cualquier otra. No es cierto. Ver la televisión significa también comer o beber, platicar en un bar o en la casa, realizar algunas tareas domésticas, discutir, dormitar, incluso leer. La televisión es muchas veces el «ruido de fondo» que acompaña o precipita diferentes actividades. Así que nos dice poco la estadística bruta de cuántas horas pasan al día los españoles delante del televisor. Lo que sí parece claro es que, con el televisor enchufado, no es probable que sea muy brioso el ejercicio físico. Pero, por otro lado, es muy posible que ese mismo público tan «teleadicto» dedique más tiempo que nunca en el pasado a hacer ejercicio. Al final, la televisión es simplemente el factor común del paisaje doméstico. Si se hiciera una estadística precisa, se podría comprobar que hoy existen más televisores encendidos que nunca sin que nadie les preste atención. La televisión ha dejado de ser el espectáculo que supuso en los primeros tiempos de la pantalla en blanco y negro. Entonces había un público fiel y agradecido.

Aunque la comparación pueda parecer atrevida, sucede con la televisión como antes con el teatro. Hace un siglo, el público que asistía masivamente al teatro no iba solo a ver la función, sino a verse unos a otros. Recordemos que el diseño tradicional de los teatros, en forma de herradura, está hecho para que el público de los palcos pueda ver bien al de enfrente. Esa posibilidad se refuerza con el uso de los gemelos y la generosidad de los entreactos. Pues bien, fuera de los espectadores individuales, la televisión puede servir de estímulo para que se establezca una curiosa interacción de los que están delante de la pantalla. Es típico el caso del aficionado al fútbol que baja al bar para ver el partido por la tele junto a otros parroquianos. Lo fundamental no es tanto ver el partido como comentarlo. Lo que se llama «retransmisión» de un partido por radio suele hacerse con la simulación de varios entendidos que comentan las incidencias del juego. Muchos aficionados apagan el sonido de la tele y conectan el de la radio, mientras siguen la imagen por la televisión, a poder ser con otras personas más asistiendo al espectáculo. El partido se ve, a su vez, para luego comentarlo con otros aficionados. No es tan pasiva como parece esa actividad del espectador deportivo. Habrá que volver sobre ello.

El cine implica salir de casa. Por eso es un espectáculo que atrae especialmente hoy a los jóvenes, la edad gregaria más que ninguna otra. Es el público con una infancia saturada de televisión. Las modernas salas de cine son de carácter múltiple. Esa disposición permite optar por una u otra película, como si se tratara de la posibilidad que ofrece el mando a distancia para «zapear» los distintos canales de la televisión. El cine impele a verlo en pareja o en grupo. Se «queda» con otros para ir al cine como parte de un ritual de «tomar algo» antes y después. Esa necesidad de comer y beber se manifiesta incluso durante la proyección de la película. Asociamos los multicines con el característico olor dulzón de las palomitas o la coca-cola de barril.

Durante mucho tiempo, las mujeres tuvieron vedada su participación como actrices de teatro. Se suponía que las mujeres no debían exhibirse, ni siquiera con el capirote en las procesiones de Semana Santa. Algo ha hecho cambiar ese tabú. Todavía hoy la participación femenina es escasísima, por no decir nula, en algunos espectáculos: toros, fútbol, boxeo, ciclismo y otros deportes. Incluso el conjunto de los espectadores de esos acontecimientos suele ser, todavía hoy, resueltamente masculino. Se trata quizá de la asociación con la violencia, que sigue siendo «cosa de hombres». Digamos de paso que la esencia de esos espectáculos que requieren resistencia física, fuerza y violencia (por lo menos simbólica) lleva a que los espectadores discutan. El aire competitivo hace que los espectadores se vuelquen pasionalmente sobre uno u otro equipo, sobre lo bien o lo mal que ejercen su papel los «actores» correspondientes. Paradójicamente, las discusiones taurinas o deportivas, por apasionadas que sean, resultan ser un estupendo antídoto contra la violencia real. Por ahí aparece el resuelto carácter de integración social que tienen esos espectáculos.

Otro elemento integrador de los espectáculos es que se ven como avenidas para el éxito de sus «actores» respectivos. Se resalta con admiración el carácter de fuerte y rápida movilidad ascendente de las «estrellas». Para llegar al vértice de la pirámide social a través de esas dedicaciones no hace falta la acumulación de estudios, que es el requisito de otras profesiones. Sucede, además, que, de triunfar, el éxito se alcanza en plena juventud. Este rasgo proporciona la ilusión de que los humildes pueden llegar al triunfo rápido. Solo algunos lo consiguen, pero esas biografías de los triunfadores adquieren un carácter mítico por ejemplares.

Los textos de los pedagogos y moralistas tradicionales han venido insistiendo sobre el carácter de «falsedad» que tiene, por definición, el argumento de las artes escénicas. La consecuencia es que los niños deben alejarse de tales fantasías. Advierte un conocido *Diccionario de Educación*, el de Mariano Cardedera, de mediados del siglo XIX: «Los espectáculos, por morales que sean, promueven sin embargo cierta precocidad en las ideas, fatal para el alma y para el cuerpo. Los niños que asisten con frecuencia al teatro adquieren cierto aire de suficiencia y pretenden parecer lo que no son.» Esta es la razón por la que en el siglo XX se generaliza cada vez más un teatro o un cine para niños. Lo curioso es que se acuerda que el género infantil subraye todavía más el carácter de «falsedad» de los argumentos. No solo eso. Ya en nuestros tiempos, las películas o los programas de la televisión para niños acentúan el carácter violento e inverosímil de las historias que cuentan. En realidad, lo que han temido siempre los moralistas y pedagogos es que los niños aprendieran demasiado a través de los espectáculos de ficción. En cuyo caso la acción socializadora de la familia o de la escuela se queda un tanto vacía de contenido. Al llegar la televisión, esa competencia de la socialización externa a la familia resulta todavía más llamativa.

La tradición de la moral que condenaba al teatro se exalta con la llegada del cine. Un opúsculo de lo que podríamos llamar psicología moral, de principios de siglo, el del clérigo Francisco de Barbens, asegura que «el cine retarda y atrofia la inteligencia». No sólo eso. «El cine [...] es uno de los agentes patógenos más a propósito para determinar enfermedades en los niños y en las niñas.» Los efectos patógenos que se atribuyen al cine se generalizan a los jóvenes y a los adultos como si se tratara de una verdadera epidemia. Es así el cine «el motivo o la causa verdadera de no pocas aberraciones afectivas, de ciertas infidelidades conyugales, de caracterizados vicios de la juventud, de profundos desórdenes domésticos, de numerosas víctimas económicas y de sensibles muertes prematuras». El tono es verdaderamente apocalíptico. Es la expresión del horror a las novedades que tanto ha caracterizado a las huestes conservadoras españolas. A sí mismas se llamaron «integristas»; hermosa palabra, por cierto.

Veamos un texto de 1930 en el que la condena del teatro «moderno» se resuelve con el mismo tono apocalíptico. Es el de otro clérigo, Carlos Salicrú: «El teatro contribuye poderosamente al incremento de los suicidios.» Se citan dos obras vitandas, *Juan José*, de Dicenta, y *Electra*, de Galdós. Claro que peor es el intrascendente vodevil: «Es un verdadero muladar, desde el cual se aficiona a la sociedad con la plasticidad sicalíptica más vergonzosa y con la audacia del lenguaje más vil y canallesco. Es la sentina hedionda de la degeneración humana.» Y por si fuera poco, llega el cine, «el instrumento más activo para despertar y fomentar las pasiones; su finalidad no es otra que la de complacer a las multitudes organizadas y brutalmente envilecidas, las cuales no apetecen otra cosa que la lujuria y el crimen». Anote el lector que estos lamentos se refieren al cine mudo, que hoy se consideraría ingenuo y hasta infantiloide.

Hay otra explicación para interpretar la enemiga de los clérigos hacia los espectáculos, digamos mundanos. Lo son así porque se trata de un remedo del espectáculo primordial de la auténtica función religiosa. Recuérdese que la palabra «función» se conserva después para el teatro o el cine. Es lógico que los eclesiásticos consideren el teatro, el cine y otros espectáculos mundanos como una caricatura de la representación religiosa. Realmente se trata de una fuerte competencia. Por lo menos insisten en que las mujeres, los niños y los eclesiásticos no deben asistir a esas manifestaciones secularizadas del espectáculo. Naturalmente, se trata de una batalla perdida de antemano.

Hablar hoy de espectáculo es decidirse por su forma más cotidiana, omnipresente: el fútbol. Efectivamente, estamos ante el epítome del espectáculo de la sociedad compleja, verdaderamente universal. Pero los españoles tenemos otra manifestación más tradicional y peculiar: los toros. Obsérvese que no se dice «los toreros». Como señala César Graña, la significación sociológica de las corridas de toros es que constituyen el primer espectáculo del mundo moderno que ha sido desde hace tiempo verdaderamente ritual, masivo. Lo es también porque consigue, según Andrés Amorós, otro rasgo del espectáculo moderno: «no dejar indiferente a casi nadie, suscitar entusiasmos y odios absolutos, viscerales». En efecto, las opiniones que hemos pulsado en la sociedad española demuestran muy claramente ese carácter polémico de los espectadores taurinos (o de los que no quieren serlo). Los auténticos antitaurinos son tan españoles como los taurófilos. Según un sondeo reciente, una cuarta parte de los españoles actuales son auténticos aficionados, pero otros tantos opinan que la fiesta debería prohibirse. Los datos de esa encuesta revelan, además, una alta asociación entre el gusto por el espectáculo taurino y la práctica religiosa. No tiene por qué extrañar este hecho que revela el parentesco entre dos manifestaciones tradicionales de la vida española. Enrique Gil Calvo ha escrito con fundamento sobre la proximidad que existe entre el rito del auto de fe y el de la corrida de toros. La plaza porticada o coso era la figura urbanística que servía para desplegar ambas funciones (Salamanca, Madrid). Incluso se podría establecer una equivalencia simbólica entre la corrida y la misa, por lo menos la más ceremonial. Naturalmente, el paralelismo se establece por el lado externo, ritual. Los principales actores de ambas ceremonias llevan una llamativa indumentaria de seda y oro. Sus gestos son pausados y medidos. Ambas ceremonias precisan de un lugar especial, del público, de la música. La misa y la lidia exigen jerarquía, escuela, orden. Los oficiantes tienen que ser varones, que son escogidos después de una rigurosa selección. El rito de paso de la «alternativa» para el torero significa algo parecido a la «ordenación» del sacerdote. Ambas son dedicaciones vocacionales. Los dos actos litúrgicos confluyen en una suprema «hora de la verdad», la del sacrificio. A través de esos dos ritos, los españoles encuentran una rara fascinación con la sangre y la muerte.

Algunos visitantes extranjeros se maravillan de cómo puede explicarse la «lucha» del toro con el torero cuando el toro es un animal herbívoro. Entenderían que esa fiereza animal se representara a través de un ejemplar carnívoro. Pero entonces el espectáculo no sería lidia, sino carnicería, hay que suponer que como la del circo romano. La suprema selección del toro bravo es que no pretende «comerse» al torero, sino directamente hacerle daño. El torero tiene que vencer tal amenaza con el arma de la inteligencia y sobre todo del engaño. Se necesita el engaño porque el toro no es solo fuerte, sino inteligente. Por eso el espectáculo no consiste solo en dar muerte al toro, sino en *templarlo*, esto es, acomodar el impulso del animal a los movimientos que marca el torero. Todo ello, además, con gracia. Sería un triste espectáculo que, en lugar de toros, hubiera leones. Se sabe que, en la fiesta de San Isidro de 1849, la plaza de toros de Madrid organizó el raro espectáculo de la lucha entre un toro y un tigre. La original pelea duró tres minutos. Naturalmente, el toro destrozó al tigre en un santiamén. Los espectadores organizaron una trifulca por lo que consideraban un fraude. No volvió a repetirse el experimento. En el mejor de los casos, el tigre podía haber acabado con el toro, pero sin «templarlo».

Pero quedábamos en que el espectáculo verdaderamente distintivo del tiempo actual es el fútbol. Se trata de la verdadera «fiesta nacional» en España y en otros países. Es parte de un amplio muestrario de deportes masivos, que se extiende cada vez más. Su auge se debe a la múltiple acción de los siguientes factores:

1. Muchas personas disponen cada vez más de tiempo libre que no saben muy bien cómo llenar. El espectáculo deportivo es el consumo más elemental de ese ocio. La paradoja es que surge un amplio estrato de profesionales del deporte, cuya actividad desemboca en un próspero negocio. La televisión de pago se ha abierto camino en España principalmente porque transmite (se dice «retransmite», aunque sea en directo) partidos de fútbol. La sección más nutrida de los programas informativos de la radio y la televisión es la deportiva. Es también la más amable, junto a la llamada «prensa del corazón».

2. El negocio deportivo se mantiene porque hay una masa consumidora que al menos paga por los espectáculos a través de la publicidad. Sin la ubicua televisión, ese proceso no hubiera sido posible. Los sucesos deportivos se convierten en el principal asunto de conversación cotidiana entre iguales. Todo el mundo puede entender de deportes. No se necesita leer mucho, realmente nada.

3. El atractivo de los espectáculos deportivos es consonante con otro rasgo de nuestra época: el culto al cuerpo y a la juventud. En este caso se trata fundamentalmente del cuerpo masculino. Los deportistas profesionales son cada vez más jóvenes y ganan cada vez más dinero. La combinación de juventud y riqueza fascina al público.

De todos los deportes, el que mejor cumple con esas condiciones es el fútbol. Pocas personas son indiferentes a la competición futbolística. Los equipos tienen colores, banderas, escudos, himnos, como si fueran Estados. Sin el fútbol sería imposible mantener la actual red de periódicos, emisoras de radio y cadenas de televisión. El fútbol satisface la «necesidad de afiliación», la necesidad de distinguir el «nosotros» del «ellos». A lo cual hay que añadir otro impulso, que queda atendido con el fútbol: el gregario. El sentimiento de que otros muchos gozan con los mismos estímulos proporciona un intenso placer. Los partidos de fútbol son el espectáculo deportivo que acapara más interés a través de la televisión de todo el mundo. La FIFA empieza en 1904 con un modesto acuerdo de unos cuantos organizadores deportivos de media docena de países europeos. Hoy tiene cerca de doscientos socios nacionales, prácticamente todos los países. Sólo la Iglesia Católica es una asociación tan universal como la FIFA.

La vida cotidiana de los urbanícolas se ve sometida a múltiples tensiones. Esa vida ordenada necesita algunos escapes. Ahí es donde se aloja la afición al fútbol como un excelente y barato mecanismo de relajación de tensiones. El fútbol vendría a funcionar algo así como la música o el alcohol. No son incompatibles.

El teatro era el espectáculo característico de finales del siglo XIX. Incluía el recitado y el musical o lírico. Isabel Pérez-Villanueva nos hace una excelente descripción de ese fenómeno. A una extravertida parte del público no le importaba ver la misma obra varias veces. No existía ningún criterio de puntualidad. Los espectadores iban llegando a lo largo de todo el tiempo que duraba la función. Las luces de la sala no se apagaban y las conversaciones continuaban durante el tiempo de la representación. El público interrumpía la representación con manifestaciones ruidosas de apoyo o de protesta. Los hombres fumaban puros y las mujeres se abanicaban con denuedo o dirigían sus gemelos hacia los otros asistentes al espectáculo. La atmósfera era de sonora participación, siguiendo el modelo de las corridas de toros o de los partidos de fútbol. El teatro es hoy más parecido a una ceremonia religiosa, por el recogimiento de los espectadores y por la trascendencia que se da a la función.

El esquema de las diversiones fuera de casa no ha cambiado mucho en un siglo, aparte de los elementos técnicos que supone el cine y la música. Sigue habiendo teatro, toros, fiestas locales o de barrio, espectáculos deportivos o artísticos, bailes. La diferencia está en que la sociedad tradicional cuidaba mucho la segregación de los diversos «públicos» que asistían a tales acontecimientos. Parecían mezclarse, pero cada uno se alojaba en su «clase». La compartimentación se lograba por los distintos precios y también por la indumentaria exigida a cada «clase». Las diversiones actuales contienen un público más indiferenciado, como el que puede acudir gratuitamente a una procesión, un desfile o una cabalgata de los Carnavales. No es que en nuestra sociedad hayan desaparecido las «clases», pero no se visualizan tanto por el lugar que ocupan o el atuendo que llevan. En algún caso, como en los trenes o los aviones, la distinción entre la «clase preferente» y la «turista» es, más que nada, una pura cuestión de precio. De esa forma se garantiza mejor que haya plazas disponibles. Otra convención es que los billetes de «clase preferente» no los suelen pagar los viajeros, sino alguna misteriosa entidad a la que pertenecen.

El espectáculo realmente nuevo del tiempo actual es el deportivo, en el sentido de la movilización masiva de espectadores. El sociólogo alemán Norbert Elias sostiene que el deporte (sea como participantes o espectadores) es una válvula de escape para muchas personas. La razón es que las sociedades industriales avanzadas fuerzan a controlar las pasiones, las emociones. Así es el estudio, el trabajo, la vida de relación. El deporte ayuda a «desatar» pasiones y emociones de una manera legítima y reglamentada. Es una explicación sumamente parcial. La prueba es que hay otras muchas formas de expresar públicamente el lado pasional o emotivo. Cito sólo algunas: la política, la religión, los juegos de azar, las fiestas, el afecto amoroso, las aficiones, los espectáculos no deportivos. Es posible incluso que muchas personas encuentren en la familia, los amigos, el trabajo o el estudio ocasiones para manifestar su lado expresivo. No se colige que algunos deportes relativamente tranquilos, como jugar al ajedrez, liberen más energías y sean más expresivos que bailar o emborracharse.

Desde luego, la dedicación y el interés por el deporte es un hecho universal que va con el desarrollo económico. Por ahí hay que buscar la explicación de ese auge. La condición fundamental es que las personas tienen ahora más tiempo y sobre todo más medios. No se puede pedir más dedicación a los elementos expresivos tradicionales: el arte, la cultura, la política, la religión, etc. Para todo ello se requiere un cierto esfuerzo mental. También lo pide el deporte, pero en grado menor, especialmente si no se pasa de la condición de espectadores.

Además de su carácter liberador de energía, el deporte se plantea casi siempre como una competición. Hay unas reglas que conceden igualdad de oportunidades a los contendientes. A partir de ese momento deja de operar el azar y empieza la verdadera competición. Ganará el mejor, el equipo o contendiente que desarrolle más preparación, esfuerzo, técnica, inteligencia en suma. Como puede verse, se trata de un simulacro de la vida activa, la laboral o la de estudio. Esa es la clave. El deporte organizado sólo ha prosperado en sociedades con un cierto desarrollo económico. Suelen hacer deporte o interesarse por el espectáculo deportivo las personas ocupadas fuera de casa, sea con un empleo o con el estudio. Es decir, deporte, trabajo y estudio forman parte de la misma casilla de lo competitivo. Los pedagogos saben muy bien que el deporte hace buenos estudiantes, aunque no siempre. Por cierto, la distinción entre ser actores o espectadores del deporte no es tan real como suele creerse. Un interés no desplaza al otro, sino que mutuamente se ayudan.

El hecho de que los aficionados al deporte competitivo sean también los que compitan en el trabajo o en el estudio aumenta las dudas sobre la validez de la teoría avanzada por Norbert Elias. En ese caso no se comprende que el deporte sea una válvula de escape para rebajar el estrés de las obligaciones. Al contrario, el deporte puede ser más bien un refuerzo de las tensiones de la vida diaria. Conviene anotar que el ejercicio físico puede no ser competitivo, pero el deporte como espectáculo siempre participa de la emoción competitiva: ganar al rival. Los comentaristas deportivos no suelen ser neutrales. Dejan traslucir con ingenuidad que prefieren que gane uno de los dos equipos o contendientes. Lo de «que gane el mejor» es solo una frase hecha, bastante insincera. Lo de «lo importante es participar, no ganar» se acerca al polo de la hipocresía. Se acepta únicamente como broma.

El parentesco entre el deporte y la competitividad de la vida económica se visualiza muy bien a través de las marcas comerciales que exhiben ciertos deportistas. También es curioso que «marca» se reserve también para las hazañas deportivas. No choca que un ciclista, un conductor de fórmula uno o un futbolista aparezcan disfrazados con las marcas comerciales de sus patrocinadores. Todo es competición. En cambio, eso mismo sería impensable que lo hicieran los toreros o los cantantes de ópera. Los toros o la ópera son también espectáculos, pero no son competitivos.

Desde luego hay que distinguir el deportista profesional del que practica algún ejercicio físico por pura afición. El primero es un trabajador como otro cualquiera. El segundo, el aficionado, sea practicante o espectador, pertenece al capítulo del ocio, que es algo más que el descanso o el atender a las necesidades personales, familiares o amicales. Hay un compartimiento intermedio, que es el juego, sea de azar o no. Es la frontera con el deporte. Baste que al juego se le añada algún elemento competitivo para que entremos en el círculo del deporte.

Una diferencia clara entre el deporte y las otras actividades de recreo o descanso es el coste económico. El deporte suele costar dinero a los que lo practican o a los que asisten al espectáculo. En principio no era así, pero es una condición que está cada vez más presente. Incluso el espectáculo del fútbol a través de la televisión, que era gratis, pasa poco a poco a ser de pago. De momento irrita socialmente que pueda ser *siempre* de pago. Por lo menos la radio es todavía gratis. Cuando la práctica del deporte es gratuita nos movemos más bien en el territorio del juego. En cuanto hay instalaciones, vestuario o aparatos, el juego cuesta dinero, y se hace deporte, sobre todo, como queda dicho, si se adhiere el sentido competitivo.

La relación con el dinero es fundamental para entender la distinción entre trabajo y deporte. Por el trabajo se cobra; por el deporte se paga. La diferencia no reside en la pretendida obligación del trabajo y el supuesto placer del deporte. Para un artista, un escritor, un científico o un profesional con vocación, su trabajo es una fuente de placer. Muchas personas se ven atrapadas por la obligación de «tener que» hacer deporte o incluso asistir a los espectáculos deportivos.

La competición es una forma de juego de lo que se llama «suma cero» (mejor sería «saldo nulo»). Quiere decir que, lo que uno gana, el otro lo pierde. Ese esquema provoca emoción, como sin duda lo lograría, en su forma más cruel y extravagante, el juego de la «ruleta rusa» o un duelo a muerte. Pero los juegos deportivos son sólo duelos «a primera sangre». No es el daño físico o moral del perdedor lo que emociona, sino la posibilidad de un triunfo simbólico. La condición de «suma cero» da emoción, pero también lleva al terreno del ocio el espíritu de resentimiento que puede haber en las relaciones económicas o políticas. Especialmente en España se ha visto que domina ese espíritu resentido, receloso, por el que, si uno triunfa en la vida, es a costa de otros. Es una creencia que no es precisamente un modelo de elegancia moral. Así que, por este lado, el deporte puede ser una escuela de malas costumbres. Como lo es cuando promueve la violencia. Bien es verdad que casi todos los demás elementos son altamente positivos y educativos. La «deportividad» se asocia con el «juego limpio», saber perder, ciertos valores estéticos, aparte de la benéfica aportación que supone el ejercicio físico para el cuerpo y la mente.

El deporte no tendría el atractivo general que ha logrado en las sociedades complejas si no fuera porque satisface directamente una particularidad de nuestro tiempo: el culto al cuerpo. «Cuerpos Danone», se dice en un divulgado anuncio de un yogur. Se representan por figuras deportivas, esbeltas, juveniles. Se practica deporte o ejercicio físico para conservarse joven, un valor en sí mismo. Los deportistas profesionales (junto a los cantantes) suelen ser más jóvenes que los que triunfan en otras esferas de la vida activa. Ese hecho provoca admiración.

El deporte proporciona una notable función identificadora a quienes lo practican o lo siguen como espectadores. En las sociedades desarrolladas se han aflojado mucho los lazos comunitarios, los que se establecen a través de la nacionalidad, la religión, la política. Particularmente en España, esas «secularizaciones» han sido muy notables. La atrofia de la pertenencia a grandes conjuntos genera una especie de hueco, de necesidad de afiliarse a algo para poder decir «nosotros». El deporte llena admirablemente esa inquietud, de modo singular el fútbol. El aficionado de un club no solo se siente parte de ese conjunto, sino partícipe de sus éxitos (y de sus fracasos; no vamos a negarlo) contra otros clubes. Sucede, además, que los equipos de fútbol suelen llevar una denominación territorial; son de una localidad. Esa circunstancia permite que el «nosotros» del fútbol refuerce la identidad nacional, local incluso. Se llega a producir la identificación con el lugar donde a uno le gustaría residir o haber nacido.

De todos los deportes espectaculares, sin duda, destaca el fútbol, en España y en todo el mundo. Su éxito sin precedentes procede de un reglamento extremadamente simple. Fue codificado por los ingleses en 1863 y desde entonces permanece inalterable, incluidas las dimensiones de las porterías. En 1932, el celebrado portero Ricardo Zamora preveía que esas dimensiones tendrían que ampliarse en el futuro, conforme los porteros aumentaran de estatura. Pero las porterías siguen midiendo lo mismo, a pesar de que, efectivamente, los porteros son hoy más altos, tienen más envergadura. El resultado es que los partidos actuales se resuelven con menos goles que los del pasado. A ello contribuye también el recurso a las tácticas defensivas. Hay quienes sostienen que los pocos goles contribuyen a la creciente tensión del juego y a la violencia que produce, no ya en los jugadores, sino en los espectadores. En España se ha llegado incluso a algunos casos de asesinato después de un rifirrafe entre las bandas rivales de fanáticos que apoyan a los respectivos equipos. Todo el mundo sabe que esas bandas violentas son auspiciadas por los clubes correspondientes para dar color y espectáculo al negocio del fútbol.

La competición futbolística se hace sobre una base territorial. Ese elemento refuerza su popularidad. Los equipos representan ciudades o naciones, aunque formalmente sean sociedades mercantiles. Es fácil que el impulso de sus seguidores se interprete como un fermento nacionalista. Basta con que en el territorio correspondiente domine el nacionalismo político. Es el caso del Futbol Club Barcelona (popularmente el Barça), del Athletic Club de Bilbao o de la Real Sociedad de San Sebastián, entre otros. La identificación nacionalista de algunos clubes no parece disminuir por el hecho de que algunos de sus jugadores sean extranjeros.

Otro factor que contribuye a la difusión mundial del fútbol, en este caso como práctica deportiva, es que se requieren elementos muy sencillos para ser jugador. La persona que juega intensamente al fútbol cuando niño es un aficionado seguro para toda su vida. Por otro lado, los seguidores de un equipo se identifican con el mismo de un modo que, desde fuera, presenta rasgos infantiles.

A pesar de que el juego del fútbol sea barato en sí mismo, la organización del fútbol profesional, como espectáculo, es un negocio que mueve cifras millonarias en todo el mundo. No parece que escandalicen mucho los ingresos que reciben algunos jugadores, a la cabeza de todos los profesionales. En España tenemos el antecedente de los toreros de éxito. Ambos casos se presentan como estímulo de una sociedad abierta y dinámica que alienta la movilidad social. Tanto es así que se acepta plenamente el éxito de los jugadores extranjeros con un origen humilde. También se integra muy bien la figura del llamado míster o entrenador extranjero. Ningún otro círculo dirigente de la vida española incorpora a tantos inmigrantes. Naturalmente, aquí no hay discriminación racial.

A pesar de su destacada presencia, el fútbol mantiene una rara exclusividad. Es un espectáculo resueltamente masculino, más, incluso, que los toros. Las encuestas nos dicen que el fútbol como objeto de conversación absorbe el interés de una mayoría de los varones frente a una minoría de las mujeres. Los jugadores, árbitros, entrenadores, directivos de los clubes, comentaristas, seguidores organizados, prácticamente todos ellos son varones. No obstante, avanza el núcleo de mujeres aficionadas.

Es fácil percibir el aspecto de rivalidad y violencia que tiene el fútbol como espectáculo. Pero es también una forma de integración social. Al menos en España, el fútbol es una de las pocas instituciones que vertebra al conjunto de los españoles. No es casualidad el sentido adhesivo de la palabra «liga» de fútbol. La «selección nacional de fútbol» debe de ser una de las pocas instituciones «nacionales» que quedan. El fútbol es el gran objeto de conversación que permite identificarse con los que piensan como uno. Incluso la discusión con el adversario también integra porque a ambos los une el común interés futbolístico. Por otra parte, como se percibe en los corrillos de la fuente de Canaletas, en Barcelona, las polémicas sobre el fútbol desplazan otras que podrían ser más agrias. Así eran antaño las luchas sociales o ideológicas.

La costumbre de hablar de fútbol distingue sobre todo a las personas más activas en todos los órdenes, a las que pasan más tiempo en bares o cafeterías. Es muy característica la decoración futbolística (también taurina) de los bares. Algunas personas prefieren ver el partido de fútbol por televisión en el bar antes que en casa. De esa forma se cultiva mejor el sentimiento del «nosotros», tan esencial para calibrar la emoción del espectáculo futbolístico. A todo ello contribuye la especialísima prosopopeya de los comentaristas de los partidos por radio o televisión. Es un estilo que recuerda al de los ardorosos predicadores de las «misiones» que subsistieron hasta mediados del siglo XX. La sección de fútbol es tan fundamental en los medios de comunicación que, sin ella, no podrían ser rentables, desaparecerían. El ardor de las discusiones futbolísticas sustituye a las que, hace un siglo, podían ser taurinas, políticas o incluso religiosas. La celebración de algunos partidos desplaza el interés que puedan tener las otras piezas informativas de la radio o la televisión. Sin embargo, conviene subrayar el hecho de que las personas aficionadas al fútbol también suelen interesarse más por la política.

El hecho de que se corten los planos futbolístico y político se demuestra a través de la oposición entre el Madrid y el Barcelona, los dos clubes más celebrados. Ambos son «algo más que un club», como se dijo originariamente del Barça. Los datos de encuesta prueban que el madrileñismo futbolístico se asocia positivamente con la palabra «España». La afición madridista más exaltada exhibe la bandera española como símbolo de identificación. En Madrid, los pocos a quienes suena antipática la palabra «España» reducen mucho su madrileñismo futbolístico. Más claro es aún que en Cataluña, cuanto mayor es la antipatía por la palabra «España», más alto es el barcelonismo futbolístico.

No sólo se produce el fenómeno de los seguidores de cada club. Se dan también afinidades y rechazos entre unos conjuntos y otros. Por ejemplo, los madridistas expresan una mayor simpatía por el Deportivo de La Coruña (el Dépor) y el Real Club Deportivo Espanyol de Barcelona. Un madridista militante no sólo se alegra de que gane su equipo, sino de que pierda el Barça. Como contraste, los barcelonistas manifiestan un grado de simpatía mayor por los equipos vascos, el Athletic Club de Bilbao (el Athletic) y la Real Sociedad de San Sebastián (la Real). Es una forma de expresión de la dialéctica entre un difuso españolismo y un más concreto nacionalismo vasco o catalán. Es el aspecto más característico de la política española, pero nos aleja un tanto del propósito de describir la vida cotidiana.

CAPÍTULO VIII

El atuendo y la moda

Durante siglos, el atuendo de las personas corrientes apenas variaba. Esa constancia se rompe durante el último siglo y medio, con el tránsito de la sociedad tradicional a la moderna. Con independencia de las prendas características, destacan algunas novedades. Hoy, la cabeza se suele llevar descubierta. Fue una moda que trajo el fin de la guerra de 1939-1945, que exactamente no fue mundial. Pero mundiales fueron realmente sus consecuencias, como esta del «sinsombrerismo». Hace un siglo no es solo que todo el mundo llevara algo en la cabeza, sino que ese adminículo no era azaroso; lo determinaba la posición social. No podía extrañarles esa constancia, porque ese ha sido el uso europeo, por lo menos de los últimos mil años. El destocamiento actual es la verdadera excepción histórica. Sólo el atuendo deportivo impone hoy la moda de cubrir la cabeza, por ejemplo, con la universal «gorra de béisbol» originaria de Estados Unidos. Ha sido particularmente exitoso el capricho de colocarse la gorra con la visera sobre la nuca. Es asimismo una moda norteamericana que ha prendido en todo el mundo. La otra gran importación de Estados Unidos es la de los «pantalones vaqueros», que sólo en España se llaman así.

Desde hace más de un siglo, el atuendo femenino distinguido evoluciona grandemente, pero mantiene una constante. Deja ver una gran parte del cuerpo, compatible con los usos que impone la modestia. Por lo menos eso es así respecto a la norma masculina, que consiste en no dejar ver más que una porción pequeña de la piel. Me sigo refiriendo a la moda elegante, claro está. De nuevo lo característico del atuendo femenino es que esa parte que se deja ver del cuerpo (brazos, escote, cuello, cabeza y manos) ha de adornarse con objetos de metal noble o con gemas. Naturalmente, caben también los materiales que imitan la prescripción ideal. Esa norma ha llegado hasta hoy mismo, aun con el atuendo femenino tan simplificado. La mujer elegante de hoy sigue llevando una proporción de metal o de piedras más o menos preciosas mucho mayor que el varón. La pretendida igualdad entre los sexos tropieza con esa llamativa excepción. No será la única.

El juego de la moda femenina consiste en dejar ver una parte sustancial de la piel y, al mismo tiempo, cubrirla pudorosamente. El gesto supremo es el de cubrir las rodillas con la mano o con el bolso cuando la mujer está sentada. La falda deja ver generosamente las pantorrillas, las corvas; cada vez más, los muslos. Pero el gesto aludido, al que se añade el del inútil estiramiento de la falda, nos recuerda la continua ambivalencia de tapar y de dejar ver. Decididamente, el vestido es mucho más erótico que el desnudo.

Un cambio muy notable en el paisaje callejero español ha sido la virtual desaparición de los uniformes militares o eclesiásticos, antaño siempre presentes. Tampoco hay ya muchos criados o chóferes de uniforme. Por este lado parece que se asiste a una cierta democratización del atuendo. No es así. Se desvanecen algunos uniformes, pero ascienden y proliferan otros. Son ubicuos los guardias privados de seguridad. Se multiplican las azafatas de reuniones. Los establecimientos de comida rápida uniforman a su personal de forma vistosa. Las personas que practican el arriesgado deporte de la bicicleta se disfrazan con colores y marcas. Se dirá otra cosa, pero a los españoles les siguen gustando los uniformes. Por lo menos, el uniforme da la impresión de trabajo fijo. Es la que quiere transmitir el guardacoches cuando se coloca una gorra de plato. Es un simulacro de autoridad.

A pesar de la tendencia general hacia la igualdad, la ropa sigue siendo un elemento de distinción, de clase social. Siempre han dado realce social las ocupaciones que exigen un atuendo especial, un uniforme. El uniforme convierte a los que lo llevan en miembros de un grupo privilegiado. La bata blanca del personal sanitario no es para mantener la asepsia, sino la distancia con los clientes o con el resto del personal. Algo parecido sucede con las togas de jueces y abogados. Su función no es la de mantener limpio el traje de calle o la de combatir el ambiente gélido de los palacios de Justicia. La toga identifica a los profesionales del Derecho cuando les interesa aislarse de los clientes, que pueden ser hipotéticos criminales.

Resulta intrigante la evolución del uso del color en la ropa. Durante siglos, hasta la invención de los tintes químicos, a mediados del siglo XIX, la operación de dar color a la ropa era un proceso sumamente caro. Se utilizaban algunas plantas más bien raras y algunos insectos, como la cochinilla. Tan caros eran los métodos de tintar que solo los personajes encumbrados podían disponer de ropas de vivos colores, que era lo que más apreciaba la población de esa época prequímica. La mayor parte de los vestidos eran pardos o blancos, al modo frailuno. Hay una aparente excepción al uso de los colores por la aristocracia y la realeza. Es la moda de los trajes de riguroso negro que impuso Felipe II a los nobles de su tiempo, no solo españoles. Sin embargo, lo que parecía un signo de austeridad, era más bien de lujo. En las costas caribeñas, los conquistadores españoles descubren una planta que proporciona un tinte de negro brillante, azabache, como jamás se había conseguido. Ese es el negro (carísimo) con que se confecciona la ropa Felipe II, digamos de manera exclusiva. Hasta entonces, el negro que se había conseguido era pardusco, poco atractivo. Era distinción, y no austeridad, lo que caracterizaba el atuendo de Felipe II.

La apoteosis del color en la ropa no se consigue hasta muy avanzado el siglo XIX. Lo precipita el descubrimiento de las anilinas o tintes sintéticos en 1856. Lo fundamental es que, a partir de entonces, la ropa de color ya no se asigna con tanta exclusividad a los ricos. A igualdad de posición social, nuestra sociedad permite más variedad cromática a la ropa, por lo menos la femenina. La monotonía del atuendo masculino se rompe por la corbata. Los dibujos de corbatas se pueden contar por millones. Es un caso extremo de derroche de imaginación. Aun así, hay varones que se oponen resueltamente a la corbata, por considerarla, quizá, una prenda demasiado formal. Es el caso de los estudiantes universitarios o de algunos líderes de partidos nacionalistas. Es curioso, pero si el varón es suficientemente conocido, llama mucho más la atención cuando *NO* lleva corbata. Es una forma de distinción que practican algunos artistas.

Lo más llamativo del atuendo femenino de hace un siglo era la enorme disparidad según la clase social. Había también variaciones regionales que hoy han desaparecido. Las damas de la aristocracia madrileña se hacían los vestidos en París o al menos por modistas que pasaban por francesas. Debe recordarse el gran atractivo que suponía entonces la «civilización» francesa. Baste recordar que, hacia 1900, menudeaban las manifestaciones políticas en Barcelona de los grupos radicales que promovían la anexión de Cataluña a Francia. De París venía la moda, pero también las ideas. Frente a la *toilette* de las mujeres de clase acomodada, el testimonio recogido por Pilar Folguera indica que las menestralas madrileñas se cosían sus modestos vestidos de percal. Sobre los cuales acostumbraban a llevar un mantón o una toquilla. Los zapatos eran únicamente para los domingos. A diario utilizaban zapatillas o alpargatas, por lo general también de confección casera. La cabeza se cubría con un pañuelo, el equivalente del sombrero, reservado este a las mujeres elegantes. En las fotografías callejeras de la época se aprecia muy bien la distinta posición social de las personas según el atuendo que llevaban. A los niños de la clase humilde, o incluso media, se les hacía la ropa en casa dando la vuelta y recosiendo las prendas de los mayores.

La sociedad tradicional establecía una marcada diferencia entre las personas elegantes (una reducida minoría) y todas las demás. La elegancia consistía en corresponder el atuendo, el calzado, los complementos y el tocado con la hora del día. Se añadía un sutil sentido de los colores que entre sí podían conjuntarse. Esas virtudes se han perdido mucho, aunque lo definitivo es que el patrón de la elegancia lo sigue hoy un estrato social más amplio. Puede incluso que en la actualidad obedezca más a razones de personalidad que de clase social. Por otra parte, hay tendencias firmes que significan un cambio decidido en la manera de vestirse y que afectan al conjunto de la sociedad. Por ejemplo, es evidente la tendencia hacia la comodidad.

El cambio de atuendo más radical ha sido el que se impone para ir a la playa. Véase la recomendación que hace un manual de urbanidad de principios del siglo XX, el de Carmen de Burgos, respecto al traje de baño femenino: «Los trajes para nadar son de pantalón y blusa, de manga corta. Bajo esta blusa se coloca una camiseta y un corsé de correíllas que sostiene el pecho. Algunas señoras llevan también medias y zapatos.» El lector sabrá apreciar el contraste con los bañadores femeninos de hoy día. El biquini ha cumplido más de medio siglo. Durante los últimos lustros no es raro ver en las playas que el biquini elimina incluso el sujetador. La parte de abajo es cada vez más sumaria. El bañador masculino prescinde de la camiseta a mediados del siglo XX, y desde entonces ha cambiado menos.

En contra de lo que parece, la moda en el atuendo (vestido, calzado, tocado, complementos y adornos, objetos personales) no equivale al culto de lo trivial o superficial. Tampoco persigue la moda la novedad por la novedad. Todo se deriva de una cierta afluencia económica que permite cambiar el atuendo, sencillamente porque hay donde elegir. El proceso se instala propiamente en Europa hacia el siglo XVIII. La moda afecta, primero, a una delgada capa aristocrática de la población, para ampliarse durante el siglo XIX a las clases medias. En el siglo XX es ya general, masiva. La moda supone la contención del gusto para acomodarse en cada momento a «lo que se lleva». De no ser así, dada la afluencia económica de la sociedad contemporánea, el atuendo se elegiría un tanto al azar. Es evidente el disparate económico que supondría esa decisión libérrima. Haría muy difícil la elección del atuendo a las personas poco imaginativas o con mal gusto. La sociedad aparecería como un continuo baile de disfraces. Otro inconveniente sería la confusión de papeles. En el gran teatro del mundo, el vestuario no se puede dejar al azar. Así pues, el público acuerda, disciplinado, seguir las pautas de «lo que se lleva» en cada temporada, que puede durar varios años. Pero también sería antieconómico que el atuendo se fijara para mucho más tiempo. Las industrias correspondientes (textil, calzado, etc.) se vendrían abajo por exceso de oferta. Así pues, se instala el equilibrio estable de la moda para evitar las dos alternativas extremas. Ni el atuendo se fija para toda la vida ni las decisiones se toman al capricho del azar. La primera alternativa ha sido la de las sociedades tradicionales, en las que vestirse, calzarse o acicalarse resultaba caro. Solo un grupito de cortesanos o de artistas podía permitirse el lujo de la variación de los atuendos, y aun así con escasas modificaciones. La segunda alternativa extrema simplemente no ha existido nunca. Sería el baile de disfraces convertido en realidad cotidiana, el capricho convertido en norma. Demasiado caro.

La cuestión no es sólo económica. El equilibrio que supone la moda da seguridad a muchas personas que, si tuvieran que decidir por sí mismas, se sentirían inquietas. Nada más fácil que ponerse «lo que se lleva» (de acuerdo con la condición de cada uno) para sentirse seguro. En cuanto se altera ese equilibrio, puede aparecer el sentimiento de hacer el ridículo. Sin el cual no habría moda posible.

Así pues, la moda se somete a variaciones cíclicas, con una frecuencia variable según las prendas y los objetos, aunque también según las personas que siguen la norma. Hay modas de ciclo largo que parece que no tengan fin. En ese caso nos acercamos al modelo tradicional, el de la constancia del atuendo. Un ejemplo podría ser el éxito de los pantalones vaqueros, que para los jóvenes del mundo entero son una prenda casi tan estable como la toga para los romanos. Otra tendencia estable es el «sinsombrerismo» que impera en los llamados países occidentales. Solo los judíos ortodoxos la siguen a regañadientes. Es una verdadera novedad histórica, pues en casi todas las sociedades las cabezas se han cubierto de algún modo. También es estable la norma de que los varones no lleven faldas. La excepción escocesa no es tal, más que nada porque el *kilt* (que no falda) es solo un traje ritual. Por lo mismo, la apetencia por las vistosas pamelas por parte de las señoras elegantes que asisten a las bodas de postín no constituye una verdadera excepción. He dejado caer la expresión «de postín», un coloquialismo en franco retroceso. Es todo un síntoma de un suceso que sí importa mucho: la actual crisis de la moda como institución. Empieza a no estar muy claro qué sea lo elegante.

La moda entra en crisis cuando una gran parte del público no reconoce la autoridad de los elegantes, los árbitros de la moda. No es que cada uno vista como quiera. Hay incluso una moda que se dice así *ad lib* (*ad libitum*, libérrima), pero no deja de ser una paradoja. La moda *ad lib* es una más, con un tipo carácterístico de prendas y de diseño: telas blancas y vaporosas, tallas generosas. La crisis va por otro lado. No llega al baile de disfraces, pero se le acerca. No hay más que ver los abigarrados atuendos de los turistas o los que se llevan en algunas reuniones internacionales. A un observador exterior le sería difícil determinar qué prendas son las que realmente impone la moda.

El capítulo de la moda admite pocas peculiaridades en el caso español. Estamos ante uno de los aspectos unificadores a escala planetaria. Si acaso, se puede advertir una cierta monotonía en el atuendo, mayor que el observado en otras sociedades complejas o desarrolladas. La razón es primeramente económica. Por lo general, son los países menos ricos o más pobres los que mantienen una fórmula de atuendo más estable. Pero hay también una razón extraeconómica; no en vano España ya no es un país pobre. La razón (si se puede llamar así) es el alto sentido del ridículo que caracteriza a los españoles. Aunque también es cierto que esa cualidad (virtud o defecto, según se mire) se va perdiendo a chorros. Los españoles del común, sobre todo los varones, se sienten incómodos si su atuendo es diferente, llamativo. La palabra «payaso» es un dicterio tradicional en España. Alude precisamente al atuendo extravagante. Hay elementos característicos del vestido de payaso, como los dibujos de rayas, los colores estridentes o los tirantes.

La sociedad tradicional exigía a una persona elegante, o simplemente acomodada, que llevara siempre el calzado bien limpio, reluciente. Para ello, en una ciudad como Madrid, a principios del siglo XX, había cientos de limpiabotas. Los clientes eran caballeros, como es fácil imaginar. La palabra está bien traída, porque se trata de un resto aún más tradicional, estamental, cuando la gran distinción social era ir a caballo (o en carruaje) o a pie. La consecuencia visible era que los caballeros llevaban las botas limpias, lustrosas. Luego, los señoritos de medio pelo se embetunaban las botas para aparentar la elegancia de clase que no tenían. La sociedad actual ya no cultiva tanto el indicador de los zapatos acharolados. Los limpiabotas casi han desaparecido. Sin embargo, en una reunión internacional, los españoles siguen distinguiéndose por los zapatos limpios.

La idea de «ciclo» aplicado a la moda lleva a decir que es algo más que sucesión de novedades. Dado que los elementos del atuendo y del gusto no son innumerables, las combinaciones resultantes son limitadas. Se quiera o no, al cabo de algunos cambios, la moda vuelve a un estadio anterior. Lo que se lleva ahora, se llevó en un tiempo pasado. Recordemos que ese «llevar» se refiere a la moda tenida por elegante, no lo que uno se pone para andar por casa o en sus inmediaciones. El carácter cíclico de la moda, al superponerse a varios elementos del atuendo, hace que, a la larga, se asiente sobre una verdadera estructura. Es decir, los cambios son parciales y superficiales. Las piezas del atuendo cambian poco. Los caballeros eligieron los pantalones en el siglo XVIII (entre otras razones, para montar a caballo) y ya no han vuelto al traje talar. Incluso la toga o la sotana, reservadas para actos rituales, las llevan los hombres encima de los pantalones. En el caso de las mujeres, el corsé del siglo XIX evolucionó hacia el sostén o sujetador en el siglo XX y ahí se ha quedado. Más que sostener o sujetar, la original prenda realza. El equivalente masculino son las hombreras.

La moda no es la novedad por la novedad. La prueba es que hay prendas, estilos, diseños y objetos clásicos a los que se vuelve una y otra vez con gusto. Llama la atención, por ejemplo, que las fibras artificiales o los materiales sintéticos no hayan desplazado del todo a la lana, la seda, el algodón, el lino o el cuero. Es más, esas fibras o materiales de siempre, naturales, adquieren por ello un renovado valor. Su producción se sujeta más a la norma de la escasez que los productos artificiales. Por otro lado, lo artificial no acaba de ser lo mismo para el interesante efecto del sentido del tacto. No ha podido imponerse la moda de la ropa interior de nailon. En ese caso, la tendencia a mantenerse en lo clásico significa más dispendio que estar al tanto de las novedades. Es un error creer que la moda, en el sentido de sucesión de novedades, significa necesariamente derroche, artificialidad, gusto por lo efímero. Hay también una racionalidad de la moda. Fuera de algunas excentricidades, la moda tiende a un equilibrio estable entre la repetición y la novedad. No hay que confundir el tipo de ropa que se muestra en las pasarelas con la que después realmente se lleva. La pasarela está para dar prestigio a determinadas marcas. Es algo así como los coches de «fórmula uno»; serán perfectos, pero no son coches comerciales. Por cierto, lo dicho sobre la moda por antonomasia, la del atuendo, también podría servir para los coches.

La moda cambiante no se refiere sólo al vestido, lo que envuelve al cuerpo. También se altera el modo de presentar el cuerpo a los demás. Tómese el ejemplo del bronceado. No fue siempre un símbolo de ocio y distinción. En la sociedad tradicional, las clases acomodadas presumían de una cuidada palidez. El bronceado era entonces un signo del trabajo esforzado al aire libre. Las campesinas más miradas se cubrían parte del rostro con un pañuelo para que no les diera mucho el sol. En la sociedad actual se han invertido los términos. Las personas de las clases dirigentes son las que pueden ir bronceadas todo el año, porque viajan y se solazan en playas o en estaciones de esquí. El bronceado completo se logra en los gimnasios con lámparas especiales. Sin embargo, el ciclo de la moda se completa, porque vuelve otra vez el rechazo del exceso de sol. Ahora es por razones de prevención del cáncer de piel, que adquiere caracteres de epidemia a causa de la destrucción de la capa de ozono en la atmósfera. O por lo menos, ese es el razonamiento oficial, que más parece un saber astrológico. Sea como sea, el hecho es que vuelve a valorarse una cierta palidez, ahora por otras razones. No es el único caso en el que la sociedad tradicional y la de ahora mismo presentan usos parecidos, aunque se justifiquen de distinta forma.

La moda es siempre un ejercicio de humildad, al recordarnos que no hay un gusto eterno, que la elegancia de hoy será considеrada mañana de mal tono. El principio se cumple para las prendas de vestir, la decoración del hogar o las formas de conducirse, entre otras varias manifestaciones del estilo de vida. En la generación anterior, la clase media ilustrada consideraba un signo de distinción colgar una reproducción del *Guernica* en el cuarto de estar. Antes había cumplido ese mismo papel para la clase media tradicional la reproducción de *La Santa Cena* de Leonardo da Vinci. Hoy serían de mal gusto ambas prácticas. Lo fundamental es que, en cada momento, hay un detalle decorativo que se estila. Aunque se diga que han desaparecido las ideologías, en nombre del ecologismo, hoy se proscriben gestos antes elegantes, como los abrigos de pieles o la decoración de colmillos de elefante.

La moda aparece más estructurada de lo que hace creer la falsa noción de que es el dominio de lo efímero, el capricho. Nada de eso. Por ejemplo, ha sido siempre un fracaso la pretendida moda *unisex*, esto es, igual para varones y mujeres. Tendría cierta lógica económica, y sin embargo no ha podido imponerse más allá de algunas prendas «informales». El dato de una moda masculina y otra femenina es una constante que se impone a la fantasía de las respectivas novedades. Otra cosa es que las mujeres admitan ciertos elementos de la moda masculina; por ejemplo, las hombreras, los pantalones, el traje de chaqueta. Pero un artículo tan práctico y elegante como el bolso no ha podido aceptarse con naturalidad por parte de los varones. En España, el bolso masculino recibió en los años sesenta el oprobioso nombre de «mariconera». Ha caído en desuso fuera de su función como artículo de viaje. En cambio, la gente joven de ambos sexos ha acogido con furor la mochililla.

La moda presupone elección. Por eso lo primero que hacen las revoluciones es proponer un uniforme y congelarlo, intentar que no evolucione. El pobre de solemnidad o la persona que se viste de uniforme o va con ropa de trabajo no pueden elegir su indumentaria; en consecuencia, la moda no va con ellos. Siempre que se pueda elegir, aunque sea de forma poco consciente, el atuendo quiere significar algo, por lo menos un estado de ánimo. Aunque se considere el vestido como una forma de tapar el cuerpo, realmente su función es la de realzarlo. Se puede cuidar, incluso, un cierto desaliño con ánimo de molestar, que es otra forma de llamar la atención. La elección del atuendo se realiza dentro del ropero de cada uno. Fuera de algunos ambientes juveniles, la ropa no es intercambiable. Menos lo es aún cuando se intentan atravesar las barreras del sexo. Mejor dicho, las mujeres pueden ponerse prendas de hombre, pero es mucho más difícil el intercambio inverso. Las diferencias de la indumentaria entre varones y mujeres se apoyan más en la costumbre que en la anatomía. De hecho, durante siglos los pantalones fueron una prenda más femenina que masculina. Actualmente se tolera bien la moda *unisex* en las prendas deportivas, por ejemplo, el chándal o el calzado deportivo. Compárese este último con los zapatos de vestir, los cuales se alejan mucho más de la forma anatómica del pie. En asunto del vestir, la elegancia tradicional suele estar reñida con la comodidad. No hay nada más penoso que ver, comprimido en su frac, al director de orquesta. Es también un uniforme.

Suponen los expertos que la moda es un proceso de imitación de arriba abajo, esto es, las clases populares tratan de parecerse a «lo que se lleva» en las altas esferas. El proceso es evidente, pero admite numerosas excepciones, lo que indica que hay algo más que el deseo de imitar a los de arriba. Me he referido a la tendencia del «sinsombrerismo», verdaderamente terca en nuestro tiempo. Pues bien, se trata de una moda que sube de abajo arriba. Las clases distinguidas no tienen más remedio que plegarse a la presión de las clases populares, reacias a tocarse la cabeza. Es una suerte de extraño plebeyismo, que en España se da en otras muchas manifestaciones; por ejemplo, el habla. Incluso la reciente moda de la gorra de béisbol (y no digamos si se lleva al revés, con la visera en el cogote) es algo que viene desde abajo. De poco vale que la adopten los jugadores de golf. Es una prenda definitivamente plebeya, como suelen ser casi todas las modas deportivas. Otra ilustración parecida es la que se refiere al calzado deportivo, que ha llegado a ser más caro que el convencional, pero que también es vulgar. El hecho de que lo luzcan algunos altos ejecutivos más exhibicionistas no hace sino confirmar la interpretación del plebeyismo.

Es una lástima que, hasta el siglo XIX, no hayamos tenido la fotografía como fuente para precisar la moda de cada momento. La pintura no puede ser tan neutra como la fotografía. La pintura exagera la fastuosidad del traje. El pintor añade muchas veces el traje de gala, el más distinguido, a la figura del retratado. Por la misma razón, los cuadros de batallas nos proporcionan la falsa impresión de que los ejércitos del pasado iban todos brillantemente uniformados. Se trata, igualmente, de una corrección del pintor a la mayor gloria del príncipe o del general correspondiente. Con la fotografía, sobre todo la «instantánea», prácticamente ya en el siglo XX, nos hemos percatado de que los atuendos, en la realidad, no eran tan opulentos. Las fotografías de la guerra civil, rojos o nacionales, revelan una indumentaria de los combatientes más bien abigarrada y miserable. Así debió de ser en casi todas las guerras del pasado. Por lo mismo, las clases aristocráticas o acomodadas no debían de adornarse con tantos perifollos como figuran en los cuadros. Cierto es que esos trajes existían, pero seguramente se empleaban solo para las ocasiones. Es como si un historiador del futuro se hiciera con la película de la coronación de Isabel II de Inglaterra y dedujera que así vestían los ingleses del siglo XX. Cometería un manifiesto error de interpretación.

El problema más difícil de resolver es por qué cambian las modas con un ritmo caprichoso, desde luego muy superior al que supondría el completo aprovechamiento de los atuendos. La creencia sociológica general es que ese derroche lo provocan las clases acomodadas para distinguirse, para provocar envidia. Es la teoría del «consumo ostensible» de Veblen, que Lipovetsky rechaza a través del método comparativo. Si se acepta ese mecanismo, el ritmo de la moda hubiera existido también en las sociedades antiguas, anteriores a la Europa de la edad moderna. No es así. Cabe dar la vuelta al argumento, ya clásico, de Veblen. En las sociedades antiguas se mantenía un esquema fijo y desigual. Los ricos vestían mucho mejor que los pobres. Cada uno estaba en su sitio sin posibilidad de confusión. En un primer momento (más o menos el siglo XVIII), la moda se ajusta a la teoría del «consumo ostensible». Las clases aristocráticas cambian fugazmente de atuendo elegante (con el que se hacen retratar) para que las clases medias no los puedan imitar. La moda es entonces un vehículo de diferenciación social. Una reacción por parte de las clases medias es quedarse en lo que, a partir del siglo XVIII, empieza a ser el traje regional o nacional. Obsérvese que esos trajes, en Europa, casi todos tienen la estructura del atuendo dieciochesco. Por eso decía Unamuno que todos los trajes regionales europeos parecen el mismo. Es una de tantas paradojas que atraen la mirada de águila del vasco de Salamanca. Por cierto, don Miguel llevaba una indumentaria muy personal, casi como si fuera un pastor protestante.

La moda sigue su curso hasta llegar al siglo XX con la innovación de la ropa confeccionada. A partir de entonces, las clases modestas pueden imitar muy bien la hechura y el gusto del atuendo elegante. Dado que los precios se abaratan, es preciso hacer rotar la moda para que no se produzca una tediosa uniformización de la sociedad. Es la que persiguen algunas sectas norteamericanas, como los Amish, que se detienen en la ropa campesina del siglo XIX. El conjunto de los países occidentales no pueden aceptar tal extravío. Al contrario, se impone la rotación del vestuario incluso por temporadas. La función principal ya no es la de hacer que los de arriba se distingan de los de abajo. Entre otras razones, porque los «árbitros de la moda» son ahora profesionales. Las clases pudientes pueden permitirse el lujo paradójico de no seguir el paso de la moda; son las que valoran «lo clásico». Los aficionados a las novedades de la indumentaria no son los pobres, claro está, pero sí una capa intermedia de personas cuyo oficio les permite figurar. Las novedades de la moda las traen no los ricos, sino los «famosos», que es otra categoría. Como su papel social es precisamente el de llamar la atención, se comprende que exijan una alta rotación a la moda. La cual tiene ahora otra razón de ser: la industrial.

Los verdaderos «árbitros de la elegancia» no son personas físicas sino grandes empresas. Son las que fabrican las fibras y los tejidos que han de servir a la industria de la confección. Lo lógico es que se pongan de acuerdo para «lanzar» unas pocas líneas por temporada para así abaratar los costes. La llamada «alta costura» es solo la manifestación pública y estética de esa previa decisión empresarial. Lo que no se vende al final de la temporada pasa a la sección de rebajas, un mecanismo imprescindible para deshacerse de los modelos antiguos. De esa forma se promueve una cierta igualación social, por lo menos en la faceta de la indumentaria. Paradójicamente, la clase alta y la baja se parecen en que van un poco retrasadas con la moda que «se lleva» cada temporada. Se ha desleído mucho el principio del «consumo ostensible» (y no «conspicuo», como a veces, literalmente, se traduce).

La moda en el vestir está para corregir la naturaleza. No todas las personas pueden ser guapas, entre otras cosas porque la belleza solo se mantiene mientras se es joven. Ahora bien, casi todas las personas pueden ser elegantes, con tal de que se preocupen de vestir bien y tengan capacidad para ello. La belleza se tiene; la elegancia se adquiere. La consecuencia paradójica es que la moda cumple una función democratizadora, igualadora, justo lo contrario de lo que parece a primera vista.

El último tercio del siglo XX se caracteriza por lo que Lipovetsky llama la «moda abierta». Ya no es tan exclusiva la confección original para unas pocas mujeres distinguidísimas, la «alta costura». Se trata ahora de una industria multifacética, para los dos sexos y para amplias capas de la población. No solo se vende ropa hecha, sino perfumes, cosmética, complementos y todo tipo de objetos con algún detalle estético y personal. En realidad lo que se difunde es un amplio repertorio de marcas, logotipos, diseños para una clientela masiva. Definitivamente, se impone el estilo deportivo en la indumentaria y en la vida. La moda es cada vez más comunicación, símbolos. La moda ha entrado también en la complejidad.

Un rasgo muy característico de la sociedad actual es la continua exhibición de marcas en el atuendo. No hay que llegar al adefesio que significa la profesión de marcas comerciales sobre la ropa de los ciclistas, los corredores de coches y otros deportistas. En la vida de relación social se ha convertido en un detalle elegante la marca visible del bolso, los zapatos, el polo y otras prendas. Es una publicidad gratuita que a nadie parece incomodar. Un anagrama comercial de mucho uso da prestigio, por incomprensible que pueda parecer a un observador desapasionado.

La diversificación y generalización de la moda actual significa que ya no hay una capital de la moda, París, sino que esa primacía se reparte entre diversos países. A España le toca también su modesta parte, con diseñadores propios que ya no tienen que emigrar a París o a Nueva York. Las ciudades españolas disponen hoy de las mismas tiendas de moda que existen en los países centrales. Algunas marcas españolas son internacionales. También por este lado superficial los españoles tienen la sensación de «estar en Europa».

La moda, al ser el dominio del capricho, representa un gran obstáculo para la interpretación de los cambios. ¿Por qué durante tantos siglos los varones han estado tan cómodos con el traje talar (las faldas) y hoy resulta tan rechazable? No es fácil encontrar razones, como no las hay para explicar la decadencia del abanico, un objeto tan simple, tan bello y tan útil. Definitivamente, la moda admite un elemento azaroso, de capricho, que resulta de difícil previsión.

La moda no sería la institución que conocemos si no existiera el placer de imitar a los modelos propuestos por parte del público. Es un misterio por qué la reiteración generalizada produce contento, pero así es. La imitación produce cansancio. De otro modo habría pocas modas y serían eternas. Esa vocación la tienen los pantalones vaqueros y otras raras creaciones. Por lo general, ocurre lo contrario, un continuo vaivén que oscila temporalmente de lo corto a lo largo, de lo holgado a lo ajustado. La oscilación es necesaria para que los famosos logren distinguirse de sus seguidores.

La moda es compañera del imperio, si se me permite parafrasear el famoso dicho de Nebrija. Me refiero a la moda como institución que dirige y prescribe lo que se va a llevar en cada momento. Esa difusa decisión empieza a funcionar en muy pocos centros: París y Londres primero, luego Nueva York y Milán, más tarde Tokyo y muy pocas ciudades más. No es casualidad que esos contados centros de la moda coincidan con los que hacen ciencia. No se trata de una espontánea creación de unas pocas ciudades. La prueba que tanto los modistos o diseñadores como los científicos son gremios con una gran movilidad geográfica. Se establecen en esas grandes ciudades porque el negocio de la moda o el de la ciencia necesitan una gran concentración física. Pero constituyen un tipo humano que proviene de distintos países. Otro paralelismo entre los diseñadores de moda y los científicos es que surgen en un medio familiar propicio, es decir, son cualidades profesionales que hasta cierto punto se heredan.

Es fácil dar una interpretación maquiavélica o conspiratoria a la moda: unos pocos «árbitros» determinan el atuendo que el público va a llevar. Aunque así fuera, ¿por qué habrían de estar conformes con una misma tendencia? Lo que es más problemático, ¿por qué el público habría de hacerles caso? La razón es eminentemente práctica. Llega un momento en el que el consumo de ropa, calzado y complementos se hace tan masivo que cabe el peligro del azar. Si cada uno se pusiera lo que quisiera, el resultado podría ser demasiado oneroso. Sufrirían los consumidores pero también las empresas textiles y similares. Se impone, pues, una cierta economía. El gusto tiene que ser dirigido para que, entre otras cosas, las empresas de tejidos y otros materiales se preparen con un muestrario reducido. Así pues, paradójicamente, el negocio de la «alta costura» sirve para hacer más asequible la moda. En realidad, los verdaderos árbitros de la moda son los que diseñan las telas (cuyo centro natural ha sido Londres). Esa decisión condiciona las que luego van a tomar los diseñadores de París, Nueva York, Milán, Hollywood y otras ciudades, siempre pocas. De esas ciudades provienen las modas y los gustos, pero no solo los del vestir. Es el estilo de vida de todo el mundo el que se difunde desde unos pocos centros. Es lo que se llama «globalización», que no solo se aplica a las empresas.

CAPÍTULO IX

La vida hacia afuera

La vida cotidiana se ha transformado por la técnica. Las máquinas sirven para producir artículos que al final se consumen. El medio natural es casi siempre un medio humanizado. El ejemplo más característico es la ciudad. La técnica se introduce directamente en la vivienda, que es donde se vive, pero la vida está también fuera de casa. Las aglomeraciones urbanas son posibles porque la técnica ha supuesto el abaratamiento del transporte. Será menester dar un repaso a todas esas manifestaciones del dominio del medio. Tienen de común el hecho de que manifiestan el modo de proyectarse la vida cotidiana hacia afuera. Es uno de los aspectos que mejor distinguen la sociedad tradicional de la moderna.

Durante mucho tiempo, la gran distinción urbanística en España no ha sido entre el campo y la ciudad, sino entre los pueblos y las capitales. La capital contenía ciertos elementos simbólicos, que han ido cambiando. En la España tradicional, esos símbolos podían ser la Catedral, el Instituto de Enseñanza Media, el Gobierno Civil. Madrid, como capital de la nación, era excepcional. Carecía propiamente de catedral, contaba con varios institutos de enseñanza media y el Gobierno Civil quedaba eclipsado por el Palacio Real o el Congreso de los Diputados. La situación actual es algo diferente. Ahora es cuando propiamente se puede hablar de ciudades. Algunas no son capitales de provincia, pero sí pujantes centros económicos o culturales (Vigo, Santiago, Gijón, Cartagena, Jerez de la Frontera). Los símbolos urbanos son ahora la Universidad, el Aeropuerto, el Palacio de Congresos y El Corte Inglés.

Sin esos cuatro elementos simbólicos, una ciudad no es propiamente una capital moderna. Como se puede ver, el carácter urbano es cada vez menos institucional y más económico. Una gran ciudad no llega a serlo si no cuenta con edificios que puedan contener muchas personas al mismo tiempo. La vida urbana consiste en estar mucho tiempo fuera de casa.

La ciudad es también un lenguaje. El espacio físico de la ciudad está lleno de señales, rótulos, carteles, indicaciones, todo eso con letras. Añádase la abigarrada mezcla de símbolos, mobiliario urbano y piezas artísticas, además de los edificios, con que se encuentra el paseante urbano. Menos mal que funciona el mecanismo de la percepción selectiva. De otra forma, la confusión podría ser babélica.

Es corriente referirse hoy a los *grafitti* como expresión del arte popular o de la protesta social, traducido al paisaje urbano. Ni el asunto es tan actual como se pretende, ni resulta tan ponderativo, ni tampoco hay que recurrir al barbarismo. El excelente estudio de antropología criminal de Constancio Bernaldo de Quirós y de José María Llanas, *La mala vida de Madrid*, de 1901, habla ya de los «grafitos y palimpsestos». Se refería con ello a la «manía grafológica» de los delincuentes que los llevaba a pintarrajear las paredes o los papeles que circulaban de mano en mano. Eran una mezcla de «obscenidad e infantilismo» que daban como «una especie de fotografía… catódica del interior del cerebro delincuente». Hace un siglo, los grafitos y los palimpsestos eran sobre todo carcelarios y de retretes. Hoy se extienden a las paredes y bardas que se contemplan desde el ferrocarril, a los muros y pupitres universitarios, a los textos escolares. Los actuales grafitos se valen del espray y del rotulador. Una forma particularmente hiriente es la escritura indeleble sobre el cristal de las ventanillas de los trenes. Han disminuido mucho los contenidos obscenos y políticos. Predominan cada vez más las expresiones cabalísticas, la simple repetición de la firma del «grafitero» a través de iniciales o nombres supuestos. Se cultiva especialmente el enunciado del «conjunto» o pandilla inidentificable que avala el letrero. Es posible que los «grafiteros» actuales sean más narcisistas e infantiloides que simplemente vulgares. Los «grafitos» contribuyen a resaltar la apariencia mísera de los paisajes donde se aplican. Siempre hay alguien dispuesto a identificar esas excrecencias con la dignidad de las pinturas rupestres. Más bien son como un escáner del caos mental que aqueja a los anónimos «grafiteros».

Una sociedad tradicional mantenía literalmente las distancias en las relaciones sociales. Por ejemplo, las casas burguesas de hace un siglo, y hasta hace muy poco, se diseñaban con una doble entrada, con dos escaleras distintas. Una era para los «señores» y la otra para el «servicio». La casa solía tener un portero que realizaba el correspondiente escrutinio antes de dar paso al visitante. En los modernos bloques, la discriminación se realiza a través del «portero automático». Se plantea un problema con el ascensor, un vehículo que acorta peligrosamente las distancias entre los cuerpos. Tanto es así, que los pasajeros suelen callarse y hasta hacen lo posible por no mirarse. Una crónica de la vida cotidiana en el Madrid del primer tercio de siglo, la de García de Valcárcel, señala que a los carteros no se les concedía el privilegio de utilizar el ascensor. Tampoco había buzones, por lo que muchas veces el cartero tenía que subir piso por piso para entregar la correspondencia. Los ascensores antiguos eran muy bellos, con profusión de espejos, dorados e incluso asientos. En el hotelito de Castellana, 2, donde se alojaba la Presidencia del Gobierno, había un curioso ascensor que duró hasta 1970. La curiosidad estaba en que no tenía botones dentro de la cabina. Su funcionamiento implicaba la presencia de un ordenanza en cada rellano (había sólo dos pisos) para que accionara desde fuera el botón correspondiente y abriera y cerrara las puertas.

En el habla castellana se respira una curiosa personalización de los núcleos urbanos. Para empezar, el «pueblo» es tanto el conjunto de edificios, la planta física, como sus habitantes. Una ciudad puede calificarse oficialmente de «noble», «leal» o «heroica» como si fuera una persona. Recuérdese el burlesco comienzo de *La Regenta*: «La heroica ciudad dormía la siesta.» Por lo mismo, el Ayuntamiento recibe el tratamiento de «excelentísimo», como si se tratara de un alto cargo. No se sabe bien por qué, pero algunas ciudades son masculinas (Madrid, Bilbao) y otras femeninas (Barcelona, Sevilla). Puede ser una mera lógica gramatical por la que la terminación en «a» confiere a una ciudad el género femenino. Sea cual sea la desinencia, el habla entiende que todas las ciu-

dades tengan «hijos», los nacidos en ellas. Ahora, a muchas ciudades les ha dado por «hermanarse» con otras lejanas. Son formas de
conferir el carácter de personas a lo que realmente son entidades
físicas.

La ciudad no es solo un conjunto de población densa, de viviendas próximas. Puede verse también como un dispositivo para regular las distancias. La vida urbana permite la cercanía física entre muchas
personas, pero, por eso mismo, exige que cada una ocupe su espacio
sin invadir el que no le corresponde. Son muchas las señales para regular las distancias, empezando por las señales de tráfico. Los edificios
marcan muy bien quién puede entrar y en qué condiciones. Algunos
exigen un precio de entrada, condición que define a los vehículos de transporte públicos. Los edificios públicos o los de oficinas exigen ciertos engorrosos trámites de identificación para las personas
que entran y salen. Es otra forma de marcar las distancias.

El tópico es que España es un país luminoso, pero, precisamente por eso, los españoles, cuando pueden elegir, prefieren la
sombra y la penumbra. Las iglesias, los palacios, los castillos, vistos por dentro son más bien lóbregos. Así se construyen también
las casas tradicionales de las clases pudientes. Todo ello responde
a la concepción tradicional. La moderna procede de países borea-
les, con menos luz, por lo que se erige con grandes ventanales. Es
el caso de los hoteles, los edificios de oficinas y también las viviendas privadas recientes. Luego viene la corrección de la realidad. Hay
que contrastar el exceso lumínico con persianas y cortinas. Durante el invierno, el cristal aísla poco y hay que gastar mucho en cale-
facción. Se comprende la sabiduría de la solución tradicional al
promover la penumbra, especialmente para las casas aristocráticas. En la sociedad tradicional, las casas modestas buscaban la luz,
quizá como compensación de todas las demás carencias. Las casi-
tas (o casuchas) con corral y las buhardillas podían ser inhóspitas,
pero se inundaban de sol. En cambio, los palacetes y los pisos principales forzaban la penumbra, quizá porque podían permitirse el
lujo de la luz artificial. La situación actual es la opuesta. Ahora es
cuando las clases acomodadas prefieren los áticos climatizados, con
abundancia de luz natural. Vienen a ser como buhardillas de diseño. El tejado biselado da prestigio. Las casas exentas disponen de

más luz que las de pisos. Las clases modestas cierran las terrazas para conseguir un poco más de espacio a costa de sacrificar la luz natural. El símbolo actual de buena posición es disponer de piscina, aunque sea comunitaria. La piscina se utiliza más para tomar el sol que para nadar.

Con muy buen acuerdo, señala Núñez Florencio que «ha sido siempre propio de la sociedad española poner la apariencia por encima de la comodidad personal: la habitación más elegante, con balcones a la calle, es siempre la de recibir visitas, mientras que las dependencias de uso diario son interiores». El contraste es que la habitación mejor amueblada es la que menos se usa. Eso ha sido así antes y ahora, para las clases altas y las modestas, cada uno en su estilo. El culto a la apariencia lleva a sacrificar la comodidad hogareña por el consumo ostentoso, sea la ropa, el gasto en restaurantes o en el veraneo. Lo fundamental, para las familias pudientes, no es que los chicos aprendan idiomas, sino que tengan institutriz (antes) o que vayan a Inglaterra (hoy). Todavía da más prestancia enviarlos a Irlanda o a Estados Unidos.

A finales del siglo XIX, las dos capitales económicas de España eran Barcelona y Bilbao. La mayor parte de las empresas industriales con alguna entidad se localizaba en esos dos puntos. Paradójicamente son los núcleos de sendos movimientos nacionalistas o separatistas (según sea el punto de vista del observador). Madrid era sólo la capital administrativa y la sede de la aristocracia. A finales del siglo XX, la situación se ha alterado. Barcelona y Bilbao (con Vitoria y San Sebastián) siguen siendo los centros de las correspondientes tensiones nacionalistas, ahora con muchas más competencias políticas. Sin embargo, Madrid es por primera vez la capital económica de España. Es cada vez más el centro de las redes de transporte y de las empresas relacionadas con la comunicación y las «nuevas tecnologías». Es, además, la sede principal de las empresas multinacionales en España, entre las que se cuentan ya algunas propiamente españolas. Barcelona era antes la sede preferida para congresos y reuniones; hoy esa función corresponde a Madrid.

El crecimiento de las ciudades durante el último siglo es inseparable de la ampliación de la técnica. Bastaría con que desapareciera la electricidad o el motor de explosión para que las grandes ciudades fueran invisibles. Puestos a imaginar, sería suficiente la eliminación del ascensor para que la vida urbana fuera imposible. Sería una alternativa carísima volver a diseñar las capitales en horizontal, con pequeñas alturas. Lo que parece más humano haría inviable la sociedad compleja. Otra cosa es que se levanten urbanizaciones o barrios residentes con casas unifamiliares o de pocos pisos. Ese diseño horizontal requiere redes de transporte mucho más complicadas. Se mire por donde se mire, la ciudad moderna es la convivencia del hombre con la técnica.

Se supone que el progreso significa la «mecanización del hogar», pero la tendencia no es rectilínea. Hace un siglo, muchos hogares de clase media contaban con una máquina de coser. El invento es de 1840, pero a finales de siglo se introduce realmente como un mueble doméstico. Era un ingenioso artilugio muy eficaz, que se movía por la fuerza muscular. El hogar era entonces un centro de confección y arreglo de ropa para toda la familia. A veces, las mujeres trabajaban como modistas o sastras para la clientela de fuera. Con el tiempo, la máquina de coser se generaliza y se hace eléctrica y automática. El artilugio mejora, pero pierde función hogareña. Actualmente es ya una rareza. Incluso cuando los hogares se pertrechan de una máquina de coser, su uso es muy esporádico. Por este lado se puede decir que el progreso ha sido la «desindustrialización» del hogar. Las mujeres actuales no tienen tiempo para coser, no saben hacerlo o trabajan fuera de casa en otros menesteres más rentables.

La máquina de coser entra en declive, pero los hogares actuales se llenan de artefactos que se alimentan por electricidad. El espacio de las viviendas no se ha ampliado mucho durante el último siglo y el número de miembros del hogar se ha reducido. Sin embargo, las casas están abarrotadas de objetos. A veces dan la impresión de submarinos, tan intenso es el aprovechamiento del espacio.

La gran diferencia del estilo de vida de los modernos urbanícolas, respecto a los de hace un siglo, es la movilidad espacial. Los miembros del hogar necesitan trasladarse diariamente a los centros escolares, laborales o comerciales. El ritmo semanal se da para ciertas compras o para el esparcimiento. Las vacaciones y las relaciones profesionales suponen traslados más largos. Diríase que los urbanícolas están inquietos y necesitan viajar continuamente para los fines más variados.

El verbo «veranear», de reciente incorporación al diccionario, está en camino de desuso. Significa el traslado ritual a otro lugar para pasar las largas vacaciones de verano. Lo típico del veraneo era incluso volver al mismo lugar de los veraneos anteriores. El suceso afectaba a una minoría de españoles, los de la clase pudiente. Más tarde, la institución se amplió al grueso de las clases medias. No obstante, llega un momento de saturación. En lugar de veranear, los españoles actuales con suficientes recursos viajan de un lugar a otro con ocasión de las vacaciones de verano o de otras épocas del año. Esa conducta nómada, trashumante, significa un escaso aprovechamiento de lo que se ha llamado, retóricamente, la «segunda residencia». Normalmente es un incómodo apartamento en la playa o en la montaña. Fue un sacrificio económico de la familia tomado años atrás, cuando tenía más vigencia el rito anual del veraneo. Pero las costumbres han cambiado con celeridad. Otra alteración ha sido que los jóvenes, y aun los adolescentes, actuales viajan muchas veces por su cuenta o en grupo, pero desprendidos de la tutela familiar. En cuyo caso el veraneo tradicional pierde todavía más su sentido. Puede suceder, incluso, que la familia se disgregue durante los «puentes» de Navidad o de Semana Santa, de tal forma que los padres viajen con un destino y los hijos con otro. Poco a poco ha ido penetrando el uso de que los viajes placenteros han de realizarse con personas próximas pero del mismo grupo de edad.

La gran distinción entre el orden tradicional y el de la actual sociedad compleja pasa por la diferente, y aun opuesta, consideración del trabajo y, por tanto, del ocio. En la sociedad tradicional lo que proporcionaba estima social era el no hacer nada, la tranquila ociosidad de los ricos. Naturalmente, el trabajo era entonces algo físico, que casi nunca compensaba el esfuerzo. En los tiempos que corren, el trabajo se ha hecho más liviano, pero sobre todo lo que se enaltece es la persona muy atareada. Aun en los ratos de esparcimiento, las personas de alta posición deben aparentar que tienen prisa por marchar a sus quehaceres. Por ejemplo, en una recepción, los jefes deben retirarse los primeros, sin beber ni comer mucho, para indicar que los espera alguna tarea pendiente. La actitud de solazarse con tranquilidad es más bien para gente subalterna. Las ocupaciones que más prestigio reciben son las directivas, y, dentro de ellas, las que permiten viajar mucho. Tanto es así que las organizaciones complejas, públicas o privadas, inventan mil sutiles ocasiones para que los elementos dirigentes se desplacen continuamente por razones de trabajo. Una persona que aspira a un alto reconocimiento social debe dar la sensación de que aprovecha cualquier hueco laboral para «cargar pilas» en algún lugar lejano. Esa estadía debe ser corta, con un propósito activo. Por ejemplo, puede ser de buen tono desplazarse desde España, durante un fin de semana, a Londres o San Francisco para asistir a una ópera o visitar una exposición. Cuanto más agotadora sea la salida, tanto más prestigio. Una rara forma de desplazamiento con categoría es la de ponerse en manos de los médicos en una clínica de renombre, alejada del domicilio habitual.

Hace un siglo, cuando los que viajaban eran pocos, los traslados suponían una gran impedimenta. El manual de urbanidad de Carmen de Burgos aconseja que, respecto al equipaje, «son mejor los baúles-mundos que se facturan, y de los cuales cuidan los mozos de los hoteles. Sale algo caro, pero de no poder viajar con comodidad, es preferible quedarse en casa». Todavía hace una generación era visible la baca repleta de maletas y bultos que llevaban muchos coches que salían de vacaciones. Hoy apenas se ven esos coches con la baca repleta, excepto los de los emigrantes marroquíes que atraviesan la Península. El viajero está más dispuesto hoy a manejar personalmente su propio equipaje, que, por tanto, debe ser ligero. En los viajes de avión de corto alcance lo normal es que los pasajeros se embarquen únicamente con el equipaje de mano. Resulta engorroso esperar a recoger el equipaje facturado, el cual, además, puede extraviarse. La misma tendencia empieza a verse en los trenes. Ya no hay mozos de equipaje en las estaciones porque casi nadie carga con varios bultos.

Los viajes colectivos despiertan un singular apetito en los actuales urbanícolas. Los tradicionales viajes en tren estimulaban a llevar abundantes provisiones, que se compartían amigablemente entre los viajeros del mismo departamento. Además de lo cual, en las estaciones principales se voceaban los productos de repostería típicos de cada localidad. Ahí estaban las almendritas garapiñadas, las tortas de aceite, las yemas, las mantecadas, las rosquillas. Añádase que el tren hacía largas paradas regulares para que los viajeros pasaran por la fonda. Allí los esperaban, ya servidos, los humeantes platos de sopa, seguidos de un segundo más sólido, fuera bacalao, pepitoria o torreznos. Los viajeros tenían casi media hora para comer y acicalarse un poco. Mientras, el tren se refrigeraba. Recordemos que en aquellos trenes todo se llenaba de carbonilla. Los servicios higiénicos no eran ninguna de las dos cosas. Algunos viajeros se enfundaban en una especie de balandrán o guardapolvo. No los preocupaba mucho tales incomodidades (vistas desde hoy) porque los viajes en las diligencias eran todavía más penosos.

En el AVE actual, la comida se sirve sobre la marcha, al menos para las «clases» distinguidas, que no paran de ingerir y libar durante todo el trayecto. El sistema de *catering* se copia de los aviones, donde también es constante la disposición a administrar calorías alimenticias a los viajeros, más que nada para tenerlos entretenidos. La prohibición de fumar o de utilizar el teléfono móvil durante el trayecto puede crearles cierta angustia. La cual se redobla con la reiterada admonición para abrocharse los cinturones de seguridad. Diríase que los pasajeros del avión se infantilizan, requieren la constante atención de las azafatas. En los tiempos de los aviones de hélice, como en los trenes de carbón, no era raro que algunos viajeros se marearan.

En otras latitudes transpirenaicas es común el hábito de leer que tienen los viajeros de trenes o aviones. No se entiende bien por qué los españoles no se han sumado a esa afición. En todo caso hojean el periódico, si es que se lo reparten, pero los libros son raros. La lectura todavía no es una costumbre general mientras se viaja. Quizá no lo sea ya nunca, puesto que ahora los viajeros pueden entretenerse con el vídeo. Puede que a los españoles los embelese especialmente contemplar el paisaje. La última afición es la de utilizar el teléfono móvil cuando van en un tren. No parece inhibirlos mucho el que los compañeros de viaje puedan escuchar sus conversaciones.

El tren se ha hecho para tener tiempo de conversar o contemplar el paisaje. Ya son ganas de extasiarse a veces ante la nada, pues las vistas desde los trenes suelen ser la parte de atrás de los arrabales. El paisaje del ferrocarril es el lado feo del país: desmontes costrosos, desguaces, ruinas, basureros, ropa tendida. Los «grafiteros» lo saben. Sobre esas bardas astrosas que se divisan desde los trenes pintan, al espray, sus siglas ininteligibles. Lo que indefectiblemente atrae la atención de los viajeros es el paso de otro tren, o verlo estacionado en la otra vía. Camilo José Cela hace una observación atinada: «Los viajeros de un tren envidian siempre un poco a los viajeros de otro tren; es algo que es así, pero que resulta difícil explicar.» Las estaciones de tren eran antes espacios más ruidosos y simpáticos. Casi ha desaparecido el espectáculo de los amigos y familiares que van a despedir o a recibir a los viajeros.

El transporte colectivo de viajeros se generaliza con las diligencias en el siglo XVIII, sigue con el tren o el barco en el XIX y el autobús o el avión en el XX. Cada uno de esos pasos supone un aumento prodigioso del número de viajeros. Aunque todos esos medios de transporte sean muy dispares, tienen de común el hecho de que permiten relacionarse con personas desconocidas que pueden estar realmente próximas. El viaje «democratiza» así las relaciones sociales. Las viviendas burguesas permitían un relativo aislamiento respecto a los vecinos. Al menos, cada uno podía seleccionar las personas con las que podía relacionarse. Ese criterio se intenta llevar a los sistemas de transporte colectivo de viajeros, a través de la convención de las «clases». Pero dentro de cada «clase», el compañero de viaje puede tener un grado de acceso y de intimidad mucho mayor que en la vida corriente. De ahí, por ejemplo, el recurrente motivo literario que significa la situación del viaje colectivo, de forma arquetípica el del tren. Hay excelentes antologías de la expresión del tren a través de la literatura. Se puede recordar la de Gaspar Gómez de la Serna y la de Juan Carlos Ponce.

Recordemos que el primer ferrocarril comercial del mundo es el de Liverpool a Manchester en 1830. Desde esa misma fecha se proyectan caminos de hierro en España (incluso por el mismo George Stephenson, el inventor de la locomotora), pero su realización se demora casi una generación. Hasta 1860, las vías españolas no llegan a la frontera francesa. Solo a finales del siglo se puede decir que hay una auténtica red de ferrocarriles en la España peninsular. El proceso se ha repetido con otras muchas innovaciones. La primera noticia llega pronto a España, hay proyectos prematuros que no llegan a término. El error no ha sido en España la actitud de resistencia a las novedades, sino la más vulgar inoperancia de las organizaciones. A los españoles les ha podido más el genio antieconómico que el anticientífico.

Los publicistas españoles de mediados del siglo XIX contemplan, extasiados, el nuevo invento del ferrocarril, ya instalado en las tierras transpirenaicas perfectamente llanas. Uno de ellos, Modesto Lafuente, en 1842, considera los «caminos de hierro» como «la gran revolución que se ha hecho en el siglo». Su entusiasmo progresista nos parece hoy sobremanera ingenuo: «Las distancias han desaparecido donde hay un buen sistema de caminos de hierro. Los hombres viviendo todos en una misma población gozan de los productos de todas las poblaciones. Los caminos son otras tantas calles del pueblo, y las ciudades de provincias [son] como cuarteles o barrios de la capital.» Es evidente la exageración, pero, al menos, el ferrocarril iba a ser decisivo para la constitución de los mercados nacionales y, en definitiva, de los Estados nacionales.

El primer tren español, en 1837, fue realmente el que comunicaba La Habana con el valle de Güines, donde se concentraban los ingenios azucareros. Avanzaba a la renqueante velocidad de cuatro leguas por hora, unos 22 km. Por entonces, en 1840, según recuerda Mesonero Romanos, los ferrocarriles europeos conseguían las diez leguas por hora, unos 56 km. Era tal «la rapidez con que desaparecen a la vista objetos cercanos que es conveniente fijarla en lontananza». Eran nuevas sensaciones de la primera vez que el hombre superaba, doblaba, la velocidad del caballo. El viajero se sentía embelesado, hasta el mareo, al contemplar la sucesión de los postes de telégrafo.

Debe reputarse como extraordinaria la capacidad de adaptación de las personas a la velocidad. Con la llegada del ferrocarril son muchos los viajeros que se marean o que creen marearse. Por primera vez en la Historia se superaba la velocidad del caballo, que es la máxima que siempre se había experimentado. Los primeros tranvías eléctricos en Madrid, a finales del siglo XIX, ocasionan numerosos percances. Los peatones no veían venir a los tranvías, a pesar de lo ruidosos que debían de ser. En 1903, el Ayuntamiento de Madrid aprueba el primer reglamento para la circulación de automóviles. Se prohíbe circular a más de 5 km/h en el casco urbano y a más de 10 en las vías más despejadas. Aun así, durante los primeros años del siglo XX son muy corrientes y aparatosos los atropellos de peatones por los primeros coches, que más parecían coches de caballos sin caballos.

Los grandes escritores de fines del siglo XIX y principios del XX (la «edad de plata» de la literatura española según José Carlos Mainer) se entusiasman por las excelencias del ferrocarril. Para Benito Pérez Galdós, «un tren que parte es la cosa más semejante a un libro que se acaba». El viaje en tren tenía algo de aventura, de suceso biográfico. Hace un siglo, eran multitudinarias las escenas de despedida en las estaciones. Hoy, los viajeros no parecen tener a nadie que los acompañe hasta el tren. Son viajes de ida y vuelta. Antes, el viaje por ferrocarril tenía algo de especial, extraordinario, como si fuera para no volver. Los equipajes eran más voluminosos y variopintos que los actuales, reducidos a una maletita con ruedas. Ya no se ve la turbamulta de «mozos de estación» con sus atestadas carretillas. El ruido de las estaciones ha disminuido o no impresiona tanto. En un párrafo de Vicente Blasco Ibáñez, donde se describe un viaje en tren, se emplean estos verbos trepidantes: gemir, temblar, traquetear, gruñir, arrullar. Se aplican al tren como si fuera un monstruo ruidoso.

La escritora Emilia Pardo Bazán se quejaba, a finales del siglo XIX, de que el tren necesitaba casi tres horas para recorrer la distancia de Madrid a Toledo, «poco más que una galera». Su experiencia francesa le hace exigir que ese viaje no debería durar más de hora y tres cuartos. Es un nuevo sentimiento de la distancia que va a dominar en el siglo XX. El público se acostumbra a considerar que la distancia entre dos ciudades es variable, según el medio de transporte que elija. Luego viene el punto de saturación. El tráfico aéreo se fija en una velocidad convenida (900 km/h), pero las esperas en los aeropuertos se eternizan.

Los primeros trenes, según cuenta el texto citado de Modesto Lafuente, eran como un microcosmos de la sociedad de clases a la que servían. Los vagones de primera clase o «berlinas» comprendían mullidos departamentos aislados. Los de segunda eran «coches» con asientos corridos de madera. Los de tercera eran *waggons* abiertos para mercancías y las personas menos pudientes. En las estaciones había sendas *salles d'attente* para cada una de las tres clases. No nos debe extrañar tal cuidadosa estratificación. En el actual AVE se delimitan tres clases: club, preferente y turista. Los primeros, tienen una «sala VIP» en las estaciones. Es una copia de la misma institución segregadora de los aeropuertos para los viajeros de la clase *business*. El privilegio consiste en disponer de un servicio gratuito de cantina. En realidad, la distinción de clase, en trenes y aviones, consiste en que los billetes de la clase distinguida no los suelen pagar propiamente los viajeros. Ese gasto corre a cargo de alguna organización de la que dependen o a la que manejan. Son los nuevos y distinguidos «viajantes».

Las estaciones de trenes o los aeropuertos actuales se parecen cada vez más a profusos centros comerciales, grandes zocos, donde todo se compra o se vende. Diríase que el negocio del transporte no está en el precio del billete, sino en la oportunidad que ofrece para vender todo lo vendible. El viajero es el gran consumidor. Hay incluso una «venta a bordo» de los aviones o de los trenes de alta velocidad con artículos perfectamente superfluos. Por eso mismo son los ideales para regalo.

La historia de las innovaciones es también la historia de la resistencia social que presentan. El tren no es una excepción. En 1862 se publica el panfleto anónimo *Inconvenientes de los viajes en ferrocarril*. Expresa la oposición no tanto a la parte ingenieril como a la organizativa. Son las compañías de ferrocarriles las culpables de dar un trato de favor a los periodistas para que oculten los accidentes. La burocracia de las estaciones es ineficiente. La corrupción y el nepotismo dominan en la organización de la sociedad por acciones que construye y luego explota el ferrocarril. Las señoras que viajan solas se exponen a las groserías de los varones desaprensivos. «El rápido movimiento de los trenes produce indisposiciones que tienen muchos puntos de contacto con el marco del mar, y estas indisposiciones pueden convertirse en grandes enfermedades.» Los túneles angustian a los viajeros. La carbonilla se mete por todas partes.

Durante la segunda mitad del siglo XIX el tren convivió pacíficamente con los vehículos de tracción animal. Las estaciones de ferrocarril tenían que concentrarse en unas pocas ciudades. Así pues, el transporte en carros, tartanas y demás coches de caballos, además de las caballerías, era el complemento necesario del ferrocarril. La complicada orografía del territorio español obligaba a que muchas estaciones estuvieran alejadas de los respectivos cascos urbanos. El «barrio de la estación» es típico todavía en muchos pueblos y ciudades con tren. Ese diseño se altera bruscamente con la llegada del automóvil, que no se generaliza en España hasta bien entrado el siglo XX. Es la máquina que más ha contribuido a que cambien las costumbres cotidianas.

Los primeros automóviles construidos en España, durante el primer tercio del siglo XX, lo son con piezas y patentes extranjeras. Se trata de iniciativas artesanales que no llegan a cuajar como verdaderas fábricas. No ha llegado todavía la producción en cadena. Así pues, los primeros coches que circularon por España eran más bien extranjeros. Incluso los primeros «mecánicos» o *chauffeurs* eran franceses. Esos primeros coches llegados a España, hace un siglo, se adquirían por personas acaudaladas y más bien extravagantes. Eran un instrumento de ocio, más que de trabajo o de transporte. Se salía en coche a pasear por el campo, a contemplar el paisaje. Se descubre un nuevo placer, el del vértigo de la velocidad, que se conseguía cuando la aguja del cuentakilómetros llegaba a los 60 km/h. El coche empezaba a ser un motivo de conversación para los jóvenes de las familias linajudas de entonces.

En 1930, el médico higienista A. Riera se lamenta: «No se ha conseguido acabar con la alarma perpetua que produce el paso y aglomeración de automóviles y su carrera velocísima.» Naturalmente, esa afirmación había que entenderla según la experiencia hasta entonces. Con el comienzo del siglo XX se matriculan los primeros coches en España, unas pocas unidades en cada provincia. En 1930 se matricularon 25 000 vehículos de motor. La cifra era considerable, pero la «aglomeración» no había hecho más que empezar. Al concluir el siglo, la matriculación anual supera el millón de automóviles. En España hay ya más coches que hogares.

Lo que fue antaño una extravagancia se ha transformado en

un artefacto general, casi como el reloj de pulsera. Lo denominamos «coche» porque así era el carruaje tirado por caballos. El diseño de los primeros automóviles correspondía realmente a «coches sin caballos», por lo mismo que la radio primitiva era «telegrafía sin hilos».

Los coches se fabrican hoy en España en grandes series, que se exportan a todo el mundo. Sin embargo, la combinación de marcas, modelos y otros recursos hace que sea un objeto sobre el que se proyecta la personalidad del propietario. Viene a ser como una prolongación del hogar e incluso del atuendo. Se repite lo que podríamos llamar la «economía del color». Hoy la técnica permite fabricar las prendas de vestir y los coches de cualquier color dentro de una gama variadísima, casi infinita. Sin embargo, en uno y otro caso (y con la excepción de la corbata) los colores que prácticamente se eligen son unos pocos. El coche refuerza todavía más la monotonía cromática. La marca y el modelo de coche se ajustan a la posición social del comprador, a la imagen que quiere dar de sí. Los poseedores del mismo tipo de coche forman entre ellos una especie de secreta y difusa asociación. La prueba está en esa sutil respuesta del conductor que respeta especialmente, da preferencia y ayuda a los otros coches que se le cruzan de su misma marca y modelo. El coche tiene que seducir al conductor. La publicidad automovilística recalca, como si fuera un tema de maníaco, esos rasgos sensuales. Ningún otro artefacto los tiene tan pronunciados. El diseño aerodinámico no es sólo por la ventaja evidente de ahorrar energía, sino por el recuerdo de las curvas femeninas. La publicidad de coches se dirige fundamentalmente a los varones. El coche seduce, pero también contribuye a dar seguridad al conductor, de forma parecida a como lo hacen las tarjetas de crédito, la ropa o el título profesional.

Durante una generación, los españoles se han visto obligados a una economía de sustitución de las importaciones por la endeble producción nacional. Poco a poco se va rompiendo esa aburrida austeridad y, con la creciente disponibilidad de divisas, más la reducción arancelaria, se permite «importar de todo». Al menos, esa es la impresión para las personas con posibles. Resulta inevitable la sobrevaloración de los artículos de procedencia extranjera, aunque no siempre el origen foráneo asegura la mejor calidad. La seguridad de los coches se pone sobre los alemanes o los suecos; la estética, sobre los italianos.

Todos los coches que se distribuyen en España (más de un millón al año) son propiamente de diseño extranjero, aunque la fabricación sea doméstica, incluso para la exportación. Aun así, se aprecia que el coche sea importado. Lo fundamental es que se pueda elegir, un rasgo central de la sociedad compleja o diferenciada.

Los clientes exigen cada vez más al fabricante que incorpore elementos de seguridad y bajo consumo. Se produce aquí un curioso mecanismo psicológico de compensación, de traslación, de responsabilidades. Es como si el coche, de forma casi mágica, tuviera que compensar las deficiencias de la conducta de los automovilistas. Por esa razón, con más dispositivos de seguridad, la conducción es más arriesgada.

A pesar de la generalización del coche, su posesión sigue siendo un símbolo de la clase social a la que uno aspira. El comprador de un coche hace un esfuerzo adicional para adquirir un modelo que supera racionalmente un escalón su capacidad económica. Cuando se trata de sortear algo con propósitos comerciales, el premio del coche sigue siendo el preferido. Al poseedor de un coche un poco elegante no le gusta que circulen taxis con ese mismo modelo. Quizá por eso los taxis, para destacar su función servicial, son los que se permiten más alegría cromática. Hay una cierta complacencia en tener un coche que sea uno de los modelos preferidos por los ladrones de automóviles. Por todas partes se muestra el vehículo por excelencia como el auténtico símbolo de distinción. Cumple una condición que siempre satisface al español extravertido: se exhibe fuera del hogar.

Hay dos formas de relacionar el coche con la personalidad del que lo maneja. La más sencilla es la de reafirmar algún rasgo distintivo. Por ejemplo, el neurótico se proyecta sobre un vehículo perfectamente equipado, rutilante, impoluto. El artista o el profesor llevarán coches menos cuidados. La otra forma más complicada de relacionar el coche con la personalidad es como complemento. La persona tímida o introvertida puede que elija un vehículo con aire deportivo, un todoterreno incluso, lo que le producirá un factor de seguridad, de dominio.

Durante casi un siglo, el tipo normal de automóvil se diseñó para el tamaño ideal de familia nuclear: los padres con la parejita, todo lo más tres niños. La familia actual reduce mucho su tamaño, hasta el punto de que empieza a haber bastantes hogares de una o dos personas. Cierto es que se fabrican coches reducidos, de ciudad, pero es el momento en el que privan los «monovolúmenes», vehículos para media docena de personas con su correspondiente impedimenta. Es otra forma de compensación, o también la necesidad de viajar al estilo caracol, con la casa a cuestas.

Nada hay en la condición femenina que le impida conducir un coche. Sin embargo, lo tradicional ha sido, hasta hoy mismo, que las personas que conducen sean mayoritariamente varones. Las mujeres se incorporan a esa necesaria función, pero si es una pareja quien va en el coche, el varón suele llevar el volante. Es uno de los restos de desigualdad según el sexo que han permanecido más tiempo. Se sabe que las mujeres son más prudentes al conducir, pero, al hacer menos kilómetros, cuentan con menos experiencia. De ahí el estereotipo masculino de que las mujeres conducen peor. Es un motivo para reforzar la desigualdad mencionada.

CAPÍTULO X

La compañía de los objetos cotidianos

Los museos arqueológicos nos dan una visión aberrante del modo de vida de nuestros antepasados lejanos. Como es lógico, los objetos que se conservan de fechas lejanas son los elaborados con materiales nobles o simplemente duraderos. Los objetos comunes se hacían con materiales deleznables y por eso han desaparecido; simplemente se usaban de continuo hasta su total desgaste. A través de esa especie de selección natural nos da la impresión de que los antiguos vivían en la opulencia, rodeados de joyas y obras de arte. Las colecciones numismáticas del pasado remoto atesoran monedas de oro, plata o cobre, pero desprecian las conchas, tabas y otros humildes objetos que seguramente servían para los intercambios. La Edad de Piedra y luego la del Bronce o la del Hierro tenían en común que la mayor parte de los objetos cotidianos eran de madera, cuero, asta, juncos, hueso o barro. Naturalmente, de toda esa provisión apenas queda nada. También es verdad que la mayor parte de los objetos antiguos realizados con metales nobles seguramente han sido fundidos varias veces a lo largo de la Historia.

Un ejemplo extremo de objeto deleznable, recogido por Pancracio Celdrán, es el de las cucharas de pan que hacían los campesinos españoles de hace algunos siglos. Eran más bien panecillos con forma de cuchara que se utilizaban para comer el potaje o la sopa, que casi nunca faltaba. De esa forma, al final del modesto yantar, se comía también la cuchara. De ahí el refrán para ponderar lo efímero: «Dure lo que dure, como cuchara de pan.»

A lo largo de los siglos, el material más utilizado para un sinnúmero de objetos duraderos ha sido la madera. El historiador Norman J. G. Pounds señala que entre la época del Imperio romano y el siglo XIX apenas varía la panoplia de herramientas de que disponía un carpintero. La única innovación puede ser el destornillador y, naturalmente, los tornillos. Hoy tendríamos que añadir la sierra mecánica y el taladro. La continuidad básica se produce porque la madera es fácil de trabajar con artefactos sencillos. Otra cosa es el trabajo de los metales y no digamos el que opera con compuestos químicos o con elementos electrónicos. Ahí sí que se puede decir que los operarios del siglo XIX, y no digamos los actuales, se distinguen mucho de los primitivos. Todo es siempre en la dirección de una creciente complejidad. Se reproduce el esquema de la evolución de las especies animales.

Se dice que los aztecas conocían, pero no utilizaban, la rueda como elemento de transporte. La razón es que disponían de una inagotable provisión de brazos humanos. El argumento no nos debe sonar lejano. Durante los últimos lustros se ha impuesto en todo el mundo un invento trivial, pero utilísimo: los bolsos y maletas con ruedas. El estímulo para esa aplicación, tan práctica como elemental, ha sido el gigantismo de los aeropuertos. El viajero se apresta a recorrer un espacio cada vez más largo hasta llegar al avión. Encima no es una rareza que le pierdan el equipaje. Así que se dispone a llevar consigo todas las pertenencias que pueda. Se impone la maleta con ruedas. Ya no hay mozos que lleven los bultos; tampoco en las estaciones de trenes. El carrito de mano ha sido otra gran innovación. Los inventos son muchas veces consecuencia de las escaseces.

Lo que llamamos nivel de vida se puede estimar a través del número de objetos para el uso exclusivamente personal de los que uno puede disfrutar en el hogar. Ese número se multiplica con el hecho previo de disponer de una o varias piezas de la casa para ese uso personal. Por ejemplo, en los ambientes de clase media, hoy es corriente lo que antaño era difícil de conseguir: que un niño tenga su propia habitación. Puede añadirse incluso un cuarto de baño o un estudio. En cada una de esas piezas se abarrota una infinidad de objetos, algunos de los cuales simplemente no existían hace una generación. El caso eminente es el del televisor. Hay ya más de un televisor por hogar. Nos acercamos a la relación de uno por habitante.

Recuerda el escritor Luis Carandell que la televisión de los primeros tiempos venía a ser el equivalente o sustituto del fuego del hogar. Realmente, el hogar es el mismo fuego que, por comprensible figura retórica, pasa a designar la unidad familiar. Algo así cumple el televisor doméstico, el objeto que preside las comidas y veladas familiares. Es un símbolo que permite establecer la continuidad entre la familia de antes y la de ahora. A los españoles no parece importarles mucho conversar con el fondo del sonido y la imagen de la televisión, tanto en casa como en el bar. Es proverbial la facilidad de los españoles para mantener varias conversaciones a un tiempo. Por tanto, se acepta con tranquilidad la presencia de la televisión, como ser vivo que es. El mando a distancia sirve para variar de imagen al otro lado de la pantalla; pocas veces se utiliza para apagar el televisor mientras sigue la conversación hogareña. Es una decisión que toma la persona a cuyo cargo está el «mando». Generalmente es la que manda en la casa, aunque con frecuencia el artilugio lo maneja algún niño. Es un rasgo más de la centralidad de los niños en la vida doméstica española. Algunas familias presumen de que la televisión no se ve durante las comidas familiares. Es algo que tienen que decir las personas de relieve o por lo menos las relacionadas con el mundo intelectual. Se trata de un gesto paralelo a la afirmación de los que rechazan el teléfono móvil o el horno microondas. Revela un cierto cansancio de la tecnificación de la vida cotidiana.

También es verdad que en los hogares había antes objetos que ahora han desaparecido. Me he referido ya al caso de la máquina de coser doméstica, como un símbolo de la pérdida de «función textil» en los hogares. Hay otros. El costurero era un mueble historiado en los ambientes de clase media, reducido hoy a la mínima expresión. No faltaban los dedales de plata, el acerico de seda, o el huevo de madera para zurcir calcetines, objetos que han pasado a ser de museo. Tampoco se podrían encontrar hoy fácilmente en los hogares máquinas de tricotar o de recoger puntos a las medias, antaño bastante corrientes. Pocas mujeres han estudiado hoy corte y confección, puesto que la ropa ya no se confecciona ni se arregla en casa. Pocos niños actuales tendrán que ayudar a sus madres a devanar una madeja de lana. Antes era una operación corrientísima.

El objeto más común, el más deseado y el que más circula es el dinero. Por eso la frase popular de «al dinero lo han hecho redondo, para que ruede». Sin embargo, el dinero contante y sonante es cada vez más una pura anotación contable, a través del cheque, la tarjeta de crédito, la transferencia, la operación informática. El dinero en efectivo lo manejan de forma exclusiva los pequeños comerciantes, los transportes públicos, las empresas de espectáculos, las de las máquinas tragaperras y pocas más. Es también una cualidad de algunos grupos marginales, como los pobres mendicantes o los traficantes de droga. Es decir, el dinero realmente acaba siendo una firma, la proyección simbólica de nuestra personalidad. En cambio, los verdaderamente ricos, los altos cargos de las organizaciones públicas o privadas, apenas manejan dinero en metálico, como antes se decía, o en efectivo. Una forma muy ingeniosa de recoger dinero en efectivo, opaco al Fisco, es pagar con tarjeta de crédito la consumición colectiva y recoger la parte correspondiente en metálico, de cada comensal, que paga a escote. La operación es muy rentable cuando el pago de la tarjeta afecta a una organización que consigue desgravar fiscalmente el gasto. En ese caso, un comensal ingenuo aduce que se ha quedado sin dinero en efectivo, por lo que se ofrece a presentar la tarjeta (de la empresa) y recoger las contribuciones alícuotas en efectivo. Si se mira bien, es una forma ingeniosa de crear dinero. La nueva norma de buena educación entre dos amigos que comen juntos es adelantarse a pagar y ofrecer la factura al otro para que pueda desgravarla.

A gran escala, la creación de dinero la realizan las entidades financieras, que por eso son algo más que empresas u organismos. La forma de crear dinero es a través de las diferentes modalidades de crédito, que ahora se llaman «productos». Realmente, para obtener un crédito, el cliente debe prestar antes dinero sin interés a la entidad financiera. Dado que todo crédito devenga interés, la diferencia entre una y otra operación es el negocio de la entidad financiera. Se basa en la desconfianza que produce la operación crediticia entre particulares. Gracias a esa desconfianza se produce el notable incremento de la productividad que supone el sistema financiero. Es una demostración del principio liberal de que «los vicios privados favorecen las virtudes públicas».

El interés del dinero (su precio por unidad de tiempo) se explica por la doble circunstancia de que tanto el dinero como el tiempo son los dos bienes más escasos. Pero así como podemos pedir dinero prestado, es más difícil sacar más tiempo del que nos corresponde. Para ganar tiempo, los hogares de la sociedad moderna se llenan de artefactos. Asombrosamente, son cada vez más baratos en relación a los hipotéticos servicios que rinden. Otra cosa es que se aprovechen bien.

El mundo de los artefactos de uso común no es ajeno a una consideración estética. Lo sabemos por las vitrinas de los museos, siempre que se alejen del tiempo presente. Es más difícil convenir en esa misma dimensión cuando nos referimos a la época actual con objetos fabricados en serie. Sin embargo, ahí ha entrado, más que nunca, el criterio de belleza. No solo se busca la apariencia estética en el objeto mismo, sino a través del envase. Asombra la explosión de belleza que significa la contemplación de una tienda de cosmética y perfumes, sus envoltorios. La razón es que la variedad del mercado es tal que no solo se trata de vender productos, sino marcas. El mercado es ya un ramo de la comunicación. Lo que diferencia un moderno hipermercado de los tradicionales mercadillos no es solo la cantidad y calidad de los productos exhibidos. Antaño se vendían muchos a granel, en rama, al peso, mientras que hoy se expenden envasados. El envase supone el precio fijo para amplias unidades territoriales. Sin esa condición, no habría hoy mercado posible. Otra cosa es que luego se den ofertas, rebajas y descuentos. Es una liberalidad calculada.

Los envases más conocidos, a través del uso y de la publicidad, nos ayudan a movernos por el mundo, que así nos resulta familiar. El paseo con el carrito por los corredores del hipermercado sirve para recrear el agradable mundo de lo cotidiano. Si, por arte de magia, desaparecieran de golpe todas las marcas y envases, nos sentiríamos confundidos, angustiados. Valga la muestra mínima que supone la reacción suspicaz de los consumidores cuando una empresa de renombre decide cambiar de golpe la presentación o el envase de un producto consolidado. Recuérdese el aviso del final de la botella secular de coca-cola.

El envase tiene un sentido práctico cuando se aplica a los bienes fungibles, a los artículos perecederos o inestables. Pero esas notas califican a muchos objetos que parecen duraderos o sólidos. Por lo menos, el transporte a largas distancias hace que muchos objetos resulten frágiles. Asombra que las famosas porcelanas de Lladró se puedan transportar con facilidad a todo el mundo. Es un caso en el que el continente abulta mucho más que el contenido. Esos bultos están pensados para resistir terremotos. Ahí es donde entra algo más que el arte del envase, la técnica del embalaje. Cada vez está más lejos el lugar donde se fabrican los objetos de los locales donde se expenden. A su vez, los compradores pueden proceder de muy lejos. Puede que todavía no haya terminado el viaje, pues algunos de esos objetos serán de regalo. Ello significa que el envase de fábrica no basta; hay que envolver el objeto que se quiere regalar.

Los grandes almacenes, las tiendas de renombre nos venden objetos envasados, pero dentro de una bolsa con su marca correspondiente, a lo que se añade ocasionalmente el envoltorio para regalo. Imaginemos que un satélite curioso compara fotografías detalladas de los respectivos paisajes urbanos de diversos países. Se podría distinguir las imágenes de España porque muchos españoles llevarían la característica bolsa de El Corte Inglés con el mosaico de triángulos blancos, verdes y negros. La hipotética fotografía del satélite señalaría una gran diferencia entre los continentes. En Estados Unidos se utiliza más la bolsa de papel de estraza, la famosa bolsa Stillwel, su diseñador, a finales del siglo XIX. Desde luego, contamina menos, pero es más liviana y engorrosa que la bolsa de plástico, característica de los usos españoles. Hace tiempo que desapareció la «cesta de la compra», aunque esa expresión se utilice traslaticiamente para designar la escala de precios. En todo caso han aparecido los carritos de la compra, similares a los equipajes de los viajeros y, cada vez más, de los escolares.

El envase más o menos artístico, o por lo menos cuidado, se hace necesario, aunque solo sea porque es alta y creciente la proporción de compras que se hacen como obsequios. Sólo la reciente institución de los cumpleaños de los escolares ha multiplicado la ocasión de los pequeños regalos. No digamos, la otra novedad de los «días» dedicados a la madre, al padre o a la persona a la que se quiere como pareja. El nivel de vida no equivale solo a adquirir más objetos, sino que una proporción notable de esos objetos entren en nuestra vida como regalos. El proceso mantiene una trayectoria espiral porque cada regalo requiere su devolución simbólica con otro parecido. El objeto que así se transmite puede ser bastante inútil, pero por eso mismo requiere un envase y un envoltorio adecuados. El objeto fuera de su envase, e incluso sin envolver, parece más bien de segunda mano. Es una circunstancia que rechaza la condición del regalo. En cambio, hay objetos relativamente valiosos que, por ser de uso propio, no exigen tanto adorno. En las librerías de lance no suelen envolver los libros que se adquieren. El envase del libro es propiamente la encuadernación. Por eso el libro es algo más que el conjunto de sus hojas. La prueba es que un libro fotocopiado deja de ser propiamente un libro. Tampoco requieren un envoltorio especial las antigüedades y objetos de artesanía corriente, que pueden despacharse envueltos en una humilde hoja de periódico. Fuera de esos casos, el periódico ha dejado de cumplir la función de papel de envolver, que era antes tan frecuente.

El arte de envolver y proteger los objetos perecederos es relativamente reciente, aunque cuente con antiquísimos precedentes, como el barro o el vidrio. La lata de conservas se introduce y se perfecciona durante los períodos bélicos, como tantas otras invenciones. Concretamente, las inventan los ingleses durante las guerras napoleónicas y se generaliza en la guerra de Secesión norteamericana. Por entones ya se disponía del necesario abrelatas, que sustituyó con ventaja a la bayoneta. El papel de aluminio, hoy imprescindible, lo lanza la empresa tabaquera Reynolds en 1947 como un complemento indispensable del frigorífico. Todavía los españoles de cierta edad lo llaman «papel de plata», aunque originariamente era de estaño. Ha cuajado el genérico a partir de una marca, y se dice «papel albal». La expresión todavía no ha llegado a los diccionarios de uso. Es bastante común el hecho de que algunas marcas comerciales de renombre pasen a ser genéricos. Será raro el hogar en el que no haya coca-colas o aspirinas.

Los envases de los productos domésticos sirven como prueba para determinar la pertenencia a una u otra generación. No es sólo que se asocien unos u otros diseños con la respectiva infancia. Las personas de cierta edad provienen de un tiempo en el que, cuando niños, muchos envases eran todavía muy burdos o no existían. A esas personas, el continente de los productos que adquieren les parece tan valioso por sí mismo que les cuesta tirarlo, una vez que han extraído el objeto que contiene. La reacción es la de guardar todo tipo de frascos, latas, estuches o cajitas para darles otra función o como simples objetos de adorno. Recuérdese la belleza de las cajas de puros habanos, de las botellas de anís, de las latas de aceite o de galletas. Algunos envases, como la botella Perrier o el frasco de Chanel número 5, han pasado a ser piezas de museo. Las personas de menos edad han crecido en un mundo en el que el envase es general e inservible, fuera de su función primera. Consecuentes con ello, se desprenden con largueza de envases, envoltorios y embalajes. Al final, todo es basura. No hay más que ver los cubos de basura después del día de Reyes.

El creciente interés por el envase es consonante con la tendencia social más amplia que significa el aprecio, incluso el culto, por las formas. Llega hasta la política, que también se hace objeto de mercado. Los españoles actuales se han acostumbrado al uso norteamericano del verbo «vender» para indicar que uno trata de convencer a los demás de sus ideas o merecimientos. Las contiendas electorales destacan la «imagen» de los programas y candidaturas que quieren «vender». Es otra versión de la importancia del envase. Se trata de una característica de la sociedad compleja o diversificada, la que formaliza una serie de relaciones que antes eran más espontáneas, pero en las que había menos opciones. Los escritos oficiales o comerciales se materializan en forma de formularios impresos. Se imponen los contratos escritos o las facturas donde antes sólo había un apretón de manos, una palabra dada. En ese contexto, no es de extrañar que se aprecie tanto el diseño de los objetos y de los envases que los contienen. Todo se dirige a estimar más la forma, la imagen, la marca, la impresión externa, separándola de su contenido. Seguramente un crítico severo dirá que todo eso es pura apariencia, falsedad, derroche y, en definitiva, hipocresía. Puede ser, pero es el mundo actual y no cabe desandar el camino, a pesar de lo que puedan predicar los profetas. Recuérdese que los profetas bíblicos no eran tanto los que predecían el futuro, sino los que censuraban, disgustados, el presente. Es una profesión que todavía subsiste en nuestro mundo secularizado.

Es lógico que el envase añada un coste al producto comercial y, visto así, sea superfluo, un derroche. Pero la alternativa tradicional de la venta a granel, sin marca, supondría un gran riesgo de fraude o, por lo menos, de menos calidad. Es lo que pasa con la venta de drogas alucinógenas o de bebidas alcohólicas de garrafa. Los españoles actuales todavía recuerdan el «escándalo de la colza» de hace unos lustros. Era un tipo de aceite tóxico que se vendía a granel, naturalmente muy barato, pero con efectos dañinos para la salud. El producto sin marca y a granel resulta sospechoso, a no ser que se trate de recrear el valor de lo natural o popular. Hasta los medicamentos genéricos deben ser de marca.

Hay un caso espectacular en el que el continente acaba prevaleciendo sobre el contenido: el jarrón. No ya como pieza de museo, como simple objeto doméstico, el jarrón de porcelana, de cristal o de barro se convierte en un objeto valioso por sí mismo. Es casi indiferente que contenga o no algo dentro. Es uno de los objetos artísticos más antiguos y que mejor han conservado su figura a través de los siglos, siempre con la simetría que proporciona el torno. Es evidente que se inspira en la naturaleza, incluso en el cuerpo humano. La familia completa incluye el ánfora antigua o la jarra utilitaria. Contrasta ese carácter permanente del jarrón con el destino efímero de los modernos envases de plástico o cartón condenados a la basura después de haber sido desprecintados. El caso límite de derroche lo tenemos en lo que se llama «comida rápida». El continente de envases de plástico y papel abulta tanto o más que la comida o bebida que se ingiere.

Para los productos valiosos, hoy se estila el «envase de firma», el que supone una creación artística, asociada a una marca, para superar los productos de la competencia. Pero hay que reconocer también una serie de diseños definitivos, sin autor reconocible, asociados para siempre al producto que contienen. Este es el caso del tonel de vino, verdadera joya del ingenio humano, insuperable por su belleza, simplicidad y el ajuste a su función. No era fácil fabricar toneles en un principio con los escasos conocimientos técnicos de que disponía la sociedad tradicional. Por eso mismo resulta admirable esa inicial intuición, el «ojo de buen cubero». No sólo superó la dificultad de los cálculos, sino que consiguió un objeto perfecto. Debería figurar en el museo de las grandes creaciones anónimas, como la rueda o los cacharros de barro.

Aunque estemos en la era del plástico, continúa primando el envase tradicional de la caja de cartón. Incluso algunos otros envases tradicionales, como el frasco de cristal o la lata de conservas, se introducen a veces en una caja de cartón. Es, pues, el envase del envase, un simple «vestido» de otros objetos. La caja de cartón se aristocratiza en la versión del tetrabrik, otra marca comercial convertida en genérico. Es un objeto imprescindible en el frigorífico.

Otro ejemplo de simplicidad lo tenemos en la bolsita de un papel especial diseñado para sumergir el té u otras tisanas en el agua caliente. Es una invención barata, higiénica, elegante y que satisface la necesidad de las infusiones. La costumbre de tomar infusiones es cada vez más frecuente en la vida española. La de menta-poleo ha desplazado en gran medida al café por razones de salud.

El envase adquiere toda su magnificencia en la industria cosmética, la que se dirige al culto al cuerpo. Queda dicho que es un rasgo característico de la sociedad actual. Asombra la cantidad de imaginación y esfuerzo que derrochan los anaqueles de perfumes y otros artículos de tocador, infinitamente variados. Se suelen desplegar en la planta baja de los grandes almacenes, que es la de la incitación al regalo.

Hay un tipo de envase más cerca del polo práctico, que es el de la farmacopea. El envase de los medicamentos no sólo cumple la necesidad de protección; a veces facilita la adecuada administración de las dosis. El ejemplo eminente es un ingenioso sistema de empaquetamiento de la píldora anticonceptiva, adaptada a las necesidades de la población analfabeta de los países pobres. Se supone que las mujeres que van a consumirla comprenden mal la lógica del ciclo genésico. Por eso se incluyen algunas pastillas como placebos para los días que no se necesita el anovulatorio. De esa forma se evita tener que contar. Hay también un dispositivo de alarma cromática cuando se olvida un día la ingesta correspondiente. Todo ello va en un estuche que más parece un juego.

El envase puede cumplir también la función de disimular el contenido del objeto que se expende. Los preservativos y algunos fármacos se ofrecen en la botica como si fueran golosinas. Esa función, si se extrema, puede llegar a ser fraudulenta o arriesgada. Es el caso de los niños que pueden creer que las pastillas para dormir son caramelos. La forma de los caramelos tradicionales puede resultar peligrosa para los niños pequeños, o la menos higiénica. Para conjurar ambos peligros, un imaginativo empresario catalán inventó el chupa-chups, ya un genérico para el caramelo insertado en un palito. Tenía el precedente del pirulí, un caramelo puntiagudo con su correspondiente palito.

El envase es un trasunto del individualismo que caracteriza a la actual sociedad. Los objetos se envasan y envuelven no solo para conservarlos y protegerlos. El objeto envasado a conciencia está simbólicamente sellado de tal forma que únicamente puede utilizarlo el consumidor. La marca corrobora ese sentimiento de exclusividad. El envase sellado proporciona un razonable margen de seguridad de que el producto no ha sido manipulado con dolosa intención por algún extraño. La sociedad cada vez más compleja hace especialmente vulnerables los productos alimentarios, los fármacos, los cosméticos. La sospecha de manipulación fraudulenta de esos productos llega a generar un clima de pánico. La defensa visible está en la responsabilidad de la marca y en el adecuado envase. Si no hubiera marcas, los fraudes serían continuos. Recuérdese que el mercado (negro) de estupefacientes, a pesar de los altos precios, carece de envases y marcas. No es casualidad que ese mercado se caracterice por un alto grado de fraude.

Un rasgo de muchos envases es la simetría, la misma que persigue la naturaleza a través de múltiples formas. También es verdad que la simetría perfecta de la esfera o el cubo tampoco atrae mucho a los diseñadores. En su lugar, predominan los envases alargados, estilizados, aerodinámicos, aunque no tengan que vencer la resistencia del viento. Curiosamente, son más abundantes los envases verticales que los horizontales. Debe anotarse una excepción: el cartón de tabaco. Bien es verdad que las cajetillas de tabaco recobran la vertical, común a tantos objetos de consumo. Después de todo, el hombre camina vertical, a diferencia de casi todas las demás especies animales. Es una manera de desafiar con orgullo la ley más general de todas, la gravedad.

El lenguaje implícito que significan los envases recurre cada vez más al color. Cuando solo había fotografía o cine en blanco y negro, la vida cotidiana se vestía toda con una gama pobre de color. Hoy se llena de colorido. El problema con el color de las marcas y envases es que la gama cromática que realmente se distingue es muy limitada, de tal modo que las posibilidades de color se agotan en seguida.

En la sociedad tradicional no solo predominaban los colores, sino que eran los ricos quienes se distinguían por los colores luminosos. Los pobres se movían dentro de la gama de los colores pardos, terrosos. Hoy casi se ha invertido la tendencia. Los colores chillones, fosforescentes incluso, gustan a las clases populares, mientras que la clase acomodada se inclina por la gama pálida, los colores pastel. Esa distinción se aplica a la ropa y a múltiples objetos.

En los envases hay una tendencia reciente muy curiosa. Se recurre cada vez más a la gama fría, de azules y verdes. Se asocia con la naturaleza, un valor en alza. Esa gama se aplica con preferencia a muchos productos alimenticios (agua mineral, leche, yogur), cosméticos o farmacéuticos. La gama opuesta de los colores cálidos (rojo, naranja, amarillo) se aplica a los zumos, frutas, embutidos, especias. Otra tendencia reciente es la calidad asociada al color dorado, preferentemente sobre fondo oscuro. Es la combinación elegida por muchos envases que pretenden transmitir la imagen de distinción o exclusividad: cervezas de importación, buenos vinos, cigarros habanos, etc. El color negro transmite la ilusión de seriedad técnica. Así se presentan los equipos de música, los televisores y otros aparatos electrónicos. Esa asociación funcionó antes para los automóviles, pero ya no se mantiene. Sea como sea, es evidente que, a través de la forma o el color, los objetos «hablan». Nada más claro que la utilización de objetos de regalo.

La gama de colores cálidos (rojo, naranja, amarillo) está representada en los aviones y otras pertenencias de la compañía Iberia.

Quizá sea una manera de recordar el diseño de la bandera española, la cual raras veces se emplea para productos comerciales. No ocurre así, por ejemplo, en el caso de los italianos o los franceses, cuya respectiva bandera es un reclamo comercial muy positivo. Puede ser también que el logotipo cromático de Iberia simplemente sirva para recordar, de forma subliminal, la asociación de sol, playa, vino y toros. Es el complejo que «vende» España como objeto de su principal industria, la turística. Es una actividad en la que colaboran muchos españoles de bonísima gana.

En un librito de principios del siglo XX, *El arte de saber vivir*, de Carmen de Burgos, aparecen recomendaciones sobre el tipo de regalos de boda: «Deben preferirse las cosas útiles, como la plata, artículos de mesa, adornos de chimenea y *bibelots* de arte.» Es una donosa interpretación de lo que podía entender por «cosas útiles» cierta clase social.

La significación del regalo es muy distinta según sea vertical u horizontal, en términos de la posición social de los que intervienen en la relación. A su vez, la línea vertical admite los dos movimientos opuestos, de arriba abajo o al revés. En todos los casos, el regalo exige sutilmente la norma de la reciprocidad. De otra forma se cae en la excepción de la limosna. Aun así, el pobre suele organizarse para dar a cambio algo por la limosna, sea algún ejercicio musical o la venta de algún artículo superfluo (pañuelos de papel, una revista). Un ejemplo del «regalo hacia arriba» es que se hacía antes a los profesionales (médicos, abogados, etc.) por parte de los clientes humildes. En el Madrid de principios de siglo no existía la función pública de la recogida de basura. Era cumplida por una turba de traperos que trasegaban las latas de basura a sus carros. Luego venía la «busca» o «rebusca», esto es, la clasificación de los materiales aprovechables (muchos eran trapos; de ahí el nombre del oficio) y los orgánicos. Con esas sobras orgánicas alimentaban cerdos, gallinas, pavos y otros animales de corral. El «servicio» de recogida de basura no solo era gratuito, sino que los traperos solían hacer algún regalillo a los vecinos que cada uno se asignaba como clientela fija. Pío Baroja y Vicente Blasco Ibáñez han descrito magistralmente, en sendas novelas, el ambiente de los traperos madrileños de hace un siglo.

CAPÍTULO XI

El consumo

Si bien se mira, la acción verdaderamente cotidiana es consumir, esto es, adquirir algo por un precio. Son muy pocas las actividades placenteras que resultan gratuitas. Incluso la persona que callejea por una gran ciudad o pasea por el campo, usualmente ha tenido que trasladarse hasta allí. Moverse, en la sociedad actual, representa algún desembolso por pequeño que sea. La televisión que no es de pago, así como la radio, parecen esparcimientos gratuitos, pero hay que pagar el receptor, la corriente eléctrica, y además está el coste indirecto de la publicidad. Uno puede evitar el pago publicitario, pero entonces tendría que retirarse a un monasterio. Aun así, tampoco huiría completamente de la red del consumo. Ahora, los monasterios y conventos de clausura tienen tienda donde expenden sus productos artesanales e incluso graban discos de música sacra. Decididamente, el consumo nos rodea por todas partes.

Durante un tiempo se pensó que, al llegar a la etapa de consumo masivo, las sociedades se parecerían todas unas a otras. No ha sido así más que en algunos rasgos externos, los que revelan algunos gustos, ciertas modas. Por lo demás, el consumo generalizado significa, ante todo, complejidad, diversidad. Tanto es así que, a través del perfil de los consumidores, sus hábitos y actitudes, se puede trazar muy bien la marcha entera de la sociedad respectiva. Lo que vaya a ser la sociedad española del siglo XXI vendrá como consecuencia de los usos actuales en materia de satisfacción de las necesidades, las cuales no son sólo materiales. Recuérdese que las pasiones son también necesidades.

Hasta un cierto punto de la evolución económica rige la simplicísima ecuación de los economistas: renta = consumo + inversión. Pero a partir de ese mismo punto, digamos, de complejidad, los ingresos de un hogar condicionan muchas maneras posibles de gastarlos o de invertirlos. Entran ahora consideraciones extraeconómicas, usos, modas, manías, expresiones del carácter social. Ahí es donde interviene la Sociología de la vida cotidiana para registrar algo tan difuso como los estilos de vida, en este caso, de los españoles actuales. La sociedad tradicional se caracteriza por un repertorio de necesidades muy elemental: guarecerse, comer, vestirse, reproducirse y poco más.

Ni siquiera en la época del Siglo de Oro hubo una verdadera afluencia económica en el estamento de los nobles. No hay más que ver lo incómodos que resultan los castillos y palacios españoles. Qué no decir de la población general, a partir de entonces sometida a hambrunas recurrentes. Milagrosamente, el grueso de los españoles de la última generación se han levantado con una sensación nueva: la de haber cenado la noche anterior. Solo con la comida que se tira cada día en España podrían sobrevivir muchos cientos de miles de personas. Todavía hoy a las personas de cierta edad les quedan los resabios de los últimos «años del hambre» que vivieron los españoles de los años cuarenta. Son los que apagan sistemáticamente la luz al salir de la habitación o los que comen todo lo que se les pone en el plato. Son actos socialmente reflejos; por eso sirven para entender la pasada época de la escasez. Paradójicamente, muchos españoles eran «ecologistas» sin que existiera entonces la palabra. Todo se aprovechaba, se reciclaba, aunque no se dijera así. Ahora mismo, el sentimiento ecológico es menor del que se proclama, porque lo que predomina es el derroche, la desmesura. Eso es así incluso en las conductas más vistosas de los grupos ecologistas. Para protestar por las amenazas al medio, no dudan en invadir un jardín público con sus tiendas de campaña. Son el equivalente de los templarios del pasado. El ecologismo sólo se impone cuando sus principios empiezan a ser económicamente rentables.

Tradicionalmente, los españoles se adscribían muy bien a las distintas clases sociales que componían una sociedad muy simple. Las distinciones binarias eran clarísimas: los de arriba y los de abajo, los ricos y los pobres, los que vivían bien y los trabajadores, los señoritos y los obreros. La clasificación es ahora mucho más compleja. Destaca la gran mayoría de españoles que se sabe del amplio estrato de las clases medias, aunque realmente la mayor parte vive muy modestamente en relación a la clase acomodada. Como queda dicho, los ricos de la España tradicional (la de hace un siglo) tampoco vivían muy bien si los comparamos con la clase adinerada de otros países europeos. Es ahora cuando los españoles acomodados han empezado a vivir bien de verdad. Lo que ocurre es que la nutrida hueste de la clase media se hace la ilusión de que participa de algunos símbolos de la opulencia. Por ejemplo, dispone de automóvil, vivienda propia, tarjetas de crédito o teléfono móvil; envía a los chicos a Inglaterra o a Irlanda para que aprendan inglés; viaja a países exóticos. Sin embargo, el *estilo de vida* de la clase media difiere mucho del que caracteriza a los verdaderos ricos. No es el tipo de gasto ni su cuantía lo que determina la posición social, sino la forma de gastarlo. La diferencia es muy sutil. Por eso hay que recurrir a ilustraciones que nos hablan del sentido y calidad de lo que se consume, de la manera de vivir. Antes se decía «el tenor de vida». Por ahí debería continuar la investigación sobre el consumo. Es insuficiente medir el grado de aprovisionamiento de los artefactos que hacen la vida más cómoda. Ahora hay que pararse a revisar cómo es realmente esa vida que corresponde a la era de la abundancia y del derroche.

La sociedad actual es proclive a demostrar deseos de igualación social. Está mal visto destacarse. Sin embargo, las desigualdades persisten, solo que ahora son sutilísimas las formas de manifestar la jerarquía social, si se está arriba, abajo o en medio. Por ejemplo, ya no es indicio de posición social dominante o influyente el hecho de comer en un restaurante, incluso aunque sea caro. Ni siquiera la preferencia por unos platos u otros demuestra el ascendiente social. ¿Cómo hacer ver, entonces, que uno pertenece a las posiciones desahogadas? Muy sencillo, la clase media paga con tarjeta de crédito, no con dinero. No dice «¿qué te debo?», como los de la clase menestral, sino «¿me da la nota, por favor?». Pero aun así, la clase realmente acomodada no mira la factura; deja simplemente la tarjeta de crédito sin dignarse comprobar lo que marca la nota. Bajaría muchos puntos de la escala social quien se dispusiera a repasar la cuenta y comprobar el precio de lo que a veces parece un regalo. Claro que ya hay muchas personas que pueden permitirse ese juego de la tarjeta de crédito e incluso con el detalle de la falta de curiosidad por el importe de la factura. Así pues, hay que hacer un esfuerzo por distinguirse si uno quiere ser miembro de la minoría realmente acomodada. Consiste simplemente en levantarse de la mesa, despedirse con aire indiferente, sin solicitar nota alguna. No es que esa elegante persona se vaya sin pagar, sino que el oficio de intendencia queda a cargo de algún ignoto empleado. La prueba es que, quien así concluye la comida en el restaurante, recibe todo género de demostraciones afectivas por parte del personal. Se ha conseguido la satisfacción de la necesidad fundamental a la que apela el consumo: distinguirse. Es una ilustración mínima, pero sirve para determinar la relevancia de las formas en una sociedad compleja.

Durante siglos, la obsesión de los españoles era la de exhibir algún título nobiliario, aunque sólo fuera de modesto hidalgo. Si no se heredaba, las empresas propias o los enlaces matrimoniales podían propiciar que los descendientes heredasen algún título nuevo. Esos sueños aristocráticos explican el inusitado dinamismo de la conquista americana. El equivalente actual de la apetencia de títulos nobiliarios es la demanda de títulos educativos. No es casualidad el uso de la misma palabra. El diseño de los títulos o diplomas académicos remeda el de los antiguos pergaminos y cartularios que concedían títulos y privilegios. El resultado es que las familias actuales realizan constantes sacrificios para dar una carrera a sus hijos por encima de las posibilidades económicas de los respectivos hogares. Aunque solo fuera por ese empeño, se tendría una explicación de por qué la natalidad se ha reducido tanto, hasta el nivel más bajo de todo el mundo. El deseo de proyectar sobre los hijos los estudios que no lograron los padres no se deriva tanto de un efusivo amor por el conocimiento como del deseo de medrar. Es algo parecido a la esperanza que ponían muchos hogares tradicionales en que algún hijo les «saliera» cura o torero. Se suponía que la Iglesia o la tauromaquia eran avenidas de movilidad social para las familias modestas. Realmente lo fueron, aunque no de forma proporcional a los deseos. Visto así, los clérigos o los toreros de hoy serían los futbolistas, las estrellas de ese nuevo negocio. El ideal doméstico es hoy tener un hijo futbolista de renombre.

Es muy difícil estimar las medidas de igualdad o desigualdad social conforme se pasa de la sociedad tradicional a la moderna. En general, la satisfacción de las necesidades básicas se cumple de modo muy parecido para todos los habitantes: educación, sanidad, vivienda, etc. Al menos se puede decir que esa igualdad básica se realiza hoy mucho mejor que en épocas anteriores. Pero ocurre que el vecindario no se compara con el tiempo anterior, sino más bien con un difuso ideal igualitario a través de expectativas crecientes. Por eso, a medida que progresa el conjunto de la sociedad, los individuos estiman que, *en relación a los demás*, a ellos les falta mucho por conseguir. Es una suerte de agravio comparativo continuo. Equivale a una mentalidad de «suma cero» respecto a las relaciones sociales. Lo que uno deja de ganar (respecto a sus expectativas o al difuso ideal igualitario) es lo que se llevan los otros. Es evidente el desasosiego que crea esa situación. La contrapartida es un continuo deseo de mejora que lleva, por ejemplo, a invertir más que nunca en educación y en información. Si uno mismo no consigue prosperar mucho, al menos se cuidará de ayudar a los hijos para que puedan salir adelante. La unidad de decisión para ese complejo proceso es la familia. Lejos de desvanecerse como grupo social, toma más fuerza.

En algunas encuestas se ha preguntado a los españoles si consideran que «cuando una persona se enriquece o prospera lo hace a costa de los demás». Las respuestas varían según el contexto de la pregunta, pero en todo caso interesa advertir que son mayoría los que están de acuerdo con el enunciado propuesto. Es decir, cunde una idea de «suma cero» en el reparto del progreso. Es la típica de la posición del jugador de los juegos de azar o de envite. La mentalidad prevaleciente es la del resentimiento, al reconocer que los éxitos ajenos van en detrimento propio. No hay razón para suponer que eso sea así de una manera objetiva, pero subjetivamente ésa es también la realidad. Al final tiene consecuencias objetivas.

Con independencia de la altura de los porcentajes que manifiestan el resentimiento indicado, lo interesante es lo que revela el análisis. La proporción de resentidos se eleva significativamente si los que contestan son de clase modesta, arreligiosos o de izquierdas. Es decir, la posición social o ideológica condiciona mucho la percepción que llamamos «resentida». Es una calificación más psicológica que moral. Las personas que se sienten menos integradas proyectan sobre el éxito de los demás sus propios fracasos. En la partida de la vida, los que pierden o no ganan lo esperado es porque piensan que su cuota se la llevan quienes se alzan con los premios. La verdad es que no es un modelo para la buena inteligencia en la marcha de la sociedad. Hemos pasado ya la época de las agrias luchas sociales, las «agitaciones campesinas» o las «crisis de subsistencias», pero, como suele decirse, la procesión va por dentro. Visto así el panorama social, debe reconocerse que la desigualdad percibida es un inesperado problema de las sociedades complejas. No se trata tanto de una desigualdad ideológica, de principios, como la que afecta a la vida cotidiana. Por eso el consumo cumple la función de igualación, aunque sea más un consuelo que otra cosa.

Lo que pasa es que aquí también se cumple la famosa máxima de que «los vicios privados favorecen las virtudes públicas». Gracias a la moral del resentimiento, las personas de condición modesta se estimulan para salir adelante empleando para ello todos los esfuerzos. El resentimiento o la envidia crean así los anticuerpos de la emulación, de la lucha por la vida. Los españoles son ahora más competitivos, se esmeran por prosperar. Así lo consideran muchas empresas y la economía del país en su conjunto. Ahí está el secreto del desarrollo, y no en la abundancia de las materias primas, o en la política económica. Cunde el estímulo de que hay que ser como el vecino más próspero, y sobre todo hay que tener lo que a él le distingue. No importa que esa comparación estimulante o «envidiosa» se satisfaga las más de las veces con sucedáneos. Quien no pueda costearse una vivienda exenta, tendrá una adosada. Quien no disponga de una gran finca para cazar, al menos se proveerá de un coche «todoterreno». No se compran objetos, sino ilusiones. La cultura del sucedáneo ha llegado a extremos inverosímiles. Se recordarán algunos casos: las angulas que no lo son (se quedan en «gulas»), las marcas de ropa que simplemente imitan el logotipo original, el cava semiseco. La idea es siempre la misma, esto es, conseguir un simulacro de igualdad, ya que la aproximación real entre los estilos de vida de las distintas clases es muy difícil de lograr.

Como es natural, el sentimiento envidioso se aprovecha para orientar la publicidad. Hay un anuncio ejemplar. Es el anuncio de un coche elegante, el Peugeot 406 Coupé. Sobre la imagen del rutilante automóvil, esta frase: «Mi vecino dice que no le gusta.» El texto completa el soliloquio: «¿Conoces la fábula del zorro y las uvas? Cuando le solté la frase, con una media sonrisa, me miró en silencio. Después empezó un discurso sobre el materialismo, la superficialidad, el rodearse de cosas innecesarias… Realmente, estuvo a punto de convencerme. Volví a casa sintiéndome un poco culpable. Más tarde, a eso de las nueve me asomé a la terraza. En la calle todo estaba tranquilo. Miré al coche y recordé las palabras de mi vecino. Una pequeña nube ensombreció mi orgullo de flamante propietario. Entonces le vi. Estaba en la terraza. Como yo. Apoyado en la barandilla. Como yo. Contemplando mi coche. Como yo. La nube desapareció» (*El Dominical*, 4 de julio de 1999). El texto es una joya para probar que todavía funciona el estímulo del «consumo ostensible» de Veblen, es decir, la apelación al sentimiento de la envidia. Mientras haya envidia, habrá desigualdad. La envidia es, nada menos, el pecado original de la especie humana según la tradición bíblica. Siempre se ha dicho que es el verdadero pecado nacional de los españoles. Mientras haya desigualdad, habrá sociedad. Otra cosa es que lo humano y civilizado sea caminar en pos de la igualdad.

Al menos hay un capítulo de la vida social en el que parece que se ha conseguido un razonable grado de igualdad: la salud. En efecto, las necesidades básicas de atención sanitaria están cubiertas con dinero público para todos los españoles. De hecho, la opinión general respecto de la sanidad es más positiva que la que merecen otras instituciones, como la justicia o la enseñanza. No sólo mejoran algunos indicadores particulares (listas de espera en los hospitales, trasplantes), sino que las cifras de esperanza de vida continúan rampantes. Con todo, caben muchos matices, sobre todo porque aquí, como en otros campos del consumo, las expectativas van por delante de la realidad.

En la mayor parte de los países ricos, la esperanza de vida sigue subiendo, pero de modo más preciso sólo si se hace el cómputo desde el momento de nacer. Realmente disminuye la mortalidad infantil y, sobre todo ahora, la que afecta a las personas recién jubiladas, digamos entre los 65 y los 85 años. El grupo intermedio, en especial entre los 20 y los 45 años, asiste a un inesperado aumento de las tasas de mortalidad. El suceso es novedosísimo. Coincide con el grupo de máxima actividad en todos los sentidos (trabajo, viajes, deportes) y con el que disfruta teóricamente de mayor bienestar. Para ese amplio estrato de población, la salud no depende tanto de las ciencias sanitarias como de su estilo de vida. Hay que sumar distintos efectos. Repasemos la lista de riesgos: estrés, alcohol, café, tabaco, drogas, exposición intensa al sol del verano, sedentarismo, hiperalimentación, velocidad, deportes violentos, contaminación ambiental. Repárese que esa lista de amenazas para la salud se desprende de la presión por consumir o por trabajar mucho para luego consumir. Es decir, existe un riesgo porque se deriva de una afición previa. Cada afición por separado y en dosis razonables apenas resulta nociva y sí muy satisfactoria. Pero todos los efectos juntos y en dosis crecientes, que se retroalimentan, provocan un aumento de ciertas enfermedades (cáncer, corazón) y en definitiva la muerte prematura. Son acciones tan perniciosas como inevitables, por lo menos si las tomamos en conjunto. La razón es que, detrás de cada una de ellas, suele haber un placer. Además, todo ello cuesta dinero, es decir, se trata de una forma de consumo. Mediante la cual intentamos acercarnos al modo de vida de las personas que se envidian, por ejemplo, los jóvenes.

Estamos hoy ante una de las pocas generaciones de la Historia de España que no ha tenido que hacer ninguna guerra, pero tiene que librar una invisible batalla cotidiana contra las conductas poco saludables. Muchos la acaban perdiendo. Lo novedoso de esa contienda es que no se puede echar la culpa al enemigo. Es la conducta voluntaria de cada uno lo que genera la morbilidad. Es evidente el sentimiento de culpa que ocasiona esa convicción. Tampoco es que sea fácil cambiar de comportamiento. La razón es que la actividad intensa y el aire competitivo de la vida activa exigen algunas de las conductas arriesgadas que acabo de citar. Casi todas ellas generan adicción, si no física, por lo menos social. La consecuencia paradójica es que volvemos por otro camino a épocas pretéritas, cuando ciertas enfermedades creaban un estigma por los supuestos pecados de los que las sufrían. Ahora andan alarmados los enfermos porque los males que padecen se deben a las conductas vitandas que han mantenido. Se ha llegado al extremo de algún país en el que la sanidad pública se plantea si no tiene que hacer pagar a los enfermos que no han tomado algunas de las precauciones saludables. El supuesto nos puede llevar, por otros caminos, a los tiempos más negros de la Inquisición.

A pesar de lo anterior, la verdad es que los españoles se muestran bastante satisfechos con la vida que les ha tocado en suerte. Después de todo, ese sentimiento es parte de un difuso estado de salud mental. Los ayuda a esa satisfacción el filtro que establecen todos los días los medios de comunicación, para quienes el mundo está lleno de desgracias. Las malas noticias lo son para los demás. La conmiseración que de ello resulta es el antídoto contra la envidia. De todas formas, es difícil hablar de una satisfacción general. Se trata más bien de un índice medio, una abstracción estadística, cuyos componentes son muy varios, distintos además según los tipos de personas. Los españoles se hallan francamente satisfechos con el país que les ha tocado en suerte, el lugar donde viven o las personas que los rodean. Sigue siendo muy positiva, aunque un poco menos optimista, la satisfacción personal, la realización de los objetivos vitales de uno. Naturalmente, quien no se conforma es porque no quiere. En cambio, la satisfacción desciende mucho respecto a las condiciones laborales o de estudio. Cuando nos referimos a la vida pública (las instituciones, los partidos políticos, los sindicatos), ahí el juicio se hace negativo, hasta el punto de que tendríamos que hablar más bien de insatisfacción general. Una forma de escapar de la insatisfacción de la vida externa es fomentar el consumo, esto es, regalar el cuerpo. Algunos moralistas califican despectivamente esa deriva hacia lo íntimo como «consumismo». La verdad es que el consumo cotidiano da muchas veces la sensación de despilfarro, por lo menos de saturación y hastío. Pero ¿dónde poner el límite?

Se podría pensar que los países llamados industriales o desarrollados (en definitiva, ricos) tuvieran un movimiento convergente hacia un mismo estadio «consumista». Aparentemente así es. Las formas externas del consumo generalizado son intercambiables en los países ricos. Sin embargo, la realidad profunda es aproximadamente la contraria. Reparemos en el caso de España, un país que ha accedido rápidamente al club de las sociedades llamadas de consumo. Depende por dónde se corte, pero no serán más de una treintena en el mundo. Son los países con los que es más válida la comparación. Hay diferencias de matiz. El peso de las tradiciones es tanto que la generalización del consumo se hace compatible con la persistencia de ciertos rasgos privativos del carácter social. Quedan mencionados algunos; por ejemplo, el papel central de la envidia o el del círculo íntimo. España es así un país peculiar y quizá lo sean todos los demás. Sólo la pereza mental nos hace ver la similitud entre las distintas sociedades que llamamos desarrolladas.

Por un lado, es cierto que el consumo generalizado unifica ciertos gustos. Pero, por otro, el acto de consumir significa elegir. Ahí entra la infinita variedad de combinaciones. Es más, acostumbrado a elegir marcas, modelos y presentaciones de una gama creciente de productos, el consumidor actual extiende el hábito a otros aspectos de la vida. Es difícil hoy que se imponga la opción única que suponen ciertas obligaciones tradicionales, desde el matrimonio indisoluble hasta el servicio militar obligatorio. No digamos lo extemporáneo que resulta hoy el partido político único.

La ocupación más constante de la población ya no es el trabajo, ni siquiera la suma de trabajo y estudio. La actividad continua para la población infantil o adulta, activa o pasiva, es el consumo material de bienes y servicios. Para gastar, ni siquiera hace falta salir de casa. En el hogar hay un consumo continuo de servicios (agua, gas, electricidad, teléfono, televisión, seguros, servicios bancarios). Desde el teléfono, el televisor o el ordenador domésticos se va a poder comprar continuamente; el proceso no ha hecho más que empezar. ¿Habrá dinero para tanto? Sí, por la razón de que la escala de precios desciende a todas luces. No lo parece porque se hace difícil pensar en términos de pesetas reales (no monetarias). El precio real del petróleo durante los últimos lustros ha sido el más bajo desde que se descubriera como una nueva materia prima hace poco más de un siglo. No hay conciencia de esa trayectoria. Cierto es que, durante los últimos años, vuelve a subir otra vez el precio de la gasolina. Pero repárese que todavía es menor qué el del agua embotellada. Lo que pasa es que el consumidor de gasolina lo que realmente paga cada vez más son impuestos. El precio por algunos servicios públicos es lo que ha seguido subiendo. Por cierto, esa excepción no es baladí. El hecho de que el Estado sea cada vez más caro es uno de los más graves obstáculos para el ulterior progreso de la sociedad. Una ilustración: resulta ingente el gasto que hoy tienen que hacer las oficinas públicas en medidas de seguridad. No sólo no decrece, sino que afecta cada vez más también a las organizaciones privadas, incluso a los hogares. Añádase el dispendio colosal que hoy hacen los organismos públicos en publicidad, campañas de prensa o de información. El contribuyente ingenuo se pregunta si, después de todo eso, queda algún remanente para la acción política o administrativa propiamente dicha.

A pesar de la presión del Fisco, lo fundamental es que el coste de un automóvil, de un viaje, de una cena, en relación al tiempo que cuesta ganarlo, disminuye. Hace una generación podía ser el triple o más de lo que es ahora, a salvo, naturalmente, de amplias variaciones de producto a producto. No otra cosa es el desarrollo. No es sólo que se incrementen los ingresos, sino que bajen los precios, a mayor ritmo todavía. Han descendido sobre todo los precios de la alimentación y los de los bienes industriales de producción masiva. No ha bajado tanto el precio de algunos servicios (los personales), pero el conjunto es también descendente. También es verdad que hoy se hacen necesarios bienes y servicios que hasta hace poco ni siquiera existían. No se piense sólo en los ejemplos obvios de la telefonía móvil o de la televisión por satélite o por cable. Muchas personas requieren hoy estar abonadas a los servicios de un veterinario, un asesor fiscal, una agencia de viajes o una compañía de asistencia en carretera. Nada de eso era necesario hace unos cuantos lustros. Por eso mismo es tan difícil establecer índices de nivel de vida o de consumo a lo largo de mucho tiempo. En realidad es imposible. Por otra parte, el empeño es inútil. La razón es que las personas se comparan con las que ahora mismo viven mejor, son dignas de emulación o de pura envidia. El progreso real es acercarse a ese término de la comparación. De ahí lo frustrante que puede ser, pues no se logra.

Cada vez es más difícil medir el consumo familiar. Las estadísticas de «cuentas familiares» no logran hacer comparable la rúbrica de «otros gastos», que es la más interesante. ¿La alimentación para los animales domésticos es estrictamente «alimentación» o más bien «otros gastos»? ¿Se computan como gastos alimentarios la comida en el lugar de estudio o de trabajo? ¿Cómo se introduce el dato de las compras que hacen los turistas españoles en otros países? Aparte está el autoconsumo, lo que se produce «para el gasto de casa», que en las zonas rurales es considerable.

El consumo tradicional, por definición, era de objetos, productos, muchas veces fungibles. Ese consumo crece, naturalmente, al compás de mayores ingresos y de nuevas necesidades, pero lo fundamental es que se amplía la adquisición de servicios, bienes inmateriales. Se habla de consumo «intangible» para indicar ese nuevo elemento, que incluye el aprecio por la marca, la imagen corporativa. En definitiva, nada hay más intangible que ese aspecto de la imagen de una empresa y de los productos que distribuye. Es la parte de legítimo monopolio al que toda empresa propende. Es una paradoja formidable el hecho de que la creciente y deseable competitividad entre las empresas pase porque cada una de ellas aspire a ser un monopolio. Por lo menos está el monopolio parcial de la marca que distingue a un producto diferente. Las grandes empresas gastan verdaderas fortunas en diseñar, materializar y conservar sus respectivos logotipos o anagramas. No es lo mismo un nombre comercial que otro. Repárese, por ejemplo, en el atractivo mágico que tiene la cadencia de tres palabras para designar organizaciones, programas, instituciones. Las siglas de tres letras son así más sonoras. Ténganlo presente las empresas que se fusionan. No deben hacerlo con el simple expediente de juntar las siglas cuando superan las tres mágicas letras.

La producción en serie hace que los bienes y servicios se parezcan entre sí, siempre que sea similar la calidad. Pero luego hay sutiles diferencias que establece la marca, lo intangible. Quiere ello decir que la variación está en el grado de confianza (y por tanto de fidelidad) que establezca el comprador. Por eso se explica el negocio de las franquicias, esto es, la comercialización de marcas establecidas, en apariencia de simples logotipos. No olvidemos que hay muchos consumidores que se desplazan continuamente por razones profesionales o turísticas. El viaje busca lo novedoso, pero también se satisface con la familiaridad que supone encontrar por doquier las marcas habituales. Aquí está el secreto del auge que experimentan las llamadas empresas multinacionales. Naturalmente, a pesar de ese título, son de unas pocas naciones. Por cierto, empiezan a contar en el mundo multinacionales españolas. Hasta ahora sólo las había habido de la categoría religiosa.

Lo fundamental en todos esos procesos de cambio es la vuelta que se da al viejo aforismo de *caveat emptor* (el que compra debe andar precavido). Se trata de una tendencia que empieza, no tanto de una realidad. Ahora es el que vende quien debe precaverse contra las exigencias de los compradores, más aún cuando están organizados y protegidos además por el Estado. Realmente la máxima tendría que ser ahora *caveat vendor*, es decir, el que vende debe andar con cuidado. Lo cual puede ser un estupendo estímulo para los empresarios competitivos. Tendrán que enfrentarse ahora a las exigencias de los consumidores, pero esa misma confrontación hará que se disuelvan muchas tentaciones monopolistas. No solo se decantarán las empresas más competitivas. La dialéctica con los consumidores llevará también a que se asocien las empresas vendedoras, las de los mismos productos o las ubicadas en el mismo territorio. El talismán para esas iniciativas es «el sector». La expresión sugiere que la economía es un círculo, una tarta, de la que cada uno se sirve su ración. Se supone que, si un comensal recibe una parte más generosa, al siguiente le va a tocar menos. Es otra vez el juego de «suma cero». Es una reacción parecida a la que hizo que surgieran las asociaciones patronales como respuesta a los sindicatos obreros. Al final, el hecho de que los dos lados de los «interlocutores sociales» estén organizados hace que la productividad sea óptima. Naturalmente, el coste social es el desánimo para ampliar los puestos de trabajo.

La verdad es que la imagen de la «tarta» económica es tan popular como inadecuada. Desde el punto de vista del consumo, la adquisición de un producto no desplaza necesariamente la compra de otros. Por ejemplo, en una gran ciudad puede aumentar al mismo tiempo el transporte público y el privado. Desde el punto de vista de la producción, una gran empresa con un monopolio legal puede pasar a competir con otras. En principio, ese paso significa pérdida de cuota de mercado, pero al mismo tiempo tiene lugar una ampliación inusitada de nuevos productos, algunos hasta entonces inexistentes. Es el caso reciente, por ejemplo, de las empresas de telecomunicaciones (las «telecos»). En todos los supuestos dichos lo que ocurre es una fórmula de «suma positiva», esto es, todos ganan. Más que la metáfora de la «tarta», se realiza algo así como el milagro de la multiplicación de los panes y de los peces. Es el arquetipo de «suma positiva». La asociación de empresas por «sectores» no es tan interesante como la que se proyecta sobre zonas territoriales con organizaciones de distintos ramos.

El resultado de los procesos descritos es que el acto de compra (o de venta) se transforma muchas veces en una relación profesional. El comprador se convierte en cliente, y así se ve tratado. Por un lado, esa conversión significa más exigencia para el vendedor (ahora el profesional). Pero por otro, la constitución de una clientela significa una mayor fidelidad, que es el ideal del comerciante o del empresario.

Las asociaciones de consumidores o de amas de casa tampoco es que sean una amenaza para las empresas. Esas asociaciones han nacido en la época de las subvenciones. Se convierten, pues, en terminales de la Administración Pública. Las utilizan asimismo los partidos políticos para reclutar votantes y, en el mejor de los casos, candidatos. A veces son simples grupos de presión o incluso empresas con ánimo de lucro. La ventaja es que esas asociaciones así pueden subsistir, dada la general apatía de los españoles para pagar cuotas asociativas que no sean de carácter local. El inconveniente es que se hace difícil que los movimientos de consumidores controlen realmente la dispensación de servicios públicos. Esta es la parte más política del consumo, la que sirve para probar si la democracia es real y cotidiana. A las empresas les es difícil asociarse porque sus intereses no suelen ser coincidentes más que cuando tienen que obtener algo de la Administración Pública. Por lo mismo, los consumidores son reacios a asociarse porque sus intereses también son dispares. Hay algo esencialmente individualista en el consumo. La verdad es que consumimos para distinguirnos, aunque no lleguemos a la envidia. Por eso es tan difícil que los consumidores se asocien y cooperen. Solo en los casos llamativos de fraude se logra la necesaria cooperación de los consumidores, más que nada por ver si sacan alguna compensación económica.

No solo no medran las asociaciones de consumidores verdaderamente independientes. En España no cuaja tampoco la idea de que al comprador le asiste el derecho a reclamar si se considera engañado. Teóricamente ese derecho se halla reconocido y con todas las protecciones debidas. No es una cuestión jurídica sino social, o si se prefiere, psicológica. No es costumbre hacer uso del derecho a reclamar. Todavía es excepcional. Solo ha entrado el hábito de la devolución del dinero por la compra insatisfactoria. En la práctica significa cambiar un objeto por otro, o «descambiar», como con buen acuerdo se dice coloquialmente.

Si la protesta por el presunto engaño comercial es rara, más lo es todavía el «castigo» que dirigen los consumidores contra las empresas monopolistas. Simplemente, esa acción carece de realidad en la España actual. Ante esa impunidad, las empresas se sienten libres de plantear prácticas comerciales poco ortodoxas, aunque puedan ser legales. La verdad es que, en este campo, las leyes van muy por detrás de la realidad. Más que un problema jurídico, se trata de una cuestión relacionada con la educación de los consumidores. Lamentablemente es algo que no tiene cabida en los planes de enseñanza. De momento se enseña a consumir en la familia a través del papel transmisor de las amas de casa. La verdad es que las amas de casa están muy bien informadas de lo que compete al consumo. Alguna vez se entenderá que ese conocimiento ahorra mucho dinero. La consideración de las amas de casa como «población inactiva» es una superchería estadística.

El consumo no es una operación abstracta, derivada de las leyes económicas. Subsiste la compra diaria por antonomasia, la que realizan las amas de casa para los artículos corrientes de alimentación o limpieza. Se superpone a ella la compra más voluminosa, ocasional o intermitente en las llamadas «grandes superficies». Se acude con coche y participan mucho más los varones de lo que ha sido hasta ahora mismo el uso social. Se produce el hecho de la compra en los centros comerciales, a la que muchas veces asisten dos (o más) personas por carrito. Esa circunstancia contribuye a que, junto a la compra tradicional de alimentos y artículos de limpieza, se añadan otros muchos artículos. No sólo eso. Al tener que desplazarse al centro comercial (que debería ser más bien «periferia» comercial), el viaje se aprovecha para otras actividades de ocio. A ello ayuda la complejidad de los modernos centros comerciales, diseñados con una variedad de tiendas, restaurantes, cines y espacios de juego infantil o paseo. El modelo se ha importado de otros países más desarrollados, claro está. Al principio su aceptación fue tímida, dada la querencia de los españoles por el verdadero «centro» de las ciudades. Al final se ha impuesto la nueva tendencia. Han contribuido varios factores: la congestión urbana, la diseminación de los carnés de conducir femeninos, la característica extraversión de las costumbres españolas, la creciente participación laboral de las mujeres. Paradójicamente, la visita a los centros comerciales atrae a las personas que tienen más obligaciones, aunque al final supone mayor gasto de tiempo. La razón es que el viaje al centro comercial se emplea para diversas actividades y funciones. Es el clásico esparcimiento familiar de los sábados.

Aunque pomposamente hablamos de «grandes superficies», se trata más bien de conglomerados de tiendas. Dentro de los «grandes almacenes», la tendencia es a organizarlos como una yuxtaposición de tiendas que parecen autónomas. Se hace saber así que la atención va a ser personalizada para que el cliente no añore el modo como le tratan en la tienda de toda la vida.

La impresión que tiene el público que frecuenta los centros comerciales es la de que «desaparecen muchas tiendas». En efecto, se acerca uno a la zapatería, la mercería o la panadería de toda la vida y comprueba que ya no están. Pero lo esencial es que se han abierto nuevos negocios: tiendas de fotocopias, locales de «comida rápida», productos informáticos, agencias de viajes, tiendas con artículos de regalo. En el conjunto, los censos de población nos dicen que el rubro de «comerciantes y vendedores» es uno de los que más se amplían. No solo eso; bajo el título de «empleados» o «directivos» de los más diversos ramos industriales se comprende un número creciente de personas que realmente se dedican a vender. Es una actividad que, si se midiera bien, mostraría mucho mejor su tendencia expansiva. La sociedad española ha mantenido tradicionalmente una densidad de tiendas (y no digamos de bares) superior a la que caracteriza a otros países de similar grado de desarrollo. El lamento de las tiendas tradicionales se justifica sólo para los casos individuales a los que afecta. Pero no deja de ser una consideración estática. La prueba es que, junto a las llamadas «grandes superficies» (en el comercio todo es hiperbólico), surgen, como setas en el otoño lluvioso, muchas pequeñas tiendas. La demanda es bastante caprichosa. Un acontecimiento deportivo vaciará los restaurantes, pero engrosará la cuenta de los establecimientos que llevan la comida a casa. Como sucede en los otros órdenes de la economía, los comerciantes que prosperen serán los que anticipen la demanda futura. No es fácil. Por ejemplo, desde que hay teléfonos móviles, faxes y correos electrónicos, se precisan muchos más mensajeros que antes de la llegada de esos inventos. Quién lo iba a decir. Es otro ejemplo del principio de «suma positiva» antes enunciado.

Hay una gran inercia para aceptar los nuevos artículos de consumo. Recuérdese que el «coche» se llamó así porque era como el de caballos. Incluso los ingleses introdujeron el «caballo de vapor» como unidad de potencia. En nuestro tiempo, el «teléfono» pasa a ser un artilugio que, además de transmitir la voz, va a realizar muchas otras funciones, pero sigue con el nombre primitivo. De momento, parece que los españoles se resisten a la compra por ordenador, por la red. Se reproduce, una vez más, la secuencia de una inicial desconfianza hacia lo nuevo. La compra a través de la red se generaliza allí donde es costumbre comprar por catálogo, cosa que nunca ha logrado introducirse del todo en España. Quizá suceda también que lo que llamamos «ir de compras» sea algo más que adquirir artículos de uso necesario.

Una paradoja de la coyuntura económica actual es que sus oscilaciones afectan más al ahorro que al consumo inmediato. Para ahorrar hay que tener un mínimo de optimismo, de capacidad de posponer la satisfacción de necesidades. En algún estudio se ha comprobado que la población que tiene acciones en la Bolsa ve el futuro con cierto optimismo. Bien es verdad que el ahorro de hoy es consumo para mañana, sobre todo de artículos o servicios de mayor entidad. El Fisco muestra su avidez por extraer impuestos tanto si se consume como si se ahorra. El axioma fiscal es que, allí donde se disfruta, es más fácil que se pague un impuesto. Por otra parte, los «productos» del ahorro se compran como cualesquiera otros. Una operación de pedir una hipoteca para hacerse una casa es, si bien se mira, una forma de consumo, aunque formalmente parezca un ahorro. Lo que sí se nota, en la actual coyuntura, es una contención de ciertos consumos tradicionales, pero por saturación. Incluso se puede saturar el conjunto de objetos, de bienes materiales que resultan apetecibles. Pero aumenta de forma inesperada el consumo de nuevos servicios. Es evidente que el turismo interior ha crecido en España mucho más allá de todo lo que habíamos imaginado hace una generación. El turismo, además, se diversifica. A los hoteles les pueden sobrar habitaciones, pero sus salones están siempre ocupados. Quién iba a imaginar que iba a aumentar la necesidad de verse y reunirse con el prodigioso adelanto de las telecomunicaciones.

El consumo aumenta a pesar de que la población española ha llegado a lo que se llama «crecimiento cero», es decir, igual número de nacidos que de fallecidos. Sin embargo, el número de hogares se amplía porque crece el número de parejas de hecho, de divorciados, de inmigrantes, de extranjeros residentes. Hay que contabilizar también el conjunto de hogares secundarios (de vacaciones), a los que también hay que proveer de muchos artículos.

Lo fundamental no es que aumente la capacidad de gasto de los hogares, sino que todos sus miembros son potenciales consumidores. También los adolescentes o los viejos tienen presupuesto propio, naturalmente con grandes variaciones según la posición social. Pero ya no es el hogar el único sujeto del consumo, sino cada uno de sus miembros, con sus particulares gustos, aficiones y manías. Por eso es tan compleja la acción de consumo. De ahí también que haya en muchos hogares una cierta sensación de derroche, o al menos así lo piensan los abuelos. Es el caso de la televisión o del teléfono para cada persona. Hay otros varios enseres que se reproducen para cada miembro del hogar. El cuarto de baño para cada dormitorio ya no es un lujo en muchas casas; desde luego no lo es en los hoteles. Entramos los españoles en la fase hogareña del consumo: los españoles gastan cada vez más en artículos y servicios para la vida doméstica. Se incluye el gasto de las vacaciones, pero también la instalación y decoración del hogar. Es bastante corriente el hecho de que los jóvenes de la clase media se «metan» en la compra de un piso antes de emanciparse. El fin de los pagos de la hipoteca no supone mucho alivio para las familias. Es el momento de las reformas de la vivienda ya pagada. La sensación general es que las viviendas son cada vez más caras. No es así realmente. Lo que ocurre es que cada vez se les exige más calidad (plaza de garaje, piscina compartida, varios cuartos de baño, etc.). La incorporación de España a la Unión Europea ha obligado a establecer estándares de mayor calidad en la construcción de viviendas. Extrañamente, el hogar vuelve a ser una organización productiva, como lo era de otra forma en la economía agraria tradicional. El hogar es ahora un verdadero «centro de comunicaciones», que para algunos profesionales constituye un nuevo lugar de trabajo. La completa instalación electrónica de los hogares con propósitos laborales y de prestigio da lugar a una nueva especialidad: la domótica. No ha hecho más que empezar.

Hay que matizar algunas leyes económicas al aplicarlas al caso español. Por ejemplo, la de que, con el desarrollo, disminuye la proporción de gasto dedicado a la alimentación. Esto es así como tendencia, pero la disminución no prosigue como se esperaba. Sobre todo si computáramos bien los gastos en alimentación que se hacen fuera del hogar, los cuales aumentan de forma decidida. En conjunto, la participación del gasto alimentario en el presupuesto de los españoles es alto. Además no disminuye mucho porque aumentan las exigencias de calidad, que ya eran considerables. Es una pauta cultural de difícil variación. Por ejemplo, es asombrosa la querencia de los españoles por el pescado fresco, especialmente cuando se come fuera de casa. Esa demanda hace prohibitivo su precio para las costumbres de los europeos transpirenaicos. Añádase la pauta de la alimentación como capricho. No hay más que ver los «lineales» o anaqueles de los hipermercados. Predominan los artículos que se presentan con colores brillantes, pensados para atraer a una mentalidad infantil. Diríase que el aperitivo, la merienda o el postre es lo que satisface fundamentalmente la necesidad de comer de muchos españoles adultos. Es una paradójica reacción infantiloide ante la notable ausencia de niños en muchos hogares.

Actualmente cunde un cierto pesimismo entre los empresarios porque parece que los consumidores no se animan a comprar mucho, a pesar de la bonanza económica. Aparte de la razón sobre el auge de los «productos» de ahorro (fondos de inversión, seguros, planes de pensiones), cabe otra explicación. Se trata de un aspecto cualitativo, difícil de medir, pero fácil de percibir. Hemos pasado atropelladamente por la etapa inicial de la «alegría» en el consumo. De repente nos encontramos con un consumidor más circunspecto y calculador, que «mira más la peseta», ahora ya transmutada en euro. Con el cual vamos a recobrar la calderilla perdida por la inflación, los céntimos. Ese consumidor más mirado se percata de que los bienes duraderos realmente duran. Cuando se tiene lleno el armario ropero ya no es tan acuciante la necesidad de renovar el atuendo. Avanza la impresión de que las necesidades cotidianas se encuentran razonablemente satisfechas. Así pues, ese *homo oeconomicus* ahorra de momento para poder permitirse el lujo de gastos más o menos extraordinarios; por ejemplo, viajes largos o una casa más confortable. Adviértase que las casas españolas son todavía más incómodas de lo que haría esperar el nivel de desarrollo. Por este lado de la instalación y la decoración de los hogares hay que esperar una ulterior expansión del consumo. Durante mucho tiempo el consumo doméstico de electricidad era prácticamente equivalente al de la luz. Todavía hoy dicen algunos «recibo de la luz» por la factura eléctrica. Se pasó luego a enchufar algunos aparatos para realizar tareas mecánicas, para dar calor o frío. Hoy se añade la gama inacabable de los aparatos electrónicos, sumamente eficaces, por otra parte, respecto al consumo que hacen de energía.

La publicidad tiene que acomodarse a los nuevos usos de los consumidores más cautelosos. Ya no se mantiene el axioma de que basta con repetir muchas veces un anuncio para que sea eficaz. Al revés, la insistencia puede llegar a ser contraproducente. Las marcas de toda la vida pueden llegar a cansar. En realidad, la función creciente de los anuncios es la de ayudar al consumidor a recordar marcas. Esa insistencia significa que se debe tener en cuenta el carácter distintivo de cada producto. Luego, a la hora de comprar, el recuerdo de la marca precipita la elección. Pero la decisión de compra se establece por otros conductos que no son los estrictamente publicitarios. La verdad es que la publicidad insistente se mantiene sólo para los artículos que se diferencian poco de forma sustantiva; por ejemplo, coches o productos de limpieza. La publicidad clásica no influye tanto en un consumidor avisado que simplemente «zapea» el canal donde viene el anuncio. La expresión proviene del inglés *(zapping)*, referida al hábito de ver televisión con muchos canales. La palabra es onomatopéyica. Por lo mismo existe «zapear» en castellano con el sentido de quitarse algo molesto de en medio. Así que podemos aplicarla con tranquilidad a la nueva función de cambiar de canal para librarse de la tanda de anuncios. Lo mismo se hace en la radio o con las páginas de los periódicos y revistas, aunque sean impares, que son las más visibles. En el fondo es la aplicación del principio de la «percepción selectiva». Simplemente no se ve lo que no se quiere ver. Aunque los anuncios entren por los ojos, el cerebro se abstiene de procesarlos. Ante esa general resistencia, los publicitarios no tienen más remedio que realizar anuncios cada vez más ingeniosos y atractivos. Así es como la publicidad ha pasado a ser un arte. Lo exige un consumidor que cada vez sabe mejor lo que le interesa.

Un consumidor más circunspecto quiere decir también más informado, que decide con mejor criterio. Las empresas cuidan de dar información sobre sus productos; no basta con la publicidad. Los mejores anuncios son los que emiten algún tipo de información. En definitiva, los consumidores de la última generación son más conscientes, saben lo que quieren. La variedad de marcas, modelos y calidades es tal que el consumidor poco informado tiene que pagar un coste adicional por su ignorancia. Paradójicamente, hemos vuelto a la situación tradicional cuando en los mercados y las tiendas no había precio fijo. De hecho, se logra esa misma indefinición a través de las múltiples condiciones y «ofertas» para satisfacer las mismas necesidades. El consumidor tradicional tenía que saber regatear. El de ahora tiene que saber buscar, mirar y elegir bien. Cada vez es más difícil, a pesar de que aumentan los conocimientos que archivan los consumidores. Al final, la creciente competitividad no es sólo porque cambia la organización de las empresas, sino porque mejora la disposición de los consumidores.

Es el hecho de tener que decidir lo que se va a comprar, entre múltiples opciones, lo que concede al acto de compra su lado placentero. Se trata de un placer próximo al de los juegos de azar o de envite. Por lo menos se puede decir que el consumidor es un artesano de sus propias decisiones. Cierto es que a veces le exasperará la «obligación» de comprar, pero esa actividad es cada vez más parte del ocio y menos del trabajo. Un centro comercial, un mercadillo, una calle peatonal del casco urbano tienen más aire de fiesta que de otra cosa. Claro que, para los vendedores, el asunto es estrictamente profesional.

El placer de comprar es complejo. Proliferan las técnicas de venta (rebajas, bonos de compra, oportunidades, sorteos, ofertas) que estimulan el sentimiento del jugador-comprador a la búsqueda de alguna ventaja. No basta sólo con una buena compra, sino que, a ser posible, se saque la satisfacción de algo que le dan a uno con lo que compra. Por eso se habla de «oportunidades», de «regalos». Tiene ese sentido la práctica de las revistas estuchadas con algún nuevo objeto incorporado, aunque sólo sea publicidad. Aciertan las empresas de consumo masivo cuando interpretan al hipotético comprador con la mentalidad de un jugador. Claro está que por este lado puede haber un cansancio de los consumidores, atosigados como están con tantos «regalos» inútiles. El espíritu de coleccionista tiene un límite. Ya hay muchos consumidores escarmentados con el «regalo» de un viaje turístico para dos personas, del que sólo se paga una plaza. Los innumerables sorteos comerciales pueden ser un truco para obtener sustanciosas listas de posibles clientes.

El placer del comprador se materializa en el consumo impulsivo. Es el que se deriva de adquirir lo que se ve y se toca, lo que entra por los ojos y pasa inmediatamente por caja. El ejemplo típico puede ser la tienda de chucherías para los niños o la comida tipo bufé (el desayuno de los hoteles). Hay algo infantil en ese tipo de consumo. El niño no sabe diferir la satisfacción de sus apetencias. Da la impresión de que los grandes almacenes y otras «grandes superficies» despliegan sus productos como si fueran chucherías. Se trata de despertar el impulso infantil. De hecho, muchos productos alimenticios, e incluso farmacéuticos, se presentan como si fueran golosinas. Es muy posible que la compra por ordenador, a través de la red, vaya a compartir ese mismo sentido infantil.

La tradicional distinción entre el *homo faber* (el activo, el volcado hacia la acción) y el *homo ludens* (el que goza de la vida) se muestra hoy bastante borrosa. No solo es porque el trabajo ya no «traba» tanto, al menos por la exigencia de las horas de esfuerzo físico. La distinción se difumina por el otro lado. Cada vez más lo «lúdico» es también activo y hasta esforzado. El ocio consiste en «hacer» algo, aunque solo sea manejar las crecientes posibilidades del mando a distancia de la televisión. Incluso el campo apenas existe como tal si es solo para disfrutarlo con el paseo o la contemplación. En su lugar hay un «campo» acotado, preparado, hasta con instalaciones y servicios. Si se llama parque nacional, todavía más. Es decir, ese «campo» organizado para el consumo hay que pagarlo. Algo parecido podríamos decir del ejercicio físico, que ahora exige un equipo especial y, cada vez más, locales o terrenos *ad hoc*. También hay que pagar para reunirse con mil motivos, para mover el coche o para tenerlo parado, para cazar o pescar. Definitivamente, el ocio y el negocio se dan la mano.

La posición social ya no se define como una simple adición de las posesiones que pueden adscribirse al hogar correspondiente. Los ricos lo son porque tienen «más de todo». Pero hay una cosa que les es más escasa, valiosa e inasequible: el tiempo. A medida que se sube por la pirámide social va faltando cada vez más ese raro bien que es el tiempo. Naturalmente se trata de una apreciación subjetiva, pero no por ello menos real. La consecuencia es que, a partir de un cierto umbral de ingresos y de actividad, se redobla el gasto de lo que podríamos calificar como «comprar tiempo». Así, se gasta más en transporte, comunicaciones, servicio doméstico, ayuda secretarial. La clave está en que otras personas hagan la parte rutinaria o mecánica de las obligaciones de uno, de quien se puede permitir esos lujos. La definición social de enfermedad es una situación no

deseada en la que al sujeto se le anula el tiempo que tenía para dedi-
carlo a sus múltiples quehaceres y ocios. Tiene que concentrarlo
ahora en la obligación de curarse. Uno de los hechos más sutiles del
actual modo de vida es que disminuye notablemente el número
medio de días por cada proceso mórbido. Hay ya una cirugía instantánea. Es necesaria no ya para reducir las molestias, sino para
ganar tiempo.

Apunta aquí una extraña paradoja. Si el tiempo fuera mucho
más elástico, si dispusiéramos de todo el que fuera posible, el consumo sería mucho menor. La prueba es lo poco consumidores
que son los viejos, y no sólo porque tengan menos ingresos. Con
niveles parecidos de renta, los jóvenes son consumidores más ávi-
dos porque perciben que les falta tiempo. En principio, los bienes duraderos cumplen la función de hacernos creer que con ellos
disponemos de más tiempo. Esto es en teoría, claro está. El viajero que tiene que esperar varias horas en un aeropuerto cavila sobre
la estupidez que significa poder trasladarse después a 900 km/h. Es
una situación parecida, curiosamente, a la del enfermo, desespe-
rado porque, hasta tanto no se recobre, se le impide cualquier
otra actividad. Para conjurar la desesperación de los tiempos muertos aeroportuarios, sus instalaciones se llenan cada vez más de tiendas. Desaparecerán pronto las que son «libres de impuestos» por
el privilegio que suponen. Ahora bien, esos locales no se quedarán
vacíos. Los aeropuertos se parecen cada vez más a gigantescos centros comerciales. La Feria de Madrid, con mucho la más dinámica de la península Ibérica, se sitúa, con muy buen acuerdo, junto
al aeropuerto.

Es incompatible el horario tradicional del comercio con su
aplicación por decreto a los centros comerciales. Los consumidores se inclinan más bien por la liberalización de los horarios, como
no puede ser de otro modo. Ya sabemos la razón: el tiempo es
cada vez más escaso. Aunque haya objetivamente más tiempo, las
autoridades atienden la petición restrictiva de los comercios tradicionales porque reúnen más votos. Pero la misma lógica democrática debería extenderse a la demanda del público, que equivale realmente al electorado completo. El argumento tradicional para
defender el horario restringido no se sostiene fácilmente. La ver-

dad es que en la sociedad campesina tradicional el mercado funcionaba los domingos y de modo continuo. Feria y fiesta venían a ser equivalentes. Feria era tanto el día no laboral como el del mercado. Se añadía el otro doble sentido de la fiesta, tanto religiosa como profana. Se reconocía implícitamente el valor placentero de la compra.

Como es natural, las personas que acusan más la falta de tiempo (las de menos edad, las más activas) son las que favorecen el horario continuo. En realidad, la polémica sobre el horario comercial se resuelve por sí sola. La sociedad compleja necesita que algunas actividades funcionen las veinticuatro horas, o al menos una jornada larga. Este es el caso de la hostelería, los aeropuertos, los centros sanitarios, las gasolineras, las comisarías, las farmacias, los bomberos, etc. Es lógico que algunos de esos servicios, en los que se trabaja por turnos, admitan funciones estrictamente comerciales. No tiene mucho sentido pensar que solo se toleran como excepciones. En el caso de los centros comerciales, los visitantes no van únicamente a comprar, sino a disfrutar de cines, restaurantes y otros elementos de ocio. Es absurdo que pueda mantenerse un doble sistema de horarios para las tiendas tradicionales y los otros establecimientos. Cierto es que ese horario más amplio puede significar una desventaja para las tiendas tradicionales. Pero estos comercios disfrutan de otro privilegio no escrito: el diseño urbano les permite tener cerca a los hipotéticos clientes. Es una especie de «plusvalía» que no paga impuestos, o al menos no de forma expresa. La polémica sobre los horarios va a perder mucho sentido cuando se generalice la compra a través de la red (de ordenadores, se entiende). Ahí sí que las operaciones se podrán hacer durante las veinticuatro horas del día, todos los días del año.

Cada vez más se interpretan las vacaciones, o incluso los fines de semana o los «puentes», como una ocasión para viajar hasta un punto que exige también un precio. Aunque pueda parecer extraño, lo que se consume es distancia. El coste por kilómetro ha disminuido sensiblemente durante los últimos lustros, pero no es menos cierto que aumenta el número de kilómetros que se hacen con propósitos de disfrute. Naturalmente, hay muchas actividades placenteras que son gratuitas: pasear por un parque o visitar una exposición de arte. Pero, por lo general, las actividades que llamamos de ocio cuestan dinero, por lo menos el que se paga por el transporte. Esa condición, lejos de disuadir al consumidor, le estimula. Compárese la variación de coste que significa la misma actividad en lugares distintos. Por ejemplo, dar un paseo por un «parque público», entrar en un «parque de atracciones» o más aún en un «gran parque de ocio» o «parque temático». No digamos si esa última visita implica un largo viaje, incluso transoceánico. Se entenderá la polisemia de la palabra «parque», que abarca otros varios sentidos.

Más que el tiempo libre, digamos, absoluto, interesa la disposición generalizada a «pasarlo lo mejor posible». Nunca ha sido tan universal la aceptación de la divisa horaciana del *carpe diem*, vivir gozosamente el tiempo presente, a poder ser de forma gregaria. Sólo así se explican algunos fenómenos como el turismo, los espectáculos deportivos, los viajes y también la afición a la corriente continua de comprar. Lo que llamamos «cultura» se resuelve las más de las veces a través de representaciones, espectáculos. La misma tendencia afecta a las campañas electorales o a los viajes del Papa. Hasta las conferencias y las comunicaciones científicas o profesionales necesitan de «soportes» audiovisuales con el fin de parecerse lo más posible a un espectáculo. No otra cosa es la teleconferencia. La cual no acaba con las conferencias o reuniones cara a cara. Los palacios de congresos vienen a ser las catedrales de la actual sociedad secularizada.

El hecho inesperado de la popularidad de todo tipo de congresos (reuniones, jornadas, convenciones) se debe a que se organizan en lugares apetecibles desde el punto de vista turístico. Se trata de viajar, solazarse y, naturalmente, comprar. Uno de los factores ocultos que determinan el éxito de un viaje de turismo, cuanto más lejos mejor, es comprar algo más barato que en la localidad de origen. Los congresos facilitan esa comparación ventajosa porque los asistentes suelen recibir alguna forma de dieta, honorarios o subvención para el acontecimiento. Es una de esas situaciones en las que es difícil separar la parte de ocio de la del negocio. La función latente de muchos congresos y reuniones profesionales es la de servir como mercados de trabajo para el respectivo «sector». Lo de menos, entonces, es lo que se diga en las comunicaciones o ponencias. Lo más útil es que se conozcan y se solacen juntos los colegas. De esa forma, el grupo se refuerza. Cada uno de sus miembros se da a conocer ante los hipotéticos empleadores, a veces ante sus jefes.

Se podría pensar que el consumo de masas, al fabricar grandes series, contribuiría a unificar el paisaje humano. No parece que sea así. Las sociedades complejas, donde tanto se consume a todas horas, muestran una creciente diversidad para las distintas capas de la población. Es cierto que se fabrica en serie, pero más artículos que nunca con una infinita variedad de marcas y diseños. Actualmente hay más modelos de coches que en cualquier época pasada, por muy semejantes que nos parezcan los del parque actual. En realidad, técnicamente son muy parecidos, pero el comprador no adquiere un artefacto, sino una imagen. De ahí se deriva la variedad. A los coches se añade una infinidad de otros vehículos individuales, desde bicicletas hasta barcos, a su vez con una amplísima gama de modelos. El atuendo de las personas es más variopinto y personal que nunca. Erraron las lucubraciones sobre la sociedad del siglo XXI como uniformada y monótona. Es al contrario; el siglo XXI va a traer todavía más diversidad.

Los teóricos soviéticos llevaron la razón económica, extremándola, a la planificación del consumo. Suponían que, si se estudiara bien cada necesidad, bastaría un buen diseño de un solo modelo por producto para así llegar a un considerable ahorro colectivo. Algunas veces las ideas perfectas son sonoros fracasos cuando salen del laboratorio. Este es un caso. Resulta que el público, con crecientes ingresos, no desea tanto el modelo óptimo para cada producto, sino el mayor número posible de modelos y de productos. En la ecuación de los planificadores soviéticos no había lugar para una variable determinante: el placer de escoger. Esa es la esencia del arte de comprar. Recordemos la anécdota (seguramente apócrifa) de Henry Ford sobre la virtud del modelo T: «Se puede elegir de cualquier color, con tal de que sea negro.» Paradójicamente, era la versión capitalista del sueño de los planificadores soviéticos. Así pues, un fracaso. Hoy día, con la fabricación informatizada de coches, casi se podría montar un vehículo con una apariencia sutilmente diferente para cada consumidor. Tiempo llegará. De momento asombra que, pudiendo elegir color, la gama cromática de los coches sea tan estrecha. Es la desesperación de quien busca su vehículo en un gigantesco aparcamiento. Es un misterio esa atonía cromática. ¿Por qué no son los coches tan «personales» como las corbatas? Todavía es más intrigante la sospecha de que los coches con un color menos frecuente (por ejemplo, el gris metalizado o la gama de los verdes) circulan a más velocidad.

Se podría pensar que la variedad de artículos de consumo es un espejismo, pues sólo se altera la forma, el diseño, la presentación. No es así. Una mirada detenida y libre de prejuicios ideológicos no logra vislumbrar la monotonía que imaginan los que se sienten incómodos con la sociedad compleja. Al contrario, se podría comprobar que una gran parte de los objetos y servicios que hoy consumimos simplemente no existían hace un siglo. No es que por eso sean falsos o artificiales. Lo único que se prueba es que las necesidades humanas son insaciables y tornadizas. A los predicadores (ahora laicos), esa condición los pone muy nerviosos. La razón oculta es que ellos mismos pueden llegar a perder la clientela. Igualmente los altera el hecho de que, por creciente que sea la variedad de artículos, no se encarezcan los precios. Es el último coletazo de la mentalidad del planificador soviético. Todavía quedan algunos. Son los que sufren porque a su alrededor mucha gente parece gozar. Simplemente los molesta el «hedonismo» reinante. Preferirían que las sociedades fueran «formaciones sociales», como ellos las llaman, sin veleidades «consumistas». El nostálgico de la planificación soviética es el que se siente molesto con el modo de vida norteamericano.

No se puede resolver la cuestión de si los consumidores se proveen de bienes y servicios «innecesarios»; por lo menos es irresoluble en términos científicos. El predicador asceta considerará siempre que sus feligreses derrochan el dinero en bienes superfluos. Pero lo que hoy parece moda o capricho, mañana será un artículo de primera necesidad. La noción de que existen unas necesidades básicas y otras artificiales es un puro dislate, cuando no una racionalización para que cada uno siga en su sitio. De todas formas, por mucho que se generalicen ciertos artículos de consumo, la igualdad por este lado es imposible. Va más de prisa la sustitución de unos bienes por otros que la generalización de algunos de ellos. Incluso un bien de consumo general, como el pan, se diversifica cada vez más con distintas calidades y precios. De poco sirve que las autoridades fijen un precio mínimo para el pan común. Tal pieza no es ya el artículo mayoritario de otros tiempos.

Lo que llamamos «sociedad de consumo» no es más que el último estadio del dilatado y complejo proceso de la industrialización. Es el polo opuesto de la sociedad tradicional. Se caracteriza por muchos elementos, todos ellos asociados a la ampliación y diversificación del consumo individual o doméstico. Uno de ellos, más sutil, es el favor del público por los productos de marca, cuya competencia mutua se visualiza a través de la omnipresente publicidad. Tan intenso es el proceso que podemos hablar de «marquismo» y sus derivados para indicar la intensa afección que estimulan las marcas comerciales en la sociedad actual. Lo que distingue el paisaje de una ciudad hoy, frente a la de hace siglos, es el conjunto de marcas desplegado por todas partes en forma de rótulos y anuncios. Definitivamente, es el signo más visible de la sociedad moderna o compleja.

El *Diccionario* oficial define así «marquista»: «En Jerez [de la Frontera], el que siendo propietario de una o más marcas de vino, se dedica al comercio de este líquido, pero sin tener bodega.» Parece una definición demasiado restringida y localista. Claro que el *Diccionario de Economía y Finanzas*, de R. Tamames y S. Gallego, ni siquiera acoge esa definición y no da ninguna otra. El *Diccionario del español actual* de Manuel Seco y colaboradores sólo recoge marquista como «propietario de una marca comercial». Parece poco actualizado. Más generoso es el *Clave: diccionario de uso del español actual* que introduce «marquismo» como la «afición por llevar prendas de marca reconocida». A partir de aquí, se podría desarrollar un concepto más amplio, realista y útil. Consiste en el gusto por los productos de marca (no sólo las prendas de vestir), que incluye también los servicios. Tanto es así que el marquista puede llegar a moverse fundamentalmente por el prestigio de la marca más que por la bondad intrínseca del producto. En el extremo absurdo, llega a preferir un producto de imitación con tal de que se asemeje a la marca preferida. Lejos de producirle tedio, la reiteración de los productos de la misma marca satisface grandemente al marquista. Es una satisfacción parecida a la que siente el coleccionista de cualquier tipo de objeto.

El marquismo, cuando se refiere al conjunto de la población, se ve mejor como un proceso temporal. En un primer momento descollaba la marca de la tienda, esto es, el marbete. Tomemos como ejemplo El Corte Inglés. Era una tienda de ropa confeccionada que buscaba precisamente el atractivo del «corte inglés» en los trajes. Era una locución popular que indicaba calidad. Había que decirlo así para acostumbrar al público a la novedad de los trajes de confección. La marca era la del establecimiento, no de las prendas. Con el tiempo, el marbete se ha convertido en una cadena de grandes almacenes, todos con la misma denominación u otras emparentadas (Hipercor). Lo fundamental es que ahora la especificidad de las marcas se aloja en los lineales (palabra que sólo recoge el diccionario *Clave*, no los otros). La inmensa variedad de productos (hasta un millón) se expone en esos lineales o anaqueles con tendencia a agruparlos por marcas. El caso eminente es el de los perfumes, pero también, y cada vez más, los artículos de papelería, deportivos y prendas de vestir, entre otros. Eso es así por una razón de mercado. Cada vez más los clientes (marquistas ellos) se dirigen a comprar buscando racimos de productos organizados por marcas. Ya no funciona el dicho de «el buen paño en arca se vende». Dentro de los grandes almacenes, el cliente busca el lugar de una *butic* (habrá que escribirla así, como se pronuncia; plural, *butiques*). Ese criterio agrupa la ropa confeccionada (con distintas telas) por una determinada marca. El cliente marquista tiene sus etiquetas preferidas. Cada una de ellas ofrece una gran variedad de modelos, quizá con un estilo peculiar. La publicidad es esencial para mantener el atractivo de la «casa» correspondiente.

¿Por qué se ha producido el movimiento acelerado hacia el marquismo? Hay una condición fundamental, que haya un mínimo de satisfacción de necesidades básicas, el que procura, por ejemplo, un nivel de ingresos como el que corresponde a España. Solo así se puede asimilar el hecho de que los productos de marca suelen ser más caros, a pesar de las economías de escala. A partir de ahí, entra el marquismo como una tendencia variable, que oscila mucho según los productos, las personas y otras circunstancias. Podemos abstraer un poco las funciones que cumplen los productos de marca, o mejor, de determinadas marcas, para que resulten atractivos.

La función primordial del apego a determinadas marcas es la de personalizar el consumo. Resulta paradójico, pues el cliente que favorece una marca sabe que otros muchos han tomado esa misma decisión. Sin embargo, por un inesperado juego de «suma positiva», todos parecen estar satisfechos con la misma elección. Obsérvese el sutil juego de reconocimiento y afecto que se establece entre dos conductores que llevan la misma marca y modelo de coche. Se saben así los dos pertenecientes a la misma tribu, junto a otros muchos. Cada uno de ellos realza su personalidad por haber elegido la marca que considera idónea. No tiene por qué ser la más cara, naturalmente. Basta sólo con que haya una identificación entre las cualidades de la marca y los rasgos de personalidad del consumidor. Todo ello es más bien imaginado, pero funciona. Tomemos el caso de las prendas de vestir, que contribuyen de manera eminente al marquismo. Una prenda «ponible» o «estilona» es la que proporciona una perfecta adecuación al estilo personal de quien la viste. Se trata normalmente de una mujer con recursos, tanto económicos como culturales. Ahí es donde se determinan las condiciones para que aparezca el marquismo. No basta una persona que vaya a satisfacer una necesidad de tal o cual producto. Hay que añadir la necesidad intangible que tiene el consumidor de desplegar su personalidad. Por alguna razón poco conocida, las mujeres perciben más esa necesidad, lo que lleva a que sea el público femenino el que entienda más de marcas. En los adolescentes se ve todavía más claro que buscan en la marca la personalidad que requieren y que todavía no han tenido tiempo de madurar.

Una segunda función sigue inmediatamente a la anterior. Cuando se consume para distinguirse de los demás, la marca ayuda mucho. La generalización del consumo hace que muchas personas puedan adquirir productos o servicios de cierta calidad. La ulterior distinción sólo puede conseguirse a través de la identificación con una determinada marca. Idealmente, esa marca sigue al mismo consumidor a través de diversos productos. Quien consigue esa coherencia claro está que se distingue. Una mujer elegante se sabe aún más si su bolso o su pañuelo son de un mismo y reconocible diseño. No le importará repetir de proveedor cuando tenga que renovar el atuendo. La distinción puede llegar a ser tal que las etiquetas de los productos no se oculten, sino que se exhiban. El logotipo de Loewe se hace ostensible en los bolsos, hasta el punto de que es imitado por otros anagramas más modestos. La exhibición de un cocodrilo en algunas prendas a la altura del corazón se ha convertido en signo de orgullo. Son los seguidores de la difusa secta de Lacoste, diríase numerosísima. Hay, incluso, muchos cocodrilos falsos. Serían más bien lagartos.

La tercera función del impulso marquista es que dé seguridad. Una gran marca no puede permitirse el riesgo de fabricar productos de mala calidad. En ese caso se expondría a salir en los medios por el posible fraude. La cláusula *caveat emptor* parece que asegura mejor su cumplimiento si el cliente se orienta hacia marcas conocidas, esto es, publicitadas. Confía en que, si el producto es defectuoso, podrá cambiarlo (o «descambiarlo», como se dice con manifiesto error y admirable expresividad).

Todo conduce a que el marquismo seleccione cada vez más las marcas de alcance internacional, o por lo menos las que rebosan la localidad. Lo cual plantea algunos problemas. Por ejemplo, el nombre y el anagrama correspondiente deben ser atractivos en diferentes lenguas y culturas. (Por cierto, la primera acepción de la palabra «empresa» significó en su día algo así como lo que hoy llamamos emblema, anagrama, logotipo.) Así resulta que algunas marcas tienen nombres impronunciables para los españoles. Lo misterioso y notable es que ese rasgo no parece inhibir la afección que suscitan, tanta es la fuerza del marquismo. Queda dicho que es de la misma especie que el coleccionismo. Hay aquí un intercambio cultural muy curioso. En el mundo anglosajón se buscan nombres de marcas que sean vocálicos, con sabor latino (ejemplo eminente: Coca-Cola). Al contrario, en los países latinos, muchas marcas indígenas buscan nombres con consonantes. En ambos casos, la difícil pronunciación les da un singular atractivo. Ocurre algo parecido con algunos exóticos nombres de jugadores de fútbol.

El marquismo se impone también por una razón negativa. Ante la inmensa variedad de artículos que se ofrecen al consumidor, cabe la posibilidad de perderse. Una manera de orientarse en esa jungla es siguiendo los senderos que establecen las marcas. No es tanto que se aprecie la etiqueta favorecida como que se eliminen los productos mostrencos (no se sabe quién es el fabricante) o los que llevan marcas desconocidas. Es más, ese influjo puede ser tan fuerte que el comprador elija primero la marca y sólo en segundo lugar el establecimiento donde pueda encontrarla. Esa selección no tiene por qué ser hacia la marca más cara o el establecimiento más prestigiado. Precisamente, el marquismo permite adaptar la elección a las necesidades, gustos e intereses personales de los consumidores. Ese carácter de elección personal de una marca puede hacer que sea difícil la medición del impulso correspondiente. Muchos consumidores, cuando son entrevistados, se resisten a reconocer su tendencia marquista. Según su expresión, no se dirigen a marcas determinadas; mucho menos reconocen seguir los impulsos de la moda. En lugar de ello, dicen moverse por el gusto de un estilo personal. El cual exige conocer bien la relación entre la calidad y el precio. Digamos que el consumidor circunspecto presume de ello. Se adscribirá a determinadas etiquetas como consecuencia de su talante selectivo, con mayor o menor fidelidad, pero no lo reconocerá abiertamente. Por eso es tan difícil medir el marquismo. Pero no existe sólo lo que se puede medir o lo que está en los diccionarios.

A las empresas les interesa mucho mantener las marcas porque así contrarrestan la natural caducidad que se adscribe al proceso del consumo. No se olvide que, en el latín originario y en el castellano primigenio, consumir era tanto como destruir. Esa tendencia destructora puede ser una amenaza para la empresa vendedora. Todos los productos llegan a cansar, hasta el caviar o los diamantes. Una forma de conjurar esa tendencia destructora es hacer que el cliente sea fiel a una marca. Los productos irán rotando según las modas, pero la marca subsistirá si se halla bien establecida. El fabricante de automóviles sabe muy bien que no tiene que perseguir tanto la fidelidad a un modelo como a la marca común a diversos modelos, todos ellos efímeros, caducos, fugaces. Por eso mismo interesa mucho que las diferencias entre los distintos modelos sea escasa, para que se aprecie la continuidad de la marca.

El marquismo se enfrenta a un nuevo desarrollo, el de las llamadas marcas blancas, las que se identifican con el establecimiento porque así han sido creadas. Se trata de una aparente regresión al primitivo estadio en el que la marca era propiamente la del comerciante, no la del producto. Es una buena demostración de que, en este complicado mundo del consumo, no todo es evolución lineal, sino que hay lugar para los «movimientos retrógrados» que decían los astrónomos precopernicanos. Las marcas blancas vienen a ser una especie de compensación del proceso de encarecimiento que supone el hecho de mantener la costosa publicidad de las etiquetas de prestigio. El consumidor aprecia la marca blanca allí donde la diferencia de calidad entre los productos no se corresponde con la de precio. Por eso se imponen en los artículos de uso común, en los que se mira más la peseta. Alcanza asimismo a los artículos que admiten una escasa acumulación técnica. Es decir, de esos productos comunes no se espera que proporcionen al consumidor ningún prestigio. Son menos susceptibles de provocar el impulso del coleccionista. En cambio, los productos de marca (y no digamos los de «marca mayor») convencen al comprador de que participa de su prestigio («la buena estrella de Mercedes»).

Algún autor supone que los españoles son tan individualistas que no les importa mucho el dato de que una marca se adscriba a personajes famosos. Recordemos el famoso anuncio del jabón Lux: «Nueve de cada diez estrellas lo utilizan.» Lo fundamental para la teoría del individualismo es que a cada consumidor le guste realmente esa etiqueta. Es más, si a los demás no les gusta, mejor. No me parece que esa atribución psicológica sea correcta. Por este lado, los españoles no son muy diferentes al resto del mundo civilizado, hoy mejor, con posibles. No habría marcas distinguidas en España si sus habitantes fueran tan individualistas. No lo son por ese lado. El mecanismo por el que se asegura la preeminencia de ciertas marcas es universal, por lo menos para los tiempos que corren y para el mundo que ha sobrepasado el umbral de subsistencia. Otra cosa es que ya no se estile el tipo de anuncio del jabón Lux, pero los hombres siguen siendo una especie gregaria.

Si acaso habría que recoger la tradición de un alto sentido del ridículo que haría a los españoles reacios a exhibir las marcas de sus preferencias. Nada de eso se observa, especialmente cuando se trata de ropa más o menos deportiva. Al contrario, el fenómeno de la imitación y de la exhibición es el que se impone. Por diversos caminos se llega a la conclusión de la pérdida del sentido del ridículo como expresión del carácter social español. Tantos elementos de ese carácter han ido cambiando a lo largo del último siglo que habrá que plantearse la existencia del «alma española». Este texto proporciona algunas pistas para resolver el misterio. El lector tendrá ahora que aportar sus observaciones y experiencias.

Bibliografía

Abella, Rafael, *La vida amorosa en la Segunda República*, Temas de Hoy, Madrid, 1996.

Alborch, Carmen, *Solas. Gozos y sombras de una manera de vivir*, Temas de Hoy, Madrid, 1999.

Amorós, Andrés, *Toros y cultura*, Espasa-Calpe, Madrid, 1987.

Anónimo, *Inconvenientes de un viaje en ferrocarril*, Imprenta de D. Luis Palacios, Madrid, 1862.

Barbens, Francisco de, *La moral en la calle, en el cinematógrafo y en el teatro*, Luis Gili, Barcelona, 1914.

Bernaldo de Quirós, Constancio, y José María Llanas Aguilaniedo, *La mala vida de Madrid*, Egido Editorial, Zaragoza, 1997. (Primera edición, 1901.)

Burgos, Carmen de, *Arte de saber vivir*, F. Sempere y Compañía, Valencia, h. 1915.

Carandell, Luis, *Las habas contadas*, Espasa, Madrid, 1997.

Carderera, Mariano, *Diccionario de Educación y Métodos de Enseñanza*, Imprenta de A. Vicente, Madrid, 1855.

Cela, Camilo José, *Enciclopedia del erotismo*, Sedmay, Madrid, 1976.

Celdrán, Pancracio, *Historia de las cosas*, Ediciones del Prado, Madrid, 1995.

Ciuró, Joaquín, *Historia del automóvil en España*, Ediciones CEAC, Barcelona, 1970.

Elias, Norbert, y Erik Dunning, *Deporte y ocio en el proceso de civilización*, Fondo de Cultura Económica, México, 1992.

Fischler, Claude, *El (h)omnívoro. El gusto, la cocina y el cuerpo*, Anagrama, Barcelona, 1995.

Folguera, Pilar, *Vida cotidiana en Madrid. Primer tercio del siglo a través de fuentes orales*, Comunidad de Madrid, Madrid, 1987.

Garci, José Luis, *Morir de cine*, Nickel Odeón, Madrid, 1995.

García de Valcárcel, Reyes, y Ana María Écija Moreno, ... *De antes de la Guerra*, La Librería, Madrid, 1997.

Garine, Igor de, y Valeria de Garine, «Antropología de la alimentación: entre Naturaleza y Cultura», *Alimentación y Cultura*, vol. I, en Museo Nacional de Antropología, La Val de Onsera, Huesca, 1999, pp. 13-34.

Gil Calvo, Enrique, *Función de toros*, Espasa-Calpe, Madrid, 1989.

Gómez de la Serna, Gaspar, *El tren en la literatura española*, RENFE, Madrid, 1970.

Gotor de Burbáguena, Pedro, *Nuestras costumbres*, Imprenta de Ricardo Rojas, Madrid, 1900.

Graña, César, *Meaning and Authenticity*, New Brunswick, New Jersey, 1989.

Lacey, Robert, *El año 1000: Formas de vida y temores ante el cambio de milenio*, Ediciones B, Barcelona, 1999.

Latorre, Joaquín, *Los españoles y el VI mandamiento*, Ediciones 29, Barcelona, 1971.

Lipovetsky, Gilles, *El imperio de lo efímero. La moda y su destino en las sociedades modernas*, Anagrama, Barcelona, 1990.

López-Ibor, Juan José, *El español y su complejo de inferioridad*, Rialp, Madrid, 1960.

López-Ibor, Juan José, *Rasgos neuróticos del mundo contemporáneo*, Cultura Hispánica, Madrid, 1968.

Marañón, Gregorio, *Raíz y decoro de España*, Espasa-Calpe, Madrid, 1933.

Marañón, Gregorio, *Gordos y flacos*, Espasa-Calpe, Madrid, 1936.

Martí Gómez, José, *La España del estraperlo (1936-1952)*, Planeta, Barcelona, 1995.

Mataix Verdú, José, «Perspectiva evolutiva de la alimentación mediterránea. Necesidad de un objetivo utópico», *Alimentación y*

Cultura, vol. I, en Museo Nacional de Antropología, La Val de Onsera, Huesca, 1999, pp. 37-58.

Merino Arroyo, Carlos, y Guillermo Herrero Gómez, *La vida cotidiana en Valladolid a principios del siglo XX*, Castilla Ediciones, Valladolid, 1999.

Miguel, Amando de, *La sociedad española, 1993-94*, Editorial Complutense, Madrid, 1993.

Miguel, Amando de, *La sociedad española, 1994-95*, Editorial Complutense, Madrid, 1994.

Miguel, Amando de, *La España de nuestros abuelos*, Espasa-Calpe, Madrid, 1995.

Miguel, Amando de, *La sociedad española, 1995-96*, Editorial Complutense, Madrid, 1996.

Miguel, Amando de, *La sociedad española, 1996-97*, Editorial Complutense, Madrid, 1997.

Miguel, Amando de, y Roberto-Luciano Barbeito, *El final de un siglo de pesimismo. 1898-1998*, Espasa, Madrid, 1998.

Miguel, Amando de, *El espíritu de Sancho Panza*, Espasa-Calpe, Madrid, 2000.

Montolio, Pedro, *Madrid, 1900*, Sílex, Madrid, 1994.

Núñez Florencio, Rafael, *Tal como éramos. España hace un siglo*, Espasa-Calpe, Madrid, 1998.

Ortiz García, Carmen, «Comida e identidad: cocina nacional y cocinas regionales en España», *Alimentación y Cultura*, vol. I, en Museo Nacional de Antropología, La Val de Onsera, Huesca, 1999, pp. 301-324.

Pérez-Villanueva Tovar, Isabel, «Entretenimientos y diversiones», *España fin de siglo. 1898*, Fundació la Caixa, Barcelona, 1998, pp. 172-184.

Pitt-Rivers, Julian, «Los estereotipos y la realidad acerca de los españoles», María Cátedra (comp.), *Los españoles vistos por los antropólogos*, Júcar, Madrid, 1991, pp. 31-43.

Ponce, Juan Carlos, *Literatura y ferrocarril en España*, Fundación de los Ferrocarriles Españoles, Madrid, 1996.

Pounds, Norman J. G., *La vida cotidiana. Historia de la cultura material*, Crítica, Barcelona, 1999.

Riera, A., *Cómo prolongar la juventud y la vida*, José Montesó, Barcelona, 1930.

Salicrú Puiguert, Carlos, *¿Pentápolis?*, La Hormiga de Oro, Barcelona, 1930.

Sánchez Vidal, Agustín, *Sol y sombra*, Planeta, Barcelona, 1990.

Vega, Vicente, *Diccionario ilustrado de rarezas, inverosimilitudes y curiosidades*, Gustavo Gili, Barcelona, 1971.

Vila-San-Juan, José Luis, *La dictadura de Primo de Rivera*, Argos Vergara, Barcelona, 1984.

Impreso en Talleres Gráficos
HUROPE, S. L.
Lima, 3 bis
08030 Barcelona